戦国武将、虚像と実像

呉座勇一

角川新書

はじめに――「大衆的歴史観」の変遷を追い、日本人の自画像の変遷を明らかにする

中学・高校の歴史教育を「暗記科目」と批判する人は多い。枝葉末節の用語を覚えさせるだけの無味乾燥な授業であるというのだ。一方で、歴史好き、特に日本史好きの人は多い。こうした歴史愛好家の大半は歴史小説や歴史ドラマを通じて歴史を学んでいる。

いわゆる「歴史認識問題」の主戦場は、歴史教科書であった。一九九七年に結成された「新しい歴史教科書をつくる会」は、従来の歴史教科書は日本を貶《おとし》める「自虐史観」に陥っていると批判し、子どもたちが日本に誇りを持てるような歴史教科書を新たに作ると宣言した。彼らは自分たちの歴史観に「自由主義史観」と名づけ、「自虐史観」と対置した。歴史学界は「つくる会」を批判し、「自由主義史観」は歴史修正主義であると非難した。

結局、つくる会は内紛を繰り返して弱体化していった。つくる会が自由社から刊行した歴史教科書にしろ、つくる会から脱退したメンバーが結成した「改正教育基本法に基づく教科書改善を進める有識者の会」(教科書改善の会)が育鵬社から刊行した歴史教科書にしろ、採

択率は低く、公的な歴史教育のあり様が大きく変わるような事態には至っていない。ともあれ、つくる会と歴史学界は激しく対立したが、教科書を重視したという点では共通する。

しかし実のところ、歴史教科書の影響力は良くも悪くも限定的である。検定制度に則《のっと》った現行の歴史教科書は政治的メッセージを前面に押し出す性格のものではなく、歴史観を積極的に提示していない。「暗記科目」と批判される所以である。世間一般の人が抱く「日本の歴史はこういうものだ」という認識、つまり「大衆的歴史観」は、専ら歴史小説や時代劇といった娯楽作品を通じて形成されてきた。これは戦後になって始まった現象ではなく、江戸時代の庶民も講談や歌舞伎を通じて歴史を学んでいたのである。

歴史認識問題と言うと、従軍慰安婦問題や徴用工問題など、現代において人権問題・外交問題となっている特定のテーマに関心が集中しがちである。だが日本人の歴史認識の全体像を把握しようとした場合、それでは不十分で、むしろ「大衆的歴史観」の分析が求められる。政治家や経営者、評論家などが「歴史を教訓とする」と称して、「大衆的歴史観」に立脚した日本人論・日本社会論を唱え、果ては未来に向けての政策提言まで行う現状を考慮すれば、「大衆的歴史観」の影響力は決して軽視できない。

右の「大衆的歴史観」の核になるのは人物史である。学校の歴史教育は組織や制度の変遷を詳細に解説するが、「大衆的歴史観」は人物に焦点を絞る。

実際、筆者も研究者以外の方と知り合うと、必ずと言っていいほど「好きな歴史上の人物は誰ですか？」と尋ねられる。一般の方のイメージでは、歴史研究者は歴史上の偉人を研究しているのだろう、誰かを研究しているはずだと思っているから、「誰が好きですか」という質問をするのである。けれども、歴史学は必ずしも個人に注目して研究する学問ではない。歴史教育もまた然《しか》りである。この認識のギャップは大きい。

歴史小説や時代劇において、舞台として最も好んで取り上げられるのは戦国時代である。戦国時代に活躍した武将を主人公とした娯楽作品は、それこそ枚挙に暇《いとま》がない。したがって、戦国武将の評価は「大衆的歴史観」を考える上で最重要のテーマである。以上の理由から、本書は戦国武将の評価の歴史的変遷を考察する。

織田《おだ》信長《のぶなが》や豊臣《とよとみ》秀吉《ひでよし》や徳川《とくがわ》家康《いえやす》といった戦国武将に関しては、だいたいこういう人物だろうというイメージを皆が持っている。その人物像は小説やドラマ、映画などに淵源《えんげん》していることが多いので、人それぞれ違う、ということはあまりない。秀吉は人たらし、家康は狸親《たぬきおや》父《じ》といったイメージが世間一般に広く流通している。これはまさに「大衆的歴史観」である。

だが、そうした人物像は必ずしも固定的なものではない。昔からずっと同じイメージで語られてきたわけではなくて、時代ごとにイメージは変わっている。我々が抱いている信長像や秀吉像は何百年も前に作られたものではなく、意外と最近、たとえば司馬《しば》遼太郎《りょうたろう》が作ったイメージに左右されている、ということが結構ある。また、従来の評価を逆転させた斬新《ざんしん》な人物像と思われているものの原型が、実は何百年も前に成立していた、ということもある。

そこで本書では、信長像や秀吉像が時代によってどう変遷したかということと、実際はどういう人だったのかということを述べたい。それによって、時代ごとの価値観も浮かび上がってくるだろう。

要するに、「大衆的歴史観」の変遷を追うことは、日本人の価値観、日本人の自己認識、さらに言えば日本人の（理想化された）自画像の変遷を明らかにすることなのだ。それを知らずして、日本社会の未来を描くことはできないだろう。

目次

第一章　明智光秀——常識人だったのか？

第一節　近世の明智光秀像

同時代人の明智光秀像

明智《あけち》光秀《みつひで》というと、古典的教養を備えた常識人で、朝廷や幕府といった既存の権威・秩序を尊重する保守派の印象が強いだろう。しかし以前、拙稿「明智光秀と本能寺《ほんのうじ》の変」（『明智光秀と細川ガラシャ』筑摩選書）で論じたように、光秀が古典に通じていたのは事実だが、伝統や権威を尊重し、改革に否定的な人物であることを明確に示す一次史料は存在しない。右の光秀像は、本能寺の変の動機を考える中で生み出されていった。織田信長の改革路線に光秀が反発して、本能寺の変が起きた、と想定したのである。

けれども、このような理解は昔から存在したわけではない。光秀敗死直後、人々は光秀を一様に非難した。光秀が山崎《やまざき》の戦いに敗れ、敗走中に死んだのは天正《てんしょう》十年（一五八二）六月十三日だが、興福寺《こうふくじ》僧の英俊《えいしゅん》の日記『多聞院《たもんいん》日記』天正十年六月十七日条には「（光秀は）細川の兵部太夫《ひょうぶだゆう》が中間《ちゅうげん》にてありしを引き立て、中国の名誉に信長厚恩にて之《これ》を召し遣わされ、大恩を忘れ曲事《くせごと》を致す。天命かくのごとし」（読者の便宜を考え、漢文を書き下し文に改め、現代仮名遣いに改めると共に、漢字・仮名表記を一部改め、また送り仮名や読点なども補った。一部難読漢字も常用漢字に改めた。以下同じ）と記されている。英俊は光秀に対し、自分を抜擢《ばってき》してくれた主君織田信長を裏切った恩知らず、と批判を加えているのだ。

また同年十月に京都大徳寺《だいとくじ》で行われた織田信長の葬儀を契機に制作された、大村由己《おおむらゆうこ》『惟《これ》任《とう》退治記』も「当座の存念に非《あら》ず。年来の逆意、識察するところなり」と記し、計画的犯行であると主張している。慶長《けいちょう》十四年（一六〇九）以前に成立した太田牛一《おおたぎゅういち》の『別本御代々軍記』も「明智日向守《ひゅうがのかみ》光秀、越前国《えちぜんのくに》へ罷《まか》り越し、奉公致し候ても、別条無く一僕の身上にて罷り越し候、信長公を憑《たの》み奉り、一万の人持《ひともち》に成され候ところ、たちまちその御恩を忘れ、不似相《ふにあい》の天下の望みを含み、謀反を企つ」と、光秀の天下取りの野望と忘恩を指摘している。

このように、同時代人は基本的に光秀謀反の動機を野心に求めており、いわゆる怨恨《えんこん》説を採用していない。唯一、イエズス会士ルイス・フロイスが記した日本布教史である『日本史』は、信長が光秀を足蹴《あしげ》にした事件に言及している。だが、そのフロイスにしても、怨恨よりも「過度の利欲と野心が募りに募り、ついにはそれが天下の主になることを彼に望ませるまでになっ」た蓋然性《がいぜんせい》の方が高いと説いている。

要するに同時代人は、光秀を冷酷で恩知らずな策略家とみなしており、彼に同情を示すことはなかった。むろん、彼らは中立的な立場ではなく、その光秀評は客観的で公正とは言えない。大村由己は秀吉に、太田牛一は信長に近侍していたので、当然光秀のことを悪《あ》し様に言う。フロイスも、キリスト教に好意的だった信長に感謝していた。

だが、英俊は信長から特に恩義を受けておらず、その彼が光秀を非難していることの意味は小さくない。敗者に冷淡なだけともとれるが、中世社会において源義経《みなもとのよしつね》を非難する声がなかったことを考えると、やはり光秀の謀反は同時代人から見て正当化できるものではなかったと考えられる。

怨恨説の登場

ところが江戸時代になると、実は光秀は横暴な信長に翻弄《ほんろう》された気の毒な人だったという話がだんだん出てくる。怨恨説の嚆矢《こうし》は寛永《かんえい》三年（一六二六）に成立した小瀬甫庵《おぜほあん》の『太閤記《たいこうき》』（以下、『甫庵太閤記』と略す）、『甫庵太閤記』より数年早く成立したとされる川角三郎右衛門《かわすみさぶろうえもん》の『川角太閤記』あたりだろう。『甫庵太閤記』は、光秀が徳川家康の饗応《きょうおう》を信長に命じられて、食事などの準備を念入りに行ったのに、信長から急遽《きゅうきょ》毛利《もうり》攻めを指示されて無駄になったため恨んだと記す。ただ、これは〝いじめ〟という程の仕打ちではないだろう。『川角太閤記』には、信長は光秀に徳川家康の饗応を命じたが、光秀が用意した魚が腐っていたのに腹を立てて光秀を罷免した、というおなじみの話が出てくる。しかし、一方で『川角太閤記』は、光秀が明智家の家老たちを説得する際に、信長への遺恨を語ると共に「老後の思い出に一夜なりとも天下の思い出をすべきと、この程光秀は思い切り候」と、天下取りの野心を告白したと叙述する。怨恨一辺倒ではないのである。同時期に成立した、竹中半兵衛《たけなかはんべえ》の息子の竹中重門《しげかど》が著した豊臣秀吉の伝記『豊鑑《とよかがみ》』も、怨恨説と野望説を併記する。

天正年間に成立し、江戸初期に小幡景憲《おばたかげのり》によって刊行された武田《たけだ》流軍学書『甲陽軍鑑』は、明智光秀が武田勝頼《かつより》に内通を申し入れたが、勝頼側近の長坂長閑《ながさかちょうかん》がこれを織田方の謀略と考えて光秀との提携に反対したため、武田家は滅亡したと記す。本能寺の変から逆算して創作された話だろうが、江戸初期までは光秀が野心家・策謀家であるというイメージが強かったことを示すものだろう。

怨恨が謀反の主因としてクローズアップされるようになるのは、本能寺の変から一世紀近く経《た》ってからである。たとえば、斎藤利三《さいとうとしみつ》をめぐる信長と光秀の確執が語られた。斎藤利三は稲葉一鉄《いなばいってつ》のもとを去り、光秀に仕えた。さらに那波直治《なわなおはる》も稲葉家から明智家に移った。天

名取春仙「春仙似顔集　初世中村吉右ヱ門　馬盥の光秀」昭和２〜４（1927〜29）年、山梨県立美術館蔵
額の傷跡が光秀に凄みを加えている。30頁を参照。

正十年五月、信長は両人を一鉄へ返すように光秀に命じたが、光秀が従わなかったため、信長は暴力をふるったという（『続本朝通鑑《つがん》』『武辺咄聞書《ぶへんばなしききがき》』『宇土《うと》家譜』『稲葉家譜』『明智軍記』など）。

また、尾張清須朝日村《おわりきよすあさひむら》の柿屋喜左衛門《かきやきざえもん》が戦国時代を生きた祖父の見聞談を書き留めた聞書集である『祖父物語』には、武田氏滅亡後の諏訪《すわ》の陣中で、光秀が「骨を折った甲斐《かい》があった」と語っているのを聞き咎《とが》めた信長が光秀を折檻《せっかん》した、という逸話が見える。『川角太閤記』にも光秀が信長から折檻を受けたとの記載はあるが、どういう経緯で折檻されたかは説明されていない。ちなみに拙著『陰謀の日本中世史』（角川新書）でも触れたように、信長のせいで光秀の母親が敵に殺された、中国地方への出陣前に領地である丹波《たんば》・近江志賀《おうみしが》郡を信長に没収された（毛利領である出雲《いずも》・石見《いわみ》への国替えを命じられた）といった話も、本能寺の変から一〇〇年以上経ってから登場するので、創作だろう。

このように、江戸時代になると信長が光秀に酷《ひど》い仕打ちをしたというような話が次々と生まれる。これらの怨恨話は明和《めいわ》七年（一七七〇）に完成した『常山紀談《じょうざんきだん》』などの逸話集にまとめられ、光秀は信長にいじめられてかわいそうだというイメージが浸透していく。

光秀謀反の動機として、野望より怨恨が重視されていく背景には、社会の価値観の変化があったと考えられる。天下泰平の世になり、武士の主従関係が安定化すると、己の野望のために恩義ある主君を裏切るという戦国武将の価値観が理解されなくなったのだろう。怨恨による謀反の方がまだしもリアリティを持つようになったと思われる。

〈光秀＝常識人・教養人〉像の形成

光秀への同情論が生まれるのと並行する形で、光秀は温厚な常識人であるという逸話も創造された。江戸中期の正徳《しょうとく》三年（一七一三）に『老人雑話』という本が刊行された。永禄《えいろく》八年（一五六五）に生まれ、寛文《かんぶん》四年（一六六四）に没した江《え》村専斎《むらせんさい》という医者が語った内容を、専斎の弟子の伊藤坦庵《いとうたんあん》が編集整理した聞書集である。この『老人雑話』には「筑前守《ちくぜんのかみ》（秀吉）は、信長の手の者の様にてその上磊落《らいらく》の気質なれば、人に対して辞常《ことば》におごれり。明智は外様《とざま》のようにてその上謹厚の人なれば、詞常《ことば》に慇懃《いんぎん》なり」とある。豪快な秀吉と異なり、光秀は謙虚で控えめな人間だったという。

光秀が温厚な常識人であるというイメージを定着させたのは、ベストセラーとなった『絵本太閤記』であろう。『絵本太閤記』は豊臣秀吉の生涯を描いた武内確斎《たけうちかくさい》作、岡田玉山《おかだぎょくざん》画による大長編の絵入り読み本である。寛政《かんせい》九年（一七九七）に初編《しょへん》が、享和《きょうわ》二年（一八〇二）には第七編が刊行されて完結した（一二五頁を参照）。

この『絵本太閤記』は、斎藤利三・那波直治をめぐる問題で信長から折檻を受けた、という前掲の話を採用している。また安土《あづち》城の家康饗応については、光秀は信長から部屋飾りや膳《ぜん》が華美にすぎると叱責《しっせき》を受け、饗応役を更迭すると伝えられた、と記す（ちなみに『明智軍記』も同様の話を載せる）。そして信長は光秀の不満の表情を見咎め、森蘭丸《もりらんまる》に打擲《ちょうちゃく》させたという。さらに丹波・近江の没収にも触れ、光秀の恨みの深さを強調する。

特に注目されるのは、武田滅亡後、光秀が信長に諫言《かんげん》した場面が描かれている点である。武田の残党が恵林《えりんじ》寺に逃げ込んだ。信長は恵林寺に対し武田残党の引き渡しを命じたが、恵林寺は拒否した。怒った信長は恵林寺の焼き討ちを命じたが、光秀はこれに反対した。恵林寺は古刹《こさつ》で、住職の快川紹喜《かいせんじょうき》和尚はその名が天下に聞こえた高僧であり、比叡山《ひえいざん》焼き討ち、一向《いっこう》宗門徒の虐殺に続いて、快川を一時の怒りで殺してしまっては、世間の人々に仏敵・法敵と非難されるだろう、というのである。信長は「己の如き愚人に何が分かる」と激怒し、諸将の面前で光秀を激しく殴打した。『絵本太閤記』は光秀を、伝統的権威を重んじる常識人として造形しているのである。

また『絵本太閤記』は、光秀を誇り高い人物として描いている。秀吉の下風に立たされたことを光秀は「天下の人民に対し面目を失う」と語っている。主君から恥辱を受けたとしても、全ての家臣が謀反を起こすわけではない。それこそ小説やドラマで描かれる秀吉のように、主君の怒りを上手《うま》く受け流せる人間もいただろう。論理的帰結として、光秀は誇りを傷つけられることに敏感であったという人物造形になるのだ。

文政《ぶんせい》十年（一八二七）に成立し、天保《てんぽう》七～八年（一八三六～三七）ごろに刊行され、幕末には尊皇攘夷《じょうい》の志士たちのバイブルとなった頼山陽《らいさんよう》の『日本外史』も『絵本太閤記』的な光秀像を踏襲し、発展させている。斎藤利三・那波直治をめぐる問題や家康饗応役の解任などの怨恨話を紹介するだけでなく、光秀の人物像にも踏み込んでいる。『日本外史』は信長の人となりを「将士を待つに礼節を設けず、嘲謔慢罵《ちょうぎゃくまんば》、以《もっ》て常となす」、光秀の人となりを「文《ぶん》深《しん》（筆者註：「文法深刻」の略。几帳面《きちょうめん》の意）、このんで自ら修飾し、材芸を以て自ら高ぶる」と評している。高い教養を備える光秀はプライドが高かったため、家臣を罵倒する信長の振る舞いに我慢できなかった、と頼山陽は暗に示しているのだ。

けれども、光秀が誇り高い性格であったという主張には確たる根拠がない。拙稿「明智光秀と本能寺の変」で論及したように、光秀が名門土岐《とき》一族の出身であるという認識は江戸時代に広く浸透していたものの、事実かどうかは疑わしい。結局、江戸時代に創作された怨恨話を史実とみなし、本能寺の変という結果から逆算した人物評にすぎない。つまり「名門武士で教養人の光秀は（身分卑しい秀吉と異なり）誇り高いため、信長から屈辱的な扱いを受けたことを恨んで謀反を起こした」という、もっともらしいストーリーを組み立てたのである。

「逆臣」という非難

とはいえ、近世社会における光秀の評価は全体としては大きなマイナスであった。江戸時代には、儒教が社会の基本的な価値観を形作っていたからである。たとえば水戸光圀《みとみつくに》の死後、元禄《げんろく》十四年（一七〇一）に編まれた光圀の言行録『西山遺事《せいざんいじ》』は、「明智日向守光秀は、君を弑《しい》す大賊臣なり」と光秀を非難している。

前掲の『絵本太閤記』でも、光秀家臣の宇野豊後守《うのぶんごのかみ》（秀清《ひできよ》）が、光秀は「智勇謀略兼ねたる武士なれど、ただうらむらくは聖人の道に疎く仁義の行い暗ければ、謀反せんも計りがたし」と考え、謀反を思いとどまるよう光秀を諫《いさ》めた。もともと光秀の領地・家臣は全て信長からいただいたものなのだから、旧領の丹波・近江を没収され、出雲・石見に国替えになることを不満に思うべきではない、身を殺して主君に仕えるのが臣下の道ではないか、と宇野は諫めたのである（なお宇野は謀反の露見を恐れた光秀に謀殺される）。

戦国時代の武士が右のような殊勝な倫理観を抱いていたとは思えないが、儒教に根ざした江戸時代の絶対的な忠誠心にはぴったり合致する。人格高潔な名君に忠義を尽くすのは当たり前のことであり、極論すれば誰でもできる。真の忠義心は暴君に仕える時にこそ発揮されるのである。儒教の論理では、信長が暴君だから謀反を起こして良い、ということにはならない。主君がさしたる理由もなく家臣を手討ちにしようとした時、黙って斬られるのが江戸時代の武士道である。暴君の酷い仕打ちに堪えてこそ忠臣なのである。

実際、『絵本太閤記』中の光秀は、家老たちが信長の仕打ちについて不満を漏らした時、「君、君たらずといえども、臣以て臣たらずんば、あるべからず」という古語を引いて、彼らをなだめている（その後、国替えで謀反を決意する。『明智軍記』も同様の展開）。

したがって、仮に信長が光秀に暴力をふるい、恥辱を与えていたとしても、そのことは、光秀の謀反を正当化しない。光秀に暴力への同情は生まれても、それはせいぜい「情状酌量の余地はある」という程度の話であり、「逆臣」という絶対的なマイナスイメージを覆すものではないのだ。

前掲の『老人雑話』には「明智、亀山《かめやま》の北、愛宕《あたご》山の続きたる山に城郭を構う。この山を周山《しゅうざん》と号す。自らを周の武王《ぶおう》に比し信長を殷紂《いんちゅう》に比す。これ謀反の宿志なり……（中略、前掲の秀吉・光秀の人物評）……ある時筑前守、明智に云《い》う様は、わぬしは周山に夜普請をして、謀反を企つと人皆云う、いかんと。明智答えて云う。やくたいも無きことを云うやとて笑いて止《や》みにけりとぞ」とある。明智光秀は城を築いて周山城と名づけたという。これは自らを周の武王、信長を殷の紂王（武王に討たれた暴君）になぞらえ、謀反の意思を込めたものだった。秀吉は光秀に謀反の噂《うわさ》について尋ねたが光秀は笑い飛ばした、というのだ。

端的に言えば『老人雑話』は、光秀は天下取りの野心を奥に秘めて表向きは謹厳実直に振る舞っていた、という解釈を採っている。ただの温厚で礼儀正しい常識人ではなく、その本質は野心家である、というわけである。近世における代表的な光秀の伝記である『明智軍記』にしても、光秀の怨恨を色々と描くものの、光秀を必ずしも温厚な人物とは描いておらず、己の能力に自信を持つ野心家の側面を示す。江戸中期成立の逸話集『明良洪範《めいりょうこうはん》』も、光秀の謀反は数年前から計画されていたと説いている。

悪人から「正義の人」へ

庶民レベルで明智光秀像の形成に寄与したのは、読み本以上に芝居だったと言える。一例として、近松門左衛門《ちかまつもんざえもん》が豊臣秀吉を主人公にした浄瑠璃《じょうるり》『本朝三国志』を取り上げよう。

『本朝三国志』の初演は享保《きょうほう》四年（一七一九）で、『老人雑話』の刊行と同時代である。

なお、江戸時代において豊臣秀吉を賞賛することは江戸幕府批判につながりかねないため、実名での芝居はできなかった。『本朝三国志』では織田信長は平春長《たいらのはるなが》、羽柴《はしば》秀吉は真柴久吉《ましばひさよし》、明智光秀は惟任判官光秀という名前になっている。

さて『本朝三国志』では毛利攻めが蒙古征伐《もうこせいばつ》に改変されている。春長は真柴久吉を蒙古征伐の大将軍に任じ、光秀には久吉の麾下《きか》に入るよう命じたが、光秀が不満を述べたため、春長は激怒し、加藤正清《かとうまさきよ》（加藤清正《きよまさ》）に光秀を打擲させた。

ただし、この怨恨が理由で光秀は謀反を起こすわけではない。光秀は「三年このかた天下を望む」野心家で、春長の嫡男春忠《はるただ》（織田信忠《のぶただ》）を美女で骨抜きにするなどの策略を弄していた。光秀は怨恨を口実にして謀反を起こすのだ。

史実通り、光秀は敗戦し、落ち武者狩りによって哀れな最期を遂げる。『本朝三国志』はこれを「天罰」と評し、「永代末代に大逆不忠の名を流し」と光秀を非難する。

こうした光秀評は『本朝三国志』に限ったことではなく、近世の芝居では光秀は概《おおむ》ね悪人として描かれてきた。前述したように儒教的倫理観においては、いかなる理由があろうと主君への反逆は肯定されないからである。加えて、江戸時代の人気演目である太閤記物において、光秀は善玉秀吉の敵役《かたきやく》であるという事情がある。同情を寄せられることはあっても、悪役という設定は維持されたのである。

ところが、光秀を主人公にした作品が生まれる。寛政十一年（一七九九）初演で現在でも盛んに上演される浄瑠璃『絵本太功記』である。「太功記」というタイトルは、秀吉の「太閤」と、主君の仇《かたき》を討った秀吉の「大功」という意味を掛けたものである。タイトルだけ見ると、秀吉が主役に思えるのだが、実際の主人公は光秀である。光秀が謀反を決意する経緯から説き起こし、本能寺の変、中国大返し、山崎の戦い、光秀の敗死までを描く。以下にあらすじを紹介しよう。

尾田《おだ》春長（織田信長）の重臣である武智《たけち》光秀（明智光秀）が、寺社を弾圧する春長を諫めたところ、激怒した春長は光秀を諸将の面前で打ちすえた。その後、光秀は勅使饗応役に任じられるが、饗応が華美にすぎると春長から叱責を受ける。春長は森の蘭丸に光秀の顔を打たせた（『絵本太閤記』を踏襲した展開だが、「勅使饗応役」としたのは赤穂《あこう》事件を意識したものと思われる）。

それでも光秀の忠義の心は揺るがなかったが、中国攻めをしている真柴久吉（羽柴秀吉）への加勢を命じられ（久吉の麾下に入ることになる）、しかも丹波・近江から出雲・石見への国替えを通達されるに及んで、いよいよ光秀は我慢の限界に達した。光秀重臣の四方天田島《しほうでんたじまの》頭《かみ》（四王天政孝《しおうてんまさたか》）は、春長が「西国加勢」を口実に領地を没収しようとしていると指摘し、周の武王が殷の紂王を討った故事を引いて、「不仁非道の尾田春長」を討って天下を取るべきと勧めた。九野《くの》豊後守（宇野豊後守）は「反逆謀反の輩《ともがら》が本意を達せし例《ためし》はなし」と諫めるが、光秀は豊後守を討ち、謀反を起こす。

だが、光秀の母さつきは、主殺しという大罪を犯した息子を非難する。「心穢《けが》れた我が子の傍ら、片時《へんし》も座を同じうせんは、我が日本《ひのもと》の神明へ恐れあり」と述べ、「伯夷《はくい》・叔斉《しゅくせい》」に倣《なら》うと言って家出してしまう。伯夷・叔斉は武王の紂王への反逆を諫めた兄弟で、殷が滅亡した後は「周の粟《ぞく》は食らわず」と宣言して隠遁《いんとん》し、最後には餓死した人物である。さつきは、たとえ暴君であっても家臣が反逆してはならないという理念を示したのである。母の非難に衝撃を受けた光秀は自害しようとするが、息子の十次郎《じゅうじろう》（明智光慶《みつよし》）に押しとどめられる。田島頭は「春長、猛威に増長して、神社仏閣を焼失し、万民の苦しむ暴悪。神明これを誅《ちゅう》するに光秀の御手をもって討たし給う。天の与うるを取らざれば災い、その身に帰す」と説得し、「下万民《しもばんみん》の苦しみを救い給え」と励ました。光秀は「一天の君の御為には、惜しからざりしこの命、暫《しば》しは長らえ事を計らん」と天皇への忠義を語り、自害を思いとどまった。

途中の展開を省略し、『絵本太功記』で最も有名な場面である「尼ヶ崎《あまがさき》の段」を見てみよう。光秀は誤って母さつきを竹槍《たけやり》で突き刺してしまった。瀕死《ひんし》のさつきは「内大臣春長という主君を害せし武智が一類、かく成り果つるは理の当然。系図正しき我が家を、逆賊非道の名を穢す。不孝者とも悪人とも、譬《たと》えがたなき人非人。不義の富貴は浮かべる雲。主君を討って高名顔。天子・将軍になったとて、野末の小屋の非人にも劣りしとは知らざるか」と光秀を再び非難する。光秀の妻の操《みさお》も改心するよう光秀に訴える。

しかし光秀は「遺恨重なる尾田春長、もちろん三代相恩の主君でなく、我が諫めを用いずして、神社仏閣を破却し、悪逆日々に増長すれば、武門の習い・天下のため、討ち取ったるは我が器量。武王は殷の紂王を討つ。北条義時《ほうじょうよしとき》は帝（後鳥羽《ごとば》上皇）を流し奉る。和漢ともに無道の君を弑するは、民を休むる英傑の志。女・童の知る事ならず」と言い放ち、聞く耳を持たない。暴君を討つのは万民を助けるための正義であるというのだ。

結局、光秀は戦に敗れて切腹し、ほどなく現れた真柴久吉は「光秀、主を討ちたる天罰の報いを思い知りたるか」と言って光秀の首をはねた（言うまでもないことだが、以上は全て虚構であり史実とは異なる）。しかしながら主君への反逆を肯定する『絵本太功記』の展開は、儒教的倫理観に支配された近世演劇において画期的だったと言えよう。なお本作に影響を与えた作品として、将軍家への謀反を企てる信長を止めるために光秀が謀反を起こす、『仮名《か な》写《うつし》安土問答』という浄瑠璃の存在（ただし人気は出なかった）が国文学研究で指摘されている。

私怨が動機では謀反を正当化することはできない。そこで『絵本太功記』は天下万民のために主君を討ったという筋立てを用意したのだろう。『絵本太閤記』にも光秀の家臣たちが、周の武王や北条義時の例を挙げて光秀を勇気づける場面があるが、正義のための戦いという評価を前面に押し出して喝采《かっさい》を浴びたのは『絵本太功記』が嚆矢である。なお同作に触発された歌舞伎『時桔梗《ときもききょう》出世請状《しゅっせのうけじょう》』（後に『時今也《ときはいま》桔梗旗揚《ききょうのはたあげ》』と改題、通称「馬盥の光秀」）では、非道阻止よりも光秀の個人的怨恨が重視されている（一九頁の絵を参照）。

二〇二〇年五月、光秀ゆかりの福知山《ふくちやま》市で「本能寺の変 原因説50 総選挙」というオンラインイベントが行われた。本能寺の変の原因として提起された五〇の説のうち、自分が支持する説に票を入れるというものである。国内外から三万五〇〇〇以上の投票があり、一位は「暴君討伐《とうばつ》説」だった（約四〇〇〇票）。光秀が正義のために謀反を起こしたというイメージは現在かなり普及しているが、その起源は江戸後期の『絵本太功記』にあるのだ。

第二節　近代の明智光秀像

儒教的主従観念の相対化

前節で取り上げた『絵本太功記』のような例外はあるにせよ、江戸時代において明智光秀は基本的に「逆臣」として非難された。前述の通り、儒教的倫理観に則《のっと》った場合、いかなる理由があろうとも、主君への反逆は肯定されないからである。

もちろん、儒教にも暴君への反逆を正当化する考え方はある。これを放伐説という。周の武王が殷の紂王を討ったのは放伐の典型であり、『絵本太功記』は放伐説を引くことで、光秀の行為を正当化しようとしている。

だが儒教において、放伐説は必ずしも有力な考え方ではなかった。江戸時代に最も影響力を持った儒教の学派は、いわゆる朱子学である。一般に朱子学は放伐説を採用したと言われている。朱子学は儒学の経典のうち『孟子《もうし》』を特に重視しており、『孟子』は放伐を肯定しているからである。

けれども中国思想史学者の小島毅《こじまつよし》氏は、朱子学は放伐説に否定的だったと指摘している。朱子学は『孟子』の独自な解釈により、武王による放伐は、最悪の暴君である紂王を、稀代《きたい》の聖人である武王が討ったから例外的に認められるのであり、放伐は原則禁止であると唱えた。朱子学の立場からは、光秀ごときが主君信長を討つことは当然認められない。

前掲の『絵本太功記』はかなり無理をして光秀を持ち上げたが、光秀の母さつきの光秀批判こそが江戸時代の基本的な倫理観である。そもそも光秀が本当に正義であるならば、哀れな末路を遂げるはずがない、というのが近世人の感覚である。天に見放されたからこそ、光秀は敗れた。真柴久吉が「天罰」と述べたように、光秀の謀反は天の認めるところではなかったからこそ、光秀は滅びた。以上が江戸時代の儒教的な歴史解釈である。

しかし近代になると、こうした光秀評も見直されていく。明治以降も儒教的な価値観が払拭《ふっしょく》されたわけではないが、絶対的な忠誠を捧《ささ》げる対象は天皇のみになり、儒教的な主従観念は相対化された。

自由党系のジャーナリストとして活躍し、後に実業家・政治家になった小泉策太郎《こいずみさくたろう》という人物が明治三十年（一八九七）に明智光秀の伝記を書いている。小泉は序文で「主殺しの大罪人」と唾棄《だき》されてきた明智光秀の名誉回復を図ると宣言している。

小泉は、戦国乱世に仁義道徳などはないと述べ、弱肉強食の時代に生まれた武将を忠義という尺度で評価する愚を説いている。これは鋭い指摘である。確かに近世における明智光秀評は、「主君への絶対的忠義」という天下泰平の世の価値観で戦国武将を裁くものであり、ピント外れであることは否めない。

小泉は大略、次のようなことを述べている。兄（長尾晴景《ながおはるかげ》）に取って代わった上杉謙信《うえすぎけんしん》や父（武田信虎《のぶとら》）を追放した武田信玄《しんげん》は名将英雄と讃《たた》えられている。結局、光秀が逆臣と非難されるのは、光秀が負けたからにすぎないのではないか。戦国時代には主君と家臣が相争うことは珍しくない。すなわち「光秀が主君の暴逆に堪える能《あた》わず、ついに鋒《ほこ》を逆さまにして本能寺の襲撃を断行せしもまた、これ当時の士風に徴して深く怪しむを要せざるなり」ということになる。

小泉は、光秀の性格を「謹厚堅忍」「温雅優容」と称賛している。そして信長の「猛烈果敢」な性格と「君臣長短相補」う関係だったと指摘している。性格は正反対だが、それゆえに名コンビだったというのだ。

しかし小泉は、光秀は戦国武将としては真面目で繊細すぎた、とも指摘している。光秀は賢者ではあるが秀吉のような臨機応変の才を持ち合わせていなかった。また光秀は勇者ではあるが、教養がありすぎて、柴田勝家《しばたかついえ》のように豪放に振る舞うことができなかった。ゆえに誤解されやすく、次第に信長に疎まれるようになった、と小泉は主張する。信長と光秀を対照的な人物とみなし、その性格の不一致が本能寺の変につながったと捉《とら》える、現代の通俗的解釈の原型が既に表れている。

小泉は、江戸時代に創作された怨恨の逸話をそのまま採用し、本能寺の変の動機を光秀の信長への恨みに求める。つまり、光秀が信長からパワハラを受けたことを、史実とみなしている。よって光秀の事績に関する小泉の叙述は、江戸時代の軍記・物語と大差ない。違うのは、謀反が正当か否か、その一点である。

先述の通り、江戸時代の儒教的倫理観に照らせば、光秀の謀反は決して肯定できない。近世においては、主君からどんな仕打ちを受けようと忠義を尽くすのが武士の道だからである。だが明治時代になって、右の主従観念は相対化された。よって小泉は、信長が暴虐である以上、光秀の謀反には理がある、と説いたのである。

山路愛山の野望説

明治から大正初期にかけて活躍したジャーナリストで在野の歴史家としても有名だった山《やま》路《じ》愛山《あいざん》も、光秀を擁護している。愛山は明治四十二年（一九〇九）に豊臣秀吉の伝記『豊太《ほうたい》閣《こう》』を発表しているが、そこで本能寺の変についても論じている。

愛山は「信長は気質難しき大将にして機嫌もとりにくく、少し気に入らねばすぐに恐ろしき罰を蒙《こうむ》るべしとて家臣も戦々兢々《きょうきょう》たりしかば、たとい光秀なくとも反臣《はんしん》を生ずべき勢いありし」と指摘する。家臣に対して横暴な信長にも問題があったという理解である。

再三述べたように、近世的な価値観では、信長が暴君であったとしても謀反を起こして良いということにはならない。けれども愛山は「主を殺すということはその頃の人ももちろん大罪なりとしたりとはいえども、さりとて君臣の義理を論ずること朱子学時代のごとくに烈《はげ》しからず」と光秀を擁護する。

愛山は言う。朱子学の観点から見れば、美濃《みの》の斎藤道三《どうさん》（主君の土岐頼芸《よりのり》を追放）も、備《び》前《ぜん》の宇喜多直家《うきたなおいえ》（主君の浦上宗景《うらがみむねかげ》を追放）も、土佐《とさ》の長宗我部元親《ちょうそかべもとちか》（主君の一条兼定《いちじょうかねさだ》を追放）も、そして織田信長（主君の足利義昭《あしかがよしあき》を追放）も〝有罪〟になるだろう。豊臣秀吉もまた、主君信長の子である信孝《のぶたか》を殺しているではないか、と。光秀が非難されるのは「勝てば将軍、負ければ賊」という結果論にすぎないという。小泉策太郎と同様に、後世の道徳的価値観で歴史上の人物を断罪すべきでない、という立場を採っているのである。

ただ愛山は、小泉と異なり、怨恨説を重視していない。斎藤利三をめぐる信長と光秀の確執や饗応役の解任といった有名な逸話を紹介しているが、それが決定的な要因とは考えていない。信長が光秀に屈辱を与えたという種々の逸話が事実だとしても、「これだけにては、ただ小心者の邪推によりて大事を企てたりとより外《ほか》は聞こえず。光秀もあまりつまらなき男になってしまう」からである。確かに主君、しかも事実上の天下人である信長を討つという大それたことを、私怨だけが動機で行うとは考えにくい。第一、「私怨があるから信長を討つ」では、光秀は自分の重臣たちを説得できないだろう。

そこで愛山は、光秀に天下取りの野心があったのではないか、と推察した。細川藤孝《ほそかわふじたか》・筒井順慶《つついじゅんけい》・長宗我部元親ら光秀の親類縁者が光秀に協力していれば、天下取りも夢ではなかった、と愛山は指摘する。

同時代人が光秀の天下取りの野心を当然視したように、光秀の謀反が彼の野心に起因したと見るのは自然である。にもかかわらず、江戸時代において根拠薄弱な怨恨説が主流だったのは、「武士は主君に忠義を尽くすべき」という儒教的な倫理観が社会を覆っていたからである。暴君に反逆することすら許されない社会に生きる人々にとって、己の野望のために主君を殺すという発想は理解の範疇《はんちゅう》を超えていたのだろう。だが明治になり、主君を絶対視する思想が力を失うと、野望説にたどり着く者が出現したのである。

徳富蘇峰の突発的犯行説

私たちが抱く戦国武将像の基本を形作った史論として、欠かせないものに徳富蘇峰《とくとみそほう》の大著『近世日本国民史』がある。徳富蘇峰は明治期から戦後にかけて活躍したジャーナリスト・評論家であるが、山路愛山と並ぶ在野の歴史家としても知られていた。蘇峰が三四年かけて原稿用紙一七万枚分を執筆した『近世日本国民史』は織田信長の天下統一事業に始まり、維新三傑（西郷隆盛《さいごうたかもり》・大久保利通《おおくぼとしみち》・木戸孝允《きどたかよし》）の死で幕を閉じている（九五頁を参照）。一個人で日本近世政治史を描き切った偉業は空前絶後と言えよう。

蘇峰の『近世日本国民史』は、多数の史料を文中に引用していることもあり、歴史小説家たちの座右の書、有り体に言えば種本であった。ゆえに戦後の歴史小説にも多大な影響を及ぼしており、歴史小説や歴史ドラマを愛好する者は知らず知らずのうちに〝蘇峰史観〟の洗礼を受けているのである。

さて蘇峰は大正七年（一九一八）、自身が主宰する「国民新聞」に『近世日本国民史』の連載を開始した。翌年には『近世日本国民史　織田氏時代　後篇』が刊行された。この本で、本能寺の変の動機について綿密な分析を行っている。

蘇峰は江戸時代の史書に見える逸話を無条件で信じることは避け、取捨選択を行っている。たとえば出雲・石見への国替えの話については、「光秀の既得権を没収して、これに代うるに未得権を以てすべきや」と疑問を示している。丹波・近江志賀郡を取り上げて、まだ織田領になっていない出雲・石見を与えるというのでは、国替えとは言えず、あまりに非現実的である。蘇峰は「これは立派な小説である」と述べ、創作と評価している。

蘇峰は、光秀の信長への怨恨じたいは認めているが、それが根本的な動機とは考えない。信長は家臣たちを時に罵倒し、また嘲笑していたから、恨みを持っていた者は光秀に限らないはずだ。だが、羽柴秀吉も柴田勝家も滝川一益《たきがわかずます》も謀反を起こしていないのだから、怨恨だけでは説明できない。もちろん同じように罵倒されても、性格によって受け取り方は異なるが、「これ（怨恨）がために、直ちに信長を弑す程の決心は、彼には最初よりできていたとは、思えない」と蘇峰は語る。怨恨説の否定である。

では野望説かというと、そうでもない。「光秀には人並以上に、野心もあったろう。然《しか》らば時としては、自ら天下を取ってみたいという一念も、萌《きざ》さぬではなかったろう……（中略）……もしそれが然りとせば、彼は何故《なにゆえ》に、毛利氏と通謀せざりしか……（中略）……毛利氏とはおろか、何方《どっち》にも全く渡りをつけずに、否、その事を挙ぐる当座まで、その親信（筆者註：原文ママ）する重臣にさえも、渡りをつけなかったのは、その策の漏洩《ろうえい》をおそれて、ことさらに然りしといわんよりも、全くかかる企画の、胸中に成熟していなかったからであろう」と論じ、計画的な反乱ではないことを指摘している。

そして蘇峰は「光秀の謀反は、怨望の念もありたるにせよ、疑惧の念もありたるにせよ、はた平生《へいぜい》身分不相応の、大野心ありたるにせよ、ともかくも本能寺打入の動機は、信長が軽装的に、本能寺に宿泊したる事が、これを啓《ひら》いたといわねばならぬ」と結論づける。思いもよらず信長を討てるチャンスが到来したので魔が差した、という解釈である。要は突発的犯行説だ。蘇峰は「猫に鰹節《かつおぶし》」と評している。

信長を討てるチャンスがあったから謀反を起こしたのであり、機会が到来しなかったら光秀は謀反を起こさなかった――言われてみれば当たり前のことである。だが、これはいわゆる「コロンブスの卵」であって、従来この点をはっきり指摘した論者はいなかった。蘇峰の慧眼《けいがん》を讃えるべきだろう。

第三節　戦後の明智光秀像

〈光秀＝改革者〉像の出現

戦後になると、儒教的な主従観念はさらに衰退する。戦前には「忠君愛国」を基本理念とした教育が行われ、「武士道」精神も鼓吹されたが、戦後は軍国主義への反省に基づき、そうした考え方は否定されていった。

結果として、明智光秀の謀反を倫理的に評価する論調は後景に退いた。そうした風潮を受けて登場したのが、昭和三十三年（一九五八）に刊行された高柳光寿《たかやなぎみつとし》の『明智光秀』である。高柳は東京大学史料編纂《へんさん》官、國學院大學教授などを歴任した歴史学者である。

拙著『陰謀の日本中世史』でも言及したように、高柳の著書が画期的だったのは、怨恨説の根拠となっているエピソードが、全て江戸時代に著された俗書の創作であることを指摘した点にある。先述の通り、江戸時代には怨恨説が主流であり、近代においても怨恨説への疑問が提出されたものの、なお有力な説であった。怨恨説を完全否定したのは、高柳が初めてである。かくして高柳は本能寺の変の動機として野望説を挙げる。すなわち「信長は天下が欲しかった。秀吉も天下が欲しかった。光秀も天下が欲しかった」のである。

もう一つ重要なのは、高柳が光秀の人物像の大転換を行ったことである。小泉策太郎がそうであったように、従来は信長と光秀の性格を正反対と捉える見解が有力だった。『絵本太閤記』や『絵本太功記』が、神仏を軽んじる信長と神仏を重んじる光秀を対比的に描いたことが大きく影響したものと思われる。しかし高柳は以下のように批判する。

彼（筆者註：光秀）の性格は保守的であったようにいわれている。しかし私はそう思っていない。保守的に見られるのはその政権樹立に当って保守的な勢力を利用しようとした、それだけにすぎないと信じている。彼が牢籠《ろうろう》の身から信長に抜擢され重用されたのは、彼が信長と同じような合理主義者であり、信長と同じような目的を持っていたからであると思われる……（中略）……彼は新日本建設の助力者であっても、決してその妨害者ではなかったはずである。ただ彼は日本の社会革命の主人公である信長に代ろうとして敗れただけである。主殺しなどという問題で彼を論ずることは江戸時代の儒者の為事《しごと》で十分である。

高柳は、江戸時代の儒学者の色眼鏡によって明智光秀像が歪《ゆが》められてきたことを指摘している。そして織田信長と明智光秀は、ともに合理的な改革派であると結論づけている。正反対の性格ではなく、似たもの同士だというのである。戦後的価値観で見ると、封建的な道徳観念に縛られない光秀はむしろ進歩的な人物に映ったのである。

この高柳説は世間に大きな衝撃をもたらしたようで、これに影響を受けたと思《おぼ》しき歴史小説も執筆された。昭和三十八年（一九六三）から翌三十九年まで「群像」誌上に連載された、中山義秀《なかやまぎしゅう》の『咲庵《しょうあん》』である。ちなみに咲庵とは光秀の雅号である。

現代では中山義秀と言われてもピンとこない人がいるかもしれない。だが当時は、中山の友人であった横光利一《よこみつりいち》（昭和二十二年没）のような文壇の寵児《ちょうじ》ではないにせよ、高く評価されていた実力派の作家だった。『咲庵』も野間《のま》文芸賞・日本芸術院賞を受賞している。ちなみに中山の死後、中山の郷土である福島県白河市《しらかわ》に中山義秀記念文学館が建てられ、優れた歴史小説を対象にした中山義秀文学賞が創設された。

中山の『咲庵』は、斎藤利三をめぐる軋轢《あつれき》や家康饗応役の解任といった有名な逸話を創作として退ける。中山は、江戸時代の俗書が「光秀叛逆の動機を測りかねて、さまざまな臆説《おくせつ》をもっともらしく拵《こしら》えあげている」と批判する。中山は光秀の胸中を次のように推し量る。

光秀の胸は野望にふくれあがっていた。信長に恩はあっても、私怨《しえん》とするほどのものはなかった……（中略）……光秀にとって最も大きな憾《うら》みとするところは、信長の勢力がますます増大して、彼が健在であるかぎり、彼にとってかわる機会はなく、死ぬまで彼の権力下に、雌伏《しふく》をつづけなければならないことである。

光秀の出頭を嫉《にく》んで、彼を表裏者とあざける、元老の柴田をはじめ、滝川、丹羽、秀吉などの子飼いの者たちならばともかく、源氏の出自からいって光秀は、平氏を名のる信長に、なんら譲るところはなかった。

土岐の再興をになっている光秀からすれば、天下をのぞむのは最初よりの宿志だったと見なしてもよい。ただ今まで、機会に乗じえなかっただけのことだ。

こうした野心家・改革者としての明智光秀像が世間に浸透することは十分にあり得た、と筆者は考えている。

司馬遼太郎による〝先祖返り〟

しかし高柳が提起し、中山が採用した新しい光秀像は定着しなかった。その最大の原因は、司馬遼太郎《しばりようたろう》の『国盗《と》り物語』であろう。『国盗り物語』は昭和三十八年から四十一年にかけて「サンデー毎日」誌上に連載された。良く知られているように、前半が斎藤道三編で、後半は織田信長編である。

司馬は本能寺の変の動機として怨恨説を採用している。諏訪の陣中で信長から折檻を受けて殺意を抱いた様、恵林寺焼き討ちに光秀が内心憤りをおぼえた様を描き、出雲・石見への国替えで叛意《はんい》は決定的になった、という展開にしている。江戸時代の怨恨話をそのまま採用しているのである。

もっとも正確には、単なる怨恨ではなく、遠からず粛清されるという予測に基づき自己防衛的に謀反を起こした、と司馬は描写しているが、これとて司馬の独創ではない。『明智軍記』や『絵本太閤記』も、信長の国替え命令の真意が明智家取りつぶしにあると光秀は解釈して謀反に踏み切った、と記しているのである。加えて司馬は、信長がわずかな供と本能寺に泊まることがなければ光秀は謀反を起こさなかっただろうとも語っているが、これも前述のように、徳富蘇峰が既に指摘している。

司馬は怨恨の背景として、信長と光秀の性格の不一致を挙げている。司馬の見立てでは、信長と光秀は共に道三の「弟子」である。ただし信長は道三から先例に囚《とら》われない独創性を受け継ぎ、光秀は古典的教養を受け継いだ。改革派の信長と守旧派の光秀が次第に政治理念の違いから対立し、最終的に本能寺で激突する、という織田信長編執筆当初からの司馬の構想を考慮すれば、怨恨説の採用は必然的な帰結だったと言える。なお信長と光秀の性格が正反対だったという理解も、既述の通り、戦前から見られるものである。

司馬の『国盗り物語』はベストセラーになったが、それ以上に重要なのは、本作を原作としたNHK大河ドラマ『国盗り物語』の大ヒットだろう。時代劇研究家の春日太一《かすがたいち》氏の御教示によれば、近藤正臣《こんどうまさおみ》が熱演した屈辱に耐え忍ぶ光秀の姿は、以後の時代劇作品における光秀像の規範になったという。かくして保守的な常識人としての光秀像が確立する。

信長と光秀を対照的な人物に設定し、怨恨説を採用した方が、作劇上、都合が良いことは疑いない。度重なる信長との軋轢、信長への恩義と信長への怨恨との間で揺れる光秀の葛藤《かっとう》を描くことができ、起伏に富んだ物語になる。我慢に我慢を重ねた挙げ句、ついに怒りが爆発して恨みを晴らすという展開は、任侠《にんきょう》映画などに見られるように、日本人が好きな筋書きでもある。実際、中山の『咲庵』は森鷗外《もりおうがい》風の端正な歴史小説だが、ドラマとしての盛り上がりには欠ける。大衆受けする作品とは言いがたい。

封建的な主従観念から完全に解放された戦後社会においては、時代の価値観を反映した新鮮な光秀像が成立する可能性があった。しかし物語としての面白さが優先された結果、野心家イメージは定着せず、江戸時代以来の通俗的な光秀像へと回帰していった。この点は何とも惜しまれる。

光秀は比叡山焼き討ちを諫めたか

保守的な常識人としての明智光秀のイメージを象徴するエピソードとして最も著名なものは、織田信長の比叡山焼き討ちを諫めたという逸話であろう。ところが太田牛一の『信長公記《しんちょうこうき》』には、家臣が比叡山焼き討ちを諫めたという描写はない。『明智軍記』に至っては光秀が比叡山攻めで活躍する様子が描かれている。拙稿「明智光秀と本能寺の変」で言及したように、現実の光秀はむしろ積極的に比叡山焼き討ちに荷担し、その功績によって坂本《さかもと》城を信長から拝領したと考えられる。

小瀬甫庵の『信長記《しんちょうき》』（一六一一年頃に成立、以下『甫庵信長記』と略す）は、佐久間信盛《さくまのぶもり》・武井夕庵《たけいせきあん》が比叡山焼き討ちを諫めたとしており、光秀が諫めたとの記述はない。頼山陽の

『日本外史』（二三・九〇頁を参照）や徳富蘇峰の『近世日本国民史』も『甫庵信長記』の記述を踏襲しており、光秀の関与に触れていない。『近世日本国民史』を参照したであろう中山義秀の『咲庵』でも、光秀が諫言する場面はない。

光秀が比叡山焼き討ちに反対したというイメージを広めたのは、司馬遼太郎の『国盗り物語』だろう。同作では、信長と光秀の関係に亀裂《きれつ》が初めて生じた事件として印象的に叙述されている。大河ドラマ『国盗り物語』でも、高橋英樹《たかはしひでき》演じる信長が「金柑《きんかん》頭（はげ頭）！」と怒鳴って近藤正臣演じる光秀に暴力をふるうシーンは名場面と評されている。

では、司馬は何を典拠にしたのだろうか。前掲拙稿で触れたように、江戸時代の史料でも光秀が比叡山焼き討ちに反対した、と書かれているものがある。『天台座主記《てんだいざすき》』という史料である。ただ、この史料はマイナーで、頼山陽も徳富蘇峰も参照した形跡がない。江戸時代の庶民は知らなかっただろう。

司馬遼太郎というと、小説執筆に際してトラック一台分の資料を買い集めたなど、資料蒐集《しゅうしゅう》の徹底ぶりが伝説として語られている。よって、司馬が『天台座主記』に気づいて、それに基づいて執筆した可能性もあるが、それなら史料名を明記しても良さそうだ。

戦時中に連載された吉川英治《よしかわえいじ》の『太閤記』（単行本刊行時に『新書太閤記』と改題）では、佐久間信盛・武井夕庵・明智光秀の三人が比叡山焼き討ちに反対している。三人は織田家中の意見を代表して共同で諫言しており、信盛・夕庵はもちろん、光秀も信長から折檻されていない。

川口松太郎《かわぐちまつたろう》が昭和二十九年から三十五年にかけて「週刊サンケイ」で連載した『俺は藤吉郎《とうきちろう》』にも、光秀が諫言する場面が描かれている。ただし、同作でも秀吉や佐久間信盛も焼き討ちに反対しているため、光秀だけがことさら信長に憎まれる展開にはなっていない。信長から暴力もふるわれていない。

ただ山岡荘八《やまおかそうはち》が昭和二十九年から月刊誌「小説倶楽部《くらぶ》」に連載を開始した『織田信長』では、織田信長に諫言したのは明智光秀一人になっている。この場面で、山岡は改革派の信長と保守派の光秀との間の根本的な相違に言及しているが、信長の暴行は描いていない。

なお戦前の作品であるが、鷲尾雨工《わしおうこう》の『織田信長』（一〇四・一〇五頁を参照）では、明智光秀一人が叡山焼き討ちを諫めて信長に怒られている。ただし暴力はふるわれていない。信長は延暦寺の僧侶《そうりょ》の堕落ぶりに憤っているだけで尊皇の志に篤《あつ》い人物として描かれているので、改革派の信長と保守派の光秀という構図にはなっていない。

あるいは司馬は、こうした先行作品を参考に、比叡山焼き討ちをめぐる織田信長と明智光秀の対立を誇張したのかもしれない。

実は江戸時代に作られた著名な怨恨話は、ほとんどが本能寺の変の少し前に発生した事件という設定になっている。諏訪での折檻は本能寺の変の三ヶ月前、恵林寺焼き討ちは二ヶ月前、斎藤利三をめぐる確執は一ヶ月前、家康饗応役の解任は二週間前、出雲・石見への国替えも二週間前の事件である。唯一の例外が、光秀が波多野《はたの》氏に人質として差し出した光秀の母が信長のせいで殺されたという事件である。これは本能寺の変の三年前という設定で、一番古い。

けれども、比叡山焼き討ちは本能寺の変の一一年前の事件である。この時から信長が光秀に暴行を加えていたのだとすると、光秀は長年にわたって不満を鬱積《うっせき》させていたことになる。光秀の怨恨が根深いものであればあるほど、ドラマは盛り上がる。比叡山焼き討ちに着目した司馬の歴史小説家としての嗅覚《きゅうかく》は、確かに際立っていた。

司馬の『国盗り物語』が非常に良くできた物語であったゆえに、司馬の光秀像が世間に広く浸透した。信長と光秀の性格の不一致は、今や自明の前提であるかのように思われている。これもまた一つの「司馬史観」であり、その克服が求められている。

第二章　斎藤道三──「美濃のマムシ」は本当か？

第一節　近世の斎藤道三像

江戸前期には油売り伝説は見えず

美濃《みの》のマムシ、斎藤道三。司馬遼太郎《しばりょうたろう》の小説『国盗《と》り物語』やこれを原作としたNHK大河ドラマによって、その乱世の梟雄《きょうゆう》としてのイメージは世間に広く浸透している。一般に斎藤道三は、油売りから美濃一国の大名となった下剋上《げこくじょう》の体現者と見られてきた。しかし江戸前期の史料は、道三が低い身分から成り上がったと記すのみで、油売りだったとは述べていない。

織田信長・豊臣秀吉に仕えた太田牛一《おおたぎゅういち》が慶長《けいちょう》十五年（一六一〇）前後に記した秀吉の伝記、『大《たい》かうさまくんきのうち』がある。この中には斎藤道三に関する記述がある。道三が亡くなってから半世紀を経た時期の道三評だ。それによれば、「美濃国、斎藤山城《やましろ》道三は、元来、五畿内、山城国西岡《にしのおか》の松波《まつなみ》と申す一僕の者なり」という。西岡とは京都盆地の西南部、桂川《かつらがわ》の西岸域一帯を指す。現在の京都市西京区《にしきよう》・南区《みなみ》、向日市《むこう》、長岡京市《ながおかきよう》、大山崎町《おおやまざきちよう》の辺りである。「一僕の者」とは、従者を一人しか抱えていない最下層の武士を意味する。太田牛一は道三を、身分は低いが一応は武士と認識していたのである。なお牛一の『信長公記《しんちようこうき》』にも、ほぼ同内容の記述が見える。

少し時代が下って、軍学者の山鹿素行《やまがそこう》が記した歴史書『武家事紀』ではどうだろうか。同書の序文には延宝《えんぽう》元年（一六七三）とある。素行は道三について「もと凡賤《ぼんせん》の寒賊なり」と記す。身分が低かったことには言及しているが、油売りとは言っていない。

織田信長と斎藤龍興《たつおき》（道三の孫）が争った永禄《えいろく》八年（一五六五）の堂洞《どうぼら》合戦について記した軍記物『堂洞軍記』にも、道三に関する記述が見える。「斎藤山城守《やましろのかみ》と申すは、その昔、都において賤《いや》しき笠《かさ》張りにて有りける人と生まれ」とある。油売りではなく笠張りだという。

そうした低い身分から道三がのし上がっていく様を諸書は描いているが、その筆致は冷たい。『大かうさまくんきのうち』は以下のように記す。

松波（のちの道三）が京都から美濃国に下って、美濃の大名土岐《とき》氏の重臣である長井藤左《ながいとうざ》衛門《えもん》（長井長弘《ながひろ》）に仕え、西村《にしむら》と名乗った。西村は頭角を現すと、主君である長井藤左衛門を殺し、長井新九郎《しんくろう》と名乗った。これにより長井一族と争いになり、新九郎は苦境に立つが、土岐頼芸《よりのり》に仲裁を求めて事なきを得た。長井新九郎は頼芸の信認を得て斎藤山城道三と名を改めた。道三は土岐頼芸の息子である二郎《じろう》（土岐頼充《よりみつ》、正確には頼芸の甥《おい》）を娘婿《むすめむこ》に取ったが、これをひそかに毒殺した。次に二郎の弟の八郎《はちろう》を娘婿に取ったが、これも切腹させた。そして美濃一国を乗っ取ったというのである。なお近年の研究では、道三が土岐頼芸を追放し、美濃の国主になったのは天文《てんぶん》十九年（一五五〇）のことと考えられている。

さて『大かうさまくんきのうち』によると、この頃、何者かが道三の国盗りを批判して、落書《らくしょ》を立てたという。落書には「主《しゅう》を切り　婿を殺すは　みのおわり　昔は長田《おさだ》　今は山城」という歌が書かれていた。山城とは斎藤山城守、つまり道三のことである。長田は長田忠致《ただむね》のことである。

長田忠致については、軍記物『平治物語』が詳しい。平治の乱で平清盛《たいらのきよもり》に敗れた源　義朝《みなもとのよしとも》（頼朝《よりとも》の父）は関東に逃れようとし、途中、尾張国野間《おわりのくにのま》（現在の愛知県知多《ちた》郡美浜町《みはまちょう》）の長田忠致の屋敷に寄った。忠致は義朝の家臣であり、義朝の腹心である鎌田政清《かまたまさきよ》の舅《しゅうと》でもあった。忠致は義朝・政清を匿《かくま》うと見せかけて、義朝・政清をだまし討ちにした。まさに「主を切り、婿を殺す」である。

忠致は義朝を殺した功績で壱岐守《いきのかみ》に任官したが、恩賞の少なさに不満を漏らした。「壱岐守ではなく美濃守・尾張守が欲しい」というのである。主君を平然と殺しておいて、図々《ずうずう》しく多大な恩賞を要求した忠致に対し、清盛は激怒した。忠致は処罰されることはなかったが、平家の麾下《きか》に居づらくなり、頼朝が挙兵すると、頼朝の元に馳《は》せ参じた。頼朝は「手柄を立てれば恩賞を与える」と約束する。忠致は奮戦したが、頼朝が天下を取ると、頼朝の父の仇《かたき》である忠致は処刑された。その時、「きらへども　命の程は　壱岐のかみ　美濃尾張をば今ぞ給《たま》はる」と書かれた落書が立てられたという。「壱岐」と「生き」、「美濃尾張」と「身の終わり」を掛けている。「壱岐守で満足していれば、命だけは助かったかもしれないのに、美濃尾張を望んだばかりに、身の終わりを給わることになってしまった」という意味である。

要するに、美濃の斎藤道三は主君や娘婿を殺すような極悪人だから、昔の長田忠致のようにみじめな最期を遂げることになるだろう、と予言しているのである。現実に道三は非業の死を遂げているので、いささか出来過ぎた話に思える。実際には道三が死んでから作られた歌であろう。いずれにせよ、戦国時代の人間、そして太田牛一が斎藤道三の謀反を倫理的に非難していることは疑いない。

ちなみに『武家事紀』や『堂洞軍記』も、道三の国盗りの経緯については『大かうさまくんきのうち』と同様である。ただし『武家事紀』は、道三の武勇と土岐頼芸の無能を指摘しているので、『大かうさまくんきのうち』よりは道三に好意的と言えるかもしれない。

油売り伝説の登場

油売りの話が出てくる初期の例は、第一章でも取り上げた江戸中期の正徳《しょうとく》三年（一七一三）刊行の『老人雑話』である（二一頁を参照）。ただし「斎藤山城守は山崎の油商の子なり」とある。道三が油売りだとは言っておらず、油売りの子という設定だ。

油売りだった道三が美濃で武士になった経緯を最も詳細に語っている史料は、美濃の地誌・歴史書である『美濃国諸旧記』である。成立年代は不明なものの、同書中に寛永《かんえい》十六年（一六三九）の記事が見えるので、それ以降の成立であることは確かだ。一七世紀中葉には成立していたとする説もあるが、『武家事紀』に油売りの話が出てこないことを考慮すると、実際には一八世紀以降ではないだろうか。

この『美濃国諸旧記』によれば、斎藤道三は松波基宗《もとむね》の息子として生まれた。幼名は峯丸《みねまる》だという。松波家は代々、内裏（天皇の居所）を守る北面の武士を務めていたが、基宗の代に山城国西岡に移り住んだ。峯丸は生まれつき容貌《ようぼう》に優れ、賢かったので、将来に期待した基宗は峯丸を出家させ、京都妙覚寺《みょうかくじ》の日善《にちぜん》上人の弟子とした。出家した峯丸は法蓮房《ほうれんぼう》と名乗り、たちまち名僧の評判を得る。しかし法蓮房は突如還俗《げんぞく》して、西岡に帰って奈良《なら》屋又兵衛《またべえ》の娘と結婚し、屋号を改め山崎屋庄五郎《しょうごろう》と名乗って灯油を売るようになった。

庄五郎は美濃に下り、油を売って回る。油を銭の穴に通す芸で人を集め、商売は大繁盛だった。ある時、長井藤左衛門の家臣である矢野五左衛門《やのござえもん》が庄五郎から油を買った。例の妙技を見た矢野は「実に見事だが、しょせんは商人の芸にすぎぬ。もし武芸において、これほどの修行を積んでいれば、後世に名を遺《のこ》す武士になったであろうに、惜しいことだ」と言った。これを聞いた庄五郎は油売りを止め、長槍《ながやり》で銭の穴を突く修行を始める。

ついに武芸の奥義を極めた庄五郎は仕官を考えた。折良く、京都妙覚寺にいた頃に弟弟子だった南陽房《なんようぼう》が、美濃常在寺《じょうざいじ》の住職となっており、日運《にちうん》上人と名乗っていた。実はこの日運、土岐氏の重臣である長井豊後守利隆《ぶんごのかみとしたか》の弟だった。庄五郎は日運の推薦で長井家に仕えることになる。庄五郎は歌舞音曲にも堪能だったので、遊興好きの長井藤左衛門、さらには土岐頼芸に重用された。その結果、前述のように、出世街道を驀進《ばくしん》するのである。

なお、この『美濃国諸旧記』の記述は、司馬遼太郎『国盗り物語』をはじめ、近現代に書かれた道三関係の小説の基礎になっている。

斎藤道三・義龍親子の不和

良く知られているように、斎藤道三は息子義龍《よしたつ》との戦いに敗れて戦死するという、悲劇の最期を遂げる。この道三・義龍親子の不和についても、後世、様々な作り話が面白おかしく

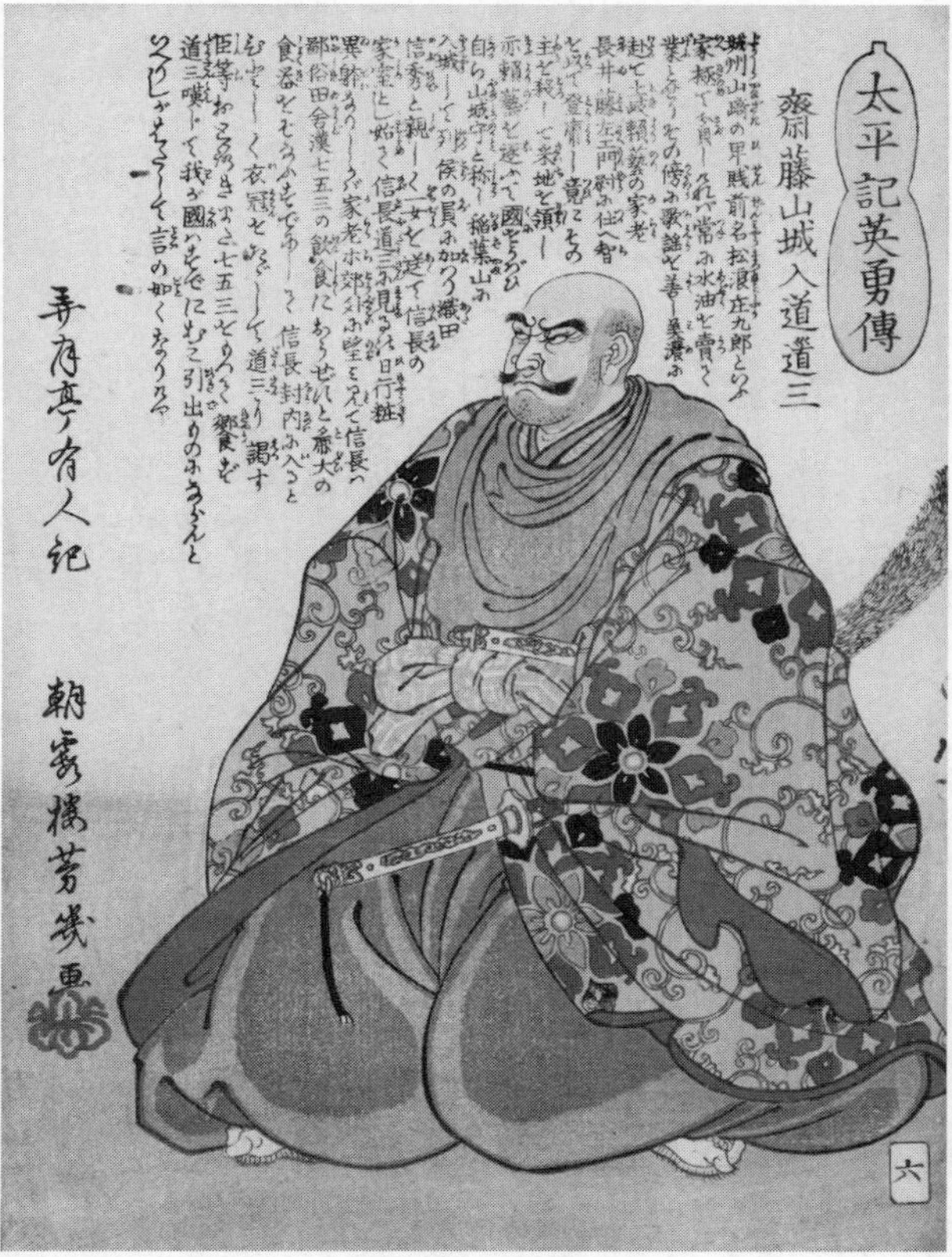

落合（歌川）芳幾「太平記英勇伝　齋藤山城入道道三」東京都立図書館蔵
油売りから立身出世したと説明している。

語られた。

先述の『大かうさまくんきのうち』によれば、一般に総領息子はおっとりとした性格をしているものだが、年老いて知恵の鏡が曇った道三は穏和な長男義龍を愚物と見誤り、弟二人を溺愛《できあい》したという。自然と、弟二人は義龍を侮るようになった。これに憤った義龍は仮病を使って屋敷に引きこもり、死ぬ前に一目会いたいと言って弟二人をおびき寄せて殺したという。弘治《こうじ》元年（一五五五）十一月二十二日のことである。父に愛される弟を兄が恨むという事態は、旧約聖書の「カインとアベル」を引くまでもなく、古今東西良くあることである。

しかし、これだけでは盛り上がりに欠けると思ったのか、だんだん話に尾ひれがついていく。近江《おうみ》・美濃の戦国合戦を記した軍記物『江濃記《ごうのうき》』（一七世紀中・後期に成立か）では、長男義龍（『江濃記』では「義糺《よしただ》」と誤る）は先妻の子、次男・三男は今の妻の子と記している。母違いの兄弟というわけだ。そして道三が自分を廃嫡しようとしているのを知った義龍が、弟二人をおびき寄せて殺したという。

さらに、義龍が道三の実の子ではないという話が生まれる。前掲の『武家事紀』は、斎藤道三が土岐頼芸を追放した後、頼芸の妻を奪ったという。この妻は既に頼芸の子を懐妊しており、道三の屋敷で出産した。これが義龍だというから、義龍は頼芸の子である。実子でないので道三に疎まれ、廃嫡されようとした。これを恨んだ義龍が弟二人をだまし討ちにした、という流れである。私たちが知る道三・義龍親子の不和の話にだいぶ近づいてきたと言えよう。ただし、義龍の母の名前は出てこない。

深芳野伝説の形成

『美濃国諸旧記』では、より一層、話が具体的になる。土岐頼芸の愛妾《あいしょう》に深芳野《みよしの》という美女がいた。頼芸は道三を寵愛《ちょうあい》するあまり、大永《だいえい》六年（一五二六）十二月に道三へ深芳野を与えた。深芳野は翌七年六月に男児を出産する。これが後の義龍である。出産時期を考慮すると、義龍は道三の子ではなく頼芸の子である、と『美濃国諸旧記』は主張する。土岐頼芸を追放した後、道三は下剋上を正当化するために、義龍に家督を譲ったという。土岐氏の血を引く義龍が美濃の国主になるのであれば、美濃の人々も納得する、というわけだ。しかし道三の権力が強化され、美濃の人々が道三に逆らう恐れがなくなると、道三は義龍を廃嫡して実子に家督を譲ろうと思い直した。そうした気配を察した義龍は、側近から「ご実父は土岐頼芸公であり、道三は御父の仇でございます」と告げられ、道三を討つことを決意したという。

深芳野の話は『土岐斎藤軍記』や『土岐累代記』では、よりドラマチックに仕立てられている。周囲に人がいない時に道三が是非にと所望し、断れば頼芸を刺し殺しかねない気配だったので、頼芸はそこまで惚《ほ》れているのならば、と与えたという。道三の傲慢《ごうまん》さが誇張されているのだ。なお、『土岐累代記』は深芳野の出自について、丹後《たんご》宮津《みやづ》の城主一色左京大夫《いっしきさきょうのだいぶ》の娘と記している。丹後守護一色氏は有力な足利《あしかが》一門で、土岐氏より家格が上である。その娘を側室にし、あまつさえ家臣に下げ渡すとは、到底考えられない。やはり深芳野の逸話は虚構と考えるべきだろう。

ちなみに、深芳野の話は必ずしも人口に膾炙《かいしゃ》しなかったようだ。前掲の『老人雑話』は単に道三と義龍の不和のみを記し、義龍が土岐氏の子であるといった話に触れていない。江戸《えど》千駄ヶ谷《せんだがや》聖輪寺《しょうりんじ》の住持増誉《ぞうよ》（一七〇七年没）が編んだ武将言行録『続明良洪範《めいりょうこうはん》』（一七世紀後半〜一八世紀初頭に成立か）は、斎藤義龍が土岐頼芸の子であると記しているが、義龍の母の名前には言及していない。おそらく『武家事紀』に依拠したのだろう。

江戸幕府が一八世紀末に作成させた『寛政重修《かんせいちょうしゅう》 諸家譜』巻第二八三の土岐氏の項には、義龍の出生に関する注記がある。常陸《ひたち》土岐氏出身で旗本の土岐朝利《ともとし》の提出した家譜に、義龍は土岐頼芸の妾腹の子であり、義龍の母が懐妊中に斎藤道三に奪われたため斎藤家で生まれたが、後に出生の秘密を知ったので、道三の無道を憎んで滅ぼした、と記されているという。編纂《へんさん》者は、斎藤氏の系図には見えない情報ではあるが一応記しておく、としている。ここにも深芳野の名は見えない。そもそも右の逸話の真偽は疑われていたようである。

義龍の母については異説も存在する。儒学者の熊沢淡庵《くまざわたんあん》が正徳《しょうとく》六年（一七一六）に刊行した『武将感状記』では、義龍の母を稲葉《いなば》一鉄《いってつ》の妹とする。寛政三年（一七九一）成立の神沢《かんざわ》杜口《とこう》の随筆『翁草《おきなぐさ》』も同内容を記す。深芳野より、こちらの方が信頼できる。

信長・光秀との絆はあったか

周知のように、織田信長の正室（本名不明。一般に「濃姫《のうひめ》」「帰蝶《きちょう》」などと呼ばれる）は斎藤道三の娘である。信長は道三の娘婿にあたる。道三は娘婿の信長を高く評価していた、というイメージを持っている人は多いだろう。

そのイメージの源泉は聖徳寺《しょうとくじ》の会見である。織田信長を描いた小説やドラマでは定番のシーンなので、知らない人はいないだろう。うつけ者との噂《うわさ》で有名な信長が、正装で姿を現し、斎藤道三の度肝を抜く、あの場面である。帰り道、道三は「残念なことである。わしの息子たちは、たわけの門外に馬を繋《つな》ぐことになるだろう」と嘆息したという。

右の逸話はいかにも出来過ぎで、作り話めいている。しかし『信長公記』に収録されているので、軽々に退けられない。

歴史ファンにおなじみの『信長公記』は、織田信長の側近《そば》くに仕えた太田牛一の手になる信長の一代記である。ただし、牛一が信長に近侍するようになったのは桶狭間《おけはざま》の戦い前後と考えられているので、牛一は会見の場にはいなかっただろう。聖徳寺の会見の記事は、伝聞情報に基づくと思われる。

牛一は、道三の政治について「わずかな罪であっても、牛裂きや釜ゆでなど残虐な刑罰に処した」と批判しているので、信長の方が道三より一枚上手であると主張するために聖徳寺の会見を記したのだろう。『信長公記』には、信長の勇猛果敢な戦いぶりを知った道三が「凄《すさ》まじき男、隣には嫌なる人にて候よ」と述べる場面もある。牛一の意図はあくまで主君信長を称揚することであり、道三の眼力を褒めているわけではない。

『甫庵信長記』（四五頁を参照）は『信長公記』の記述をなぞる形で聖徳寺の会見を叙述しているが、自分の意見も付け加えている。道三の予言通り斎藤家が信長に滅ぼされたことを指摘し、「人の目きき程、恐ろしき物はなかりけり」と道三の慧眼《けいがん》を称賛している。武内確斎《たけうちかくさい》の『絵本太閤記』（一七九七〜一八〇二年刊行、二二頁を参照）もおそらく『甫庵信長記』を参照して聖徳寺の会見を叙述しており、「道三が先見、明らかなり」と評している。

ただし、斎藤道三が織田信長を気に入っていた、という認識が江戸時代に普及していたとは、必ずしも言えない。道三の信長への評価の高さを示す史料として、道三の遺言状が挙げられる。『国盗り物語』にも全文引用されているので、ご存じの方も多いだろう。作成されたのは弘治二年（一五五六）四月十九日。息子義龍との決戦、長良川《ながらがわ》の戦いの直前である。「児《ちご》まいる」と書いてあるので、道三が幼い我が子に宛てた遺言状であると分かる。その中に「信長に対して美濃国を譲るという譲状を送った」という一文が見える。これに従えば、道三は娘婿の信長を後継者とみなしていたことになる。

この遺言状の写しと思われるものが京都の妙覚寺《みょうかくじ》と大阪城天守閣に伝わっている。ただし、それぞれに文章の異同がある。これらには文言に不審な点があるので、後世に創作されたと疑う声もある。信長が道三から美濃支配を託されていたのだとすると、信長の美濃侵攻の絶好の大義名分になるが、この事実を記した史料は他にない。『信長公記』にも記載はない。偽文書と見た方が良いのではないだろうか。

仮に本物だとして、国譲りの事実が江戸時代に広く知られていたかどうかは疑問である。この遺言状を引用している史料は『江濃記』だけしか確認されていない。そもそも聖徳寺の会見を含め、道三と信長の交流を示す逸話は、江戸時代の歴史書や逸話集にはあまり収録されていないのである。

前掲の『大かうさまくんきのうち』では、長良川の戦いでの息子義龍の采配《さいはい》を見た斎藤道三は「さすが道三が子にて候」と感心している。さらに『武将感状記』・『翁草』では、道三は「これで美濃は斎藤家のものだ。他国に侵略されることはないだろう」と語り、義龍の器量を見誤った己の不明を恥じている。

江戸時代には、斎藤道三と明智光秀の関係も説かれた。『美濃国諸旧記』や「明智氏一族宮城家相伝系図書」などによれば、斎藤道三の正室で濃姫の母にあたる小見《おみ》の方《かた》は、明智光綱《みつつな》（光秀の父と目されている）の姉だという。これに従えば、明智光秀と濃姫は従兄妹《いとこ》ということになる。加えて、『美濃国諸旧記』は、道三は光秀の鉄砲の師であると記す。こうした記述は到底信じられない。さらに言えば、これらの話は江戸時代の主要な逸話集にも見えず、そもそも道三と光秀が深い間柄であるという認識が近世社会に広がっていたかも疑問である。

近世における道三の評価

さて、江戸時代において斎藤道三はどのように評価されていたのだろうか。大前提として、道三は全国区の超有名人ではなかったようである。確かに、道三は美濃国の地誌・軍記類では欠くことのできない重要人物だったが、江戸時代の主要な逸話集ではさほど取り上げられていない。登場する時は、主君土岐氏を裏切った下剋上や息子義龍との骨肉の争いが語られることがほとんどなので、道三に良い印象を持つ人は少なかっただろう（ただし『武将感状記』は、道三が三間柄の長槍を用いた新戦術を考案した話を載せる）。

江戸初期に成立した笑話集『醒睡笑《せいすいしょう》』は、「美濃国にて、土岐殿と斎藤山城守取あいて、終《つい》に土岐殿方まけになりし頃」として、次の狂歌を載せる。「ときはれど　糊《のり》たてもせぬ四布袴《よのばかま》　三布《みの》は破れて　一布《ひとの》にぞなる」。四布袴（布を四枚縫い合わせて仕立てた袴）をいったん解いて洗い張りすると、袴の糊気がなくなり、四布のうち三布は破れてしまい、残りは一布になってしまう、というのが表の意味である。しかし実は「解き」と「土岐」、「三布」と「美濃」、「一布」と「人の」を掛けている。土岐氏が敗れて、美濃は人の（道三の）ものになったと詠んでいるのである。

この狂歌は『新撰《しんせん》狂歌集』、『曾呂利《そろり》狂歌咄《ばなし》』、『老人雑話』などにも収録されているので、江戸時代の民衆にかなり浸透していたと思われる。土岐氏を揶揄《やゆ》する歌だが、かといって道三を賛美する内容ではない。

林羅山《はやしらざん》（徳川家康に仕えた儒学者）が古今の名将（下限は豊臣秀吉）を選んだと伝わる（疑わしいが）書籍に、『本朝百将伝』（一六五六年）がある。戦国時代の武将としては、北条早雲《ほうじょうそううん》、三好長慶《みよしながよし》、毛利元就《もうりもとなり》、北条氏康《うじやす》、武田信玄、上杉謙信といったおなじみの面々が選出されている。その中に斎藤道三の名が見え、低い身分から美濃一国の大名になったとの説明が付されている。けれども、道三の娘が信長に嫁したと記し、道三の次に織田信長を紹介していることを踏まえると、信長のおまけで選ばれたように感じられる。

第二節　戦前・戦後の斎藤道三像

依然として「悪党」イメージ

江戸時代には、封建的主従関係を重んじる価値観が支配的だったので、主君を裏切った道三の評価は芳しくなかった。しかし明治時代になると、少し風向きが変わる。

明治四十四年（一九一一）に刊行された近藤羗村・物集梧水編『東西修養逸話』という本がある。東西とは東洋・西洋のことで、東洋・西洋の偉人の言行を集め、青少年の道徳教育に活《い》かすことを目的にしている。西洋の項では「ナポレオン、士卒を愛すること子のごとし」といった話が収録されている。東洋の項は「泣いて馬謖《ばしょく》を斬る」など、中国の故事をも含む。

同書には「斎藤道三、油売りより立身す」と題して、道三の逸話も収載されている。悪行の限りを尽くした道三を道徳教育に用いるのは奇異に感じられるが、同書は「かくのごとく小手先の器用なるを以《もっ》て立身の端緒となすこと、もとより士君子のなすべきことにあらざれども、かりそめに目的のために手段を選ばずとすれば、油を注《つ》ぐ妙技もかえって面白きことなるべし」と説く。明治時代に立身出世を重視する風潮が強まる中で、道三に対して肯定的な評価も若干は見られるようになったのである。

第一章で紹介した徳富蘇峰《とくとみそほう》の『近世日本国民史』（三七頁を参照）も見てみよう。『近世日本国民史　織田氏時代　前篇』が刊行されたのは、大正七年（一九一八）のことである。蘇峰は、信長の舅である斎藤道三についても簡単に紹介している。「斎藤道三は、戦国の当時においてさえ、世間に指弾せられた程の悪党であった」「彼は天資惨酷の男であった」と批判しつつも、「されど彼は赤手にして、美濃の領主となっただけの権略・度胸ある男だ」と一定の評価を加えている。

蘇峰は聖徳寺の会見を取り上げ、「道三は坊主より油売りとなり、油売りより美濃長井の家臣となり、その長井を殺し、さらに長井の主人たる土岐を放逐したる強《したた》か者である。この老獪《ろうかい》の道三と、ようやく二十歳になった信長との会見は、いかにも面白い対照ではないか」と評する。両雄の対面という捉《とら》え方だが、「対照」という表現に注目したい。血まみれの人生を送ってきた老人と、日の出のごとき勢いの清新な青年という対照を、蘇峰は見出《みいだ》しているのだ。道三のイメージは、やはり陰湿で暗い。

そして蘇峰は、道三の「残念なことである。わしの息子たちは、たわけの門外に馬を繋ぐことになるだろう」という発言に注目し、「さすがは悪党でも、道三は道三じゃ。美濃が婿引き出物となることは、道三の予言通りである」と述べている。『甫庵信長記』と同様に、道三の眼力を評価しているのだ。とはいえ、「老獪」「悪党」という評価が根本にある点には留意する必要がある。

もう一つ重要なのは、蘇峰が『美濃国諸旧記』の道三の出自に関する記述を参考資料として引用している点である。『美濃国諸旧記』は必ずしも著名な史料とは言えないが、以後の歴史小説では、『美濃国諸旧記』に依拠して道三の下剋上を描いたものが多い。それは、蘇峰が『近世日本国民史』で引用したことが大きく影響しているのではないか。

ただし、蘇峰は『美濃国諸旧記』の深芳野の話は採用せず、おそらく主に『信長公記』に依拠して、義龍を道三の実子とみなしている。

直木三十五『斎藤道三殺生伝』

斎藤道三を主人公にした戦前の歴史小説の代表作は、直木《なおき》三十五《さんじゅうご》の『斎藤道三殺生伝』であろう。直木は大衆小説の大家であり、彼の名を冠した直木賞を知らぬ者はいまい。

右の『斎藤道三殺生伝』は昭和七年（一九三二）に「オール讀物《よみもの》」誌上に連載された。昭和九年から刊行された『直木三十五全集』第三巻に収録されているので、現在でも簡単に読める。

同作はタイトルが示す通り、悪党の斎藤道三を主人公にした悪漢小説である。道三は己の野心のために手段を選ばぬ冷酷な野心家として描かれている。おそらく『美濃国諸旧記』などを参考にしているのだろうが、本作の道三は松波庄五郎と名乗り、京都で油売りをしている。京都の治安は日に日に悪化し、油もろくに売れなくなってしまった。窮した庄五郎は旧知の南陽坊の勧めに従って、美濃に下って武士になろうと考える。庄五郎は独白する。「この乱れた世の中だ。こうして油を売っていたとて、餓死するだけなら思い切って、天下でも取るつもりになる事だ。将軍を殺して将軍に、守護を殺して守護に──一人を殺す事は、一足それへ近づく事だ。人を殺せば、悪いの、何のと、座して飢える奴《やつ》を、一思いに殺してやろう。かえって救いの道だ」と。

本作の庄五郎は女房の浅里《あさり》を伴い、美濃へ下る。そして美濃土岐氏の家老である長井利隆（南陽坊の兄）の息子の利光《としみつ》が浅里に色目を使っていることに気がつくと、庄五郎はいわば美人局《つつもたせ》によって出世の糸口をつかむ。この話の典拠は確認できなかったので、直木の創作だろう。

庄五郎は西村勘九郎《かんくろう》となり、長井利隆と長井藤左衛門の対立を利用して、両者を殺す。道三が長井藤左衛門を殺したことは『美濃国諸旧記』『土岐累代記』『土岐斎藤軍記』などに見えるので、この話を脚色したと思われる。勘九郎はさらに斎藤利政《としまさ》になり、月柄《つきがら》という美女を使って主君土岐頼芸を骨抜きにしたところで、いよいよ謀反を起こし、頼芸を追放する。

道三は月柄を自分の妻とする。さらに長井利光を捕らえ、釜《かま》ゆでの刑にする。

一方、浅里は男児を出産する。後の斎藤義龍である。しかし、義龍の父が斎藤道三か長井利光か、浅里にも分からない。この辺りも直木の創作だろう。義龍の父が道三でない可能性を示唆するが、深芳野の話は採用していない。

義龍は成長し、浅里は病の床につく。義龍は浅里を見舞おうともしない道三を責めるが、「医者がある以上、わしが居たとて、死ぬ者が、助かるか」と取り合わない。道三は、女が夫のために身を捧《ささ》げるのは当たり前であると説き、「わし程の者の妻となり、ここまで、大きくした事に、己が、犠牲になったという、その満足心で、解脱すべきじゃ」とまで言ってのける。

義龍は問う。

「父上は、手前も、時によっては、犠牲となされますか」

「致すぞ」

義龍はさらに問う。

「では、手前が、父上を、殺しましても？」
「大いに、おもしろいの、それが、世の中、それが、戦国——ただ、男の力の、いかに強いかを示す事だけじゃ」

本作で道三は、まさに下剋上の象徴として描かれる。

義龍は月柄が産んだ異母弟二人を殺し、父道三との対決を決意する。長良川の戦いで道三は老醜をさらし、槍をとって戦うも、身体《からだ》がふらつき、義龍の兵に笑われ、相手にされない。道三は切腹しようとするが、力が足りず上手《うま》くいかない。見かねた義龍が「討て」と命じ、道三は無惨な最期を遂げる。ＮＨＫ大河ドラマ『麒麟《きりん》がくる』で本木雅弘《もときまさひろ》が演じた凜々《りり》しい道三とは大違いだが、悪漢小説の常として、主人公は最後には見苦しくなければならないのだろう。

信長とは正反対

右の『斎藤道三殺生伝』で興味深いのは、織田信長が登場しない点である。道三と義龍のセリフの中で名前が出てくるだけである。聖徳寺の会見も描かれない。第三章で詳述するが、戦前には織田信長は勤王家として評価されていた。本作に信長が出てこないのは、律義な勤王家である信長と、稀代《きたい》の悪党である道三との絆《きずな》を描きにくかったからではないだろうか。

そのことがはっきり示されているのは、戦時中の昭和十七年（一九四二）に発表された林《はやし》信一《しんいち》の小説『織田信長』である。この作品の信長は、朝廷・天皇を尊重する正義感の強い男である。そして斎藤道三は、信長とは正反対の人物として描写される。

林は「斎藤道三入道という人間は、武勇に優れていたけれども、本来が身分の低い生まれであったため、武将としての高い教養も、本当の意味での礼儀といったものをも少しも持っていず、いわば成り上がりの武将であった。従って頭脳も、趣味も低く、その点子供のような単純な人間だった。が、彼は天性悪賢い、狡《ずる》さをもっている人間だった。このような人間が一人前の武将として存在できたのも乱世のゆえで、世の秩序が根底から動揺している時代だからであった」と酷評している。

当然、義を重んじる織田信長と、悪党の斎藤道三とでは馬が合わない。道三の悪い評判を耳にしていた信長は舅の道三を嫌っていたが、聖徳寺の会見で実際に会って、ますます嫌いになった。うつけ者と噂される自分を笑いものにしようと考えていた道三の魂胆を察し、その下劣な品性に嫌気がさしたのである。一方、道三は予想外の「信長の態度の立派さ、厳粛さに息を呑《の》まれて」しまい、周章狼狽《しゅうしょうろうばい》するあり様。本作では、「残念なことである。わしの息子たちは、たわけの門外に馬を繋ぐことになるだろう」という道三の名言が引かれていないので、道三はやられっぱなしで、良いところがまるでない。

「マムシの道三」の誕生

敗戦によって天皇制のタブーがなくなると、織田信長を勤王家として賞揚する風潮もなくなった。詳しくは次章に譲るが、無頼派作家の坂口安吾《さかぐちあんご》が昭和二十三年（一九四八）に発表した小説「織田信長」は、そうした時代の風を背に受けて、自由奔放な信長を活き活きと描いた。曰《いわ》く、「信長は野良犬の親分みたいに、野放しに育った男だ。誰のいいつけもきかず、マネもせず、勝手気ままを流儀にして、我流でデッチあげた腕白大将であった」と。

こういう性格の信長であれば、悪党の斎藤道三と気が合うだろう。安吾は道三を「当時天下に隠れもない大悪党の張本人の一人」と評している。また松永久秀《まつながひさひで》を「松永弾正《だんじょう》という老蝮《まむし》」と紹介し、「悪逆無道の張本人と申せば、当時誰でもこの二人のジジイに指を折り、その三本目は折らなかったものである」と述べている。本作では斎藤道三ではなく、松永久秀が「マムシ」と呼ばれている。

安吾は道三の国盗りについて「油を売りながら兵法に心をそそぎ、昔の坊主仲間の南陽房にたよって、美濃の長井の家来となり、長井を殺し、長井の主人の土岐氏から聟《むこ》をもらって、その聟を毒殺、土岐氏を追いだして、美濃一国の主人となって、岐阜稲葉山《いなばやま》の城によった」

と説明している。これは『美濃国諸旧記』と『信長公記』を足したような記述である。また、その人物については「悪逆陰険の曲者《くせもの》だったが、兵法は達者であった。信長同様、長槍の利をさとり、鉄炮《てつぽう》の利器たるを知って、炮術《ほうじゅつ》に心をくだいた」と記している。やはり、『美濃国諸旧記』を参照したものと思われる。

聖徳寺の会見の描写は、『信長公記』に依拠しており、安吾の脚色は特にない。本作は未完に終わってしまったこともあり、道三と信長の交流を掘り下げて書いていない。

安吾は改めて織田信長の小説を書いている。昭和二十七年（一九五二）から翌年にかけて新聞「新大阪」に連載された『信長』である。なお、当初は作者である安吾の名前は伏せられており、作者名を当てる懸賞募集が行われた。桶狭間の戦いまでの信長の青年期を描いている。

近年、歴史学者の木下聡《きのしたさとし》氏が指摘したように、斎藤道三を「マムシ」と呼んだ初の文学作品は、坂口安吾の『信長』と思われる。江戸時代の史料には見えない表現なので、安吾の創作だろう。連載に先がけて安吾が発表した「作者のことば」にも、「信長に良い家来は少くないが、良い友達は一人もいない。多少ともカンタン相てらしたらしい友人的存在は斎藤道三と松永弾正という老いたる二匹のマムシであろう。歴史にも類のない悪逆無道の悪党とよばれた二人が揃って彼のともかく親友的存在の全部。むろんマムシの友情だから、だましたり裏切ったり、奇々怪々な友情だが、ともかく友情の血は通っていた」と記されている。

右の文章で注目したいのは、斎藤道三と織田信長を「親友」的関係と評している点である。本編でも聖徳寺の会見以来、道三と信長の関係は密になり、道三は信長に感服し、信長は道三を信頼するようになる。義龍の挙兵を受けて、道三は信長に援軍無用と伝えたが、信長は出陣する。しかし、信長到着前に道三は戦死する。この二人の絆が本作の要《かなめ》と言っても良い。

前述の通り、斎藤道三と織田信長の親密な関係性が描かれることは、戦前にはあり得なかった。信長は正義の人であり、道三は大悪党で、水と油だったからだ。敗戦を契機に信長像が転換したことで、道三と信長の絆が重視されるようになる。

司馬遼太郎『国盗り物語』の道三像

斎藤道三を主人公に据えた戦後の歴史小説の代表は、言うまでもなく司馬遼太郎の『国盗り物語』である。「マムシの道三」という異名が人口に膾炙したのも、この作品がきっかけである。とはいえ、海音寺《かいおんじ》潮五郎《ちょうごろう》の「武将列伝　斎藤道三」など、先行作品は幾つかある。

特に昭和三十二年（一九五七）に「中央公論」に連載された中山義秀《なかやまぎしゅう》の『戦国史記―斎藤道三―』は、『国盗り物語』に大きな影響を与えたと推察される。

直木三十五の『斎藤道三殺生伝』に、直木の創作が多く入っているのに対し、中山の『戦国史記—斎藤道三—』の筋立ては概《おおむ》ね『美濃国諸旧記』に沿っている。深芳野も登場する。

ただ、中山独自の工夫も見られる。道三（当時は西村勘九郎）は一文銭の穴に油を通す芸を見せた後、襖絵《ふすまえ》の虎の眼《め》（一文銭ぐらいの大きさ）の瞳孔《どうこう》を一五間（約二七メートル）先の彼方《かなた》から走り寄り、槍で貫けたら望みの物をもらうという賭《か》けを主君土岐頼芸に提案する。道三は瞳《ひとみ》と紙一重のところで槍の穂先を止めるという神技を見せ、賭けの景品として頼芸の愛妾である深芳野を得る。この逸話の典拠は確認できなかったので、道三が長槍の達人だったという『美濃国諸旧記』の逸話を元に中山が創作したのだろう。

もう一つ興味深いのが、長井利隆の人物造形である。利隆は道三の旧友である南陽坊の兄にあたり、土岐氏の重臣である。利隆は道三の器量を見抜き、美濃において数少ない道三の支持者・理解者となる。しかし、利隆は道三が内に秘めた野心にも勘づいているにもかかわらず道三を支援するという、複雑な人物になっている。『美濃国諸旧記』をそのままなぞると、愚か者ぞろいの美濃の武士たちを道三が翻弄《ほんろう》するだけの単調な展開になってしまうので、具眼の士を一人配することで物語に陰影をつけたのだろう。

斎藤道三と織田信長の絆は、特に描かれていない。聖徳寺の会見は、実力主義でのし上がってきた道三が、新たな実力者にその地位を脅かされる予兆として位置づけられ、老境に達した道三の衰えが強調されている。

さて、昭和三十八年（一九六三）から四十一年にかけて「サンデー毎日」に連載された司馬遼太郎の『国盗り物語』は、『美濃国諸旧記』を踏まえつつ、多くの想像を交えて道三の国盗りを活写している。道三が油売りと武士の二足の草鞋《わらじ》を履くという奇抜な設定は、司馬の創意である。

一方で、中山の『戦国史記―斎藤道三―』を参照した節が見られる。襖絵の虎の瞳を突く話は、同作から学んだのだろう。病身の長井利隆が、道三の野心に薄々気づきながらも、「無能の国主、無能の家老、無能の領主とは、乱世にあっては悪人だな」と語り、有能な道三に後事を託すくだりも、中山の作品に似ている。

司馬の『国盗り物語』の画期性は、斎藤道三を進取の気性に富んだ改革者と位置づけた点にある。直木三十五の『斎藤道三殺生伝』をはじめ、従来の作品も道三を優れた統治者として描いてきたが、権謀術数や軍事的才能が前面に出ており、「名君」のイメージには程遠い。けれども『国盗り物語』の道三は、年貢の減免などの善政を布《し》くと共に抜擢《ばってき》人事や楽市楽座などの改革を断行しており、革新的な戦国大名であることが強調されている。

こうした斎藤道三像は、司馬の作品構想に起因する。昭和四十年（一九六五）に刊行された『国盗り物語』第一巻に付された「作者のことば」には、「新しい秩序の創造者として歴史は信長という天才をむかえるわけだが、信長という才能の出現には系譜がある。信長の先駆的人物として私は斎藤道三に興味をもち、それを書いた……（中略）……悪人であるが故に近世を創造する最初の人になった」とある。安吾は道三と信長を親友的存在と評したが、司馬はさらに踏み込み、道三を革命児信長の師匠とみなした。結果として『国盗り物語』は、道三の先進性を際立たせることになった。

斎藤道三と織田信長の絆も、安吾の『信長』以上に詳しく描かれた。作中の道三は、聖徳寺で会った信長に若き日の自分を重ね、「わしが半生かかって得た体験、智恵《ちえ》、軍略の勘どころなどを、夜をこめてでも、語りつくしたい」などと記した手紙を信長に送っている。再三のラブレター攻勢に最初は薄気味悪く思っていた信長も、次第に心を開くようになる。

近世以来、斎藤道三には「悪党」という負のイメージがつきまとっていた。だが司馬は、旧秩序の破壊者、つまり改革者だったからこそ「悪党」と呼ばれた、という大胆な読み替えを行った。そして、厳格な身分制度を正当化する役割を負った江戸幕府の御用学者たちによって、下剋上の体現者である道三は不当に貶《おとし》められてきたと非難したのである。『国盗り物語』によって道三像は劇的に転換する。

数々の策謀を駆使しながらも、『国盗り物語』の斎藤道三にどこか明るさが感じられるのは、司馬の小説家としての技量ゆえである。実際、司馬本人も連載開始にあたって「大いに陽気に書いてゆきたい」と抱負を述べている。しかし、野心をみなぎらせた男が天下取りに向かって邁進《まいしん》していく小説が大好評を博したのは、それだけでは説明できない。作品の前向きさが高度経済成長期という時代の雰囲気と合致したからこそ、『国盗り物語』は大衆に支持されたのだ。そして同作によって、道三像は確立した。

第三節　斎藤道三の実像

親子二代の国盗り

既述の通り、江戸時代から戦後に至るまで、斎藤道三は徒手空拳《としゅくうけん》から美濃一国の大名に成り上がった、と基本的に考えられてきた。『江濃記』や『老人雑話』など、京都から美濃に下ってきたのは道三の父であると記す史料もあったが、主流の見解にはならなかった。

ところが、昭和三十三年（一九五八）から始まった『岐阜県史』編纂事業の過程で新史料が発見され、通説が覆った。（永禄《えいろく》三年（一五六〇）七月二十一日六角承禎《ろっかくじょうてい》条書（「春日匠《かすがたくみ》氏所蔵文書」）である。

南近江の六角氏は、斎藤道三に追放された土岐頼芸を庇護《ひご》しており、斎藤氏と長年対立してきた。しかし六角義賢《よしかた》が隠居し（剃髪《ていはつ》して承禎と号す）、子息の義治《よしはる》（義賢の嫡男、当時は義弼《よしすけ》）が当主になると、義治は北近江の浅井《あさい》氏との対抗上、斎藤氏との同盟を模索する。すなわち、義治と斎藤義龍の娘との政略結婚である。

承禎はこの縁談に反発し、義治の家老衆に反対意見を記した手紙を送った。それが右の史料である。この中で、承禎は斎藤道三の出自に触れている。以下に紹介しよう。

斎藤治部大輔《じぶのたゆう》（義龍）の出自についてだが、義龍の祖父である新左衛門尉《しんさえもんのじょう》は京都妙覚寺の法華《ほっけ》宗の坊主であったが還俗して西村と名乗り、長井弥二郎《やじろう》に仕えた。美濃国内の内乱に乗じて才覚を働かせて次第に出世し、長井一族になった。また、義龍の父である左近大夫《さこんのたいふ》（道三）は代々の長井氏惣領《そうりょう》を討ち殺して（長井長弘・景弘《かげひろ》父子を指すか？）長井家を乗っ取り、さらに斎藤一族に成り上がった。その上、土岐頼充（土岐頼芸の甥）を婿に取って、頼充が若くして亡くなった後は、頼充の弟の八郎を言いくるめて井《い》の口《くち》（現在の岐阜市）に呼び寄せて、何やかやと理由をつけて殺してしまい、その他の兄弟たちも毒殺や闇討ちによって全て殺してしまった。このような悪事を行った道三が哀れな最期を遂げたのは因果応報である、と。要は、名門六角氏とは釣り合わぬ成り上がりの一族だと承禎は言っているのだ。

六角承禎条書が説く道三の悪事の内容は、太田牛一の『大かうさまくんきのうち』とほぼ同じである（ただし前者は後者と異なり、土岐頼充の毒殺は否定している）。けれども、一つ大きな相違がある。六角承禎条書によれば、京都から美濃に下り、初めて長井氏を名乗ったのは、道三ではなく道三の父である新左衛門尉だという。六角承禎条書は同時代史料だから、

『大かうさまくんきのうち』よりも信頼性が高く、親子二代の国盗りが史実と考えられる。私たちが道三の前半生と思ってきたのは、実は新左衛門尉の人生だったことになる。

新左衛門尉が油売りだったとは思えないが、頼るべき縁者がほとんどいない新天地の美濃で、土岐氏の重臣にまでなったのだから、著しい身分上昇と言える。道三はその父の地位を引き継いだのだから、下剋上はしているものの、裸一貫からの国盗りではない。木下聡氏は、道三よりも新左衛門尉の方が出世具合は上だろう、と述べている。

史料発見のタイミングを考慮すると、司馬遼太郎が右の史料を活用するのは難しかっただろう。何しろ『国盗り物語』完結後の昭和四十四年（一九六九）に刊行された『岐阜県史　通史編　中世』ですら、「道三＝油売り」説を採用しているのである。六角承禎条書を収録した『岐阜県史　史料編　古代・中世4』が刊行されたのは、NHK大河ドラマ『国盗り物語』が放送された昭和四十八年のことである。

しかし司馬の責任ではないにせよ、司馬の『国盗り物語』、そして本作を原作とした大河ドラマ『国盗り物語』の大ヒットによって、史料発見後も長らく「油売りから大名へ」という道三のサクセスストーリーが広く信じられてきた。二〇二〇年の大河ドラマ『麒麟がくる』によって、ようやく誤解が解消されつつある。

斎藤義龍の実父は土岐頼芸か

第一節で述べたように、斎藤義龍の実父が土岐頼芸であるという話は、江戸時代中期以降に出てくる。太田牛一は、義龍が道三の子どもであることを疑っていない。

斎藤義龍の母親に関する同時代史料が存在しないため、義龍の出生の経緯を解明することは困難である。だが、以下に掲げる状況証拠から判断すると、義龍が土岐頼芸の子であるという説は成り立ちがたい。

太田牛一の『信長公記』によれば、長良川の戦いで斎藤道三を討った後、斎藤義龍は改名したという。すなわち「これより後、新九郎はんかと名乗る。古事あり。昔、唐にはんかという者、親の頸《くび》を切る。それは父の頸を切って孝となるなり。今の新九郎義竜は、不孝重罪恥辱となるなり」という。

義龍（当時は利尚《としひさ》と名乗っていた）が「范可《はんか》」に改名したことは、一次史料からも確認できる（弘治元年〔一五五五〕十二月日范可禁制、「美江寺《みえじ》文書」）。ただし、長良川の戦いを契機に改名したのではなく、道三を討つ前から改名している。

范可に関する中国の故事は確認されていないが、どうやら父親の首を切ることで親孝行を果たした人物であるようだ。親殺しが親孝行というのは不審だが、病気で苦しむ親を楽にしてあげるとか、親の名誉を守るために殺すとか、そういう話だろうか。

斎藤義龍は父親を討つことを正当化するために、「范可」と改名して「父を討つことが父への孝行になる」と主張したのだろう。木下聡氏は、「(道三が)実父でなければ、義龍自身が親殺しの代名詞の一つという『范可』の名に改めるようなことはしない」と指摘している。その通りだろう。仮に義龍が土岐頼芸の子だとしたら、『国盗り物語』がそうであったように、「道三は父どころか、実父の仇」「父の仇ならば子として討たねばならぬ」という話になり、「范可」の故事から離れてしまう。

范可は後に斎藤高政《たかまさ》と改名し、永禄二年(一五五九)には斎藤から一色に改姓している。名前も義龍と改めた。斎藤義龍ならぬ一色義龍である。もし義龍が土岐頼芸の息子であり、土岐家再興を旗印として斎藤道三を討ったのなら、一色ではなく土岐に改姓するはずである。また、道三に追放されて以降、各地を転々としていた頼芸を義龍が引き取ろうとした形跡も見られない。

前掲の六角承禎条書で、承禎は「これまで土岐頼芸を保護してきた六角氏としては頼芸の美濃帰国に尽力すべきであり、斎藤義龍との同盟などあり得ない」と述べている。加えて、義龍が道三を討ったことを「親の頸を取り候」と非難している。明らかに承禎は、義龍を道三の息子と認識しており、頼芸の息子かもしれないとは露ほども思っていない。

戦国時代には親子骨肉の争いが珍しくなかったが、伊達《だて》稙宗《たねむね》・晴宗《はるむね》親子や武田信虎《のぶとら》・晴信《はるのぶ》

（信玄）親子など、子が親に勝利した場合は、追放・隠居に留《とど》め、殺害にまで及ぶことはまずない（親が勝った場合はしばしば子を殺す）。儒教的価値観が浸透した江戸時代においては、斎藤義龍が道三を殺したことはなおさら理解しがたかっただろう。木下氏が推測するように、土岐頼芸の子という話は、この不可解さを解消するために創出されたと考えられる。しかも、この説を採れば、代々美濃を支配してきた土岐氏を追放した道三が美濃の人々を心服させたこと、猛将の道三があっけなく滅びたことも、上手く説明できるのである。

道三は先進的な大名だったのか

美濃一国の支配者となった斎藤道三の政治について、『国盗り物語』は以下のように記す。「城下の楽市の数をふやし、どんどん町人を呼び、かれらのための町割りも庄九郎（筆者註：道三のこと）自身がした。さらに人集めのために、よく流行《はや》る本尊をもった神社仏閣によびかけ、それらに土地を与え、城下に誘致した。このため、京都以東におけるもっとも繁栄した都会が現出し、人は遠国《おんごく》からもやってきて、人口は毎日ふえた」。楽市とは、誰でも自由に商売ができる自由市場のことである。次章で詳述するが、中世においては、特定の商人しか取引できない市場が少なくなかった（一一七・一一八頁を参照）。道三はそうした規制を撤廃したと言うのだから、まさに名君のイメージである。

実態はどうだったのだろうか。実のところ、斎藤道三が楽市令を出したことを示す史料は存在しない。美濃攻略後に織田信長が岐阜に設けた楽市は、斎藤氏時代からあった楽市の継承（信長による再認可）ではないかという見解も提出されているが、道三の治世まで遡《さかのぼ》るかどうかは分からない。「京都以東におけるもっとも繁栄した都会」という評価にも何ら史料的根拠はない。

道三の一生は、美濃内外の敵との戦いに明け暮れたものだった。織田信秀《のぶひで》（信長の父）をたびたび破るなど戦上手の反面、内政に見るべきものはない。昭和五十五年（一九八〇）に刊行された『岐阜市史　通史編　原始・古代・中世』で、歴史学者の勝俣鎮夫《かつまたしずお》氏は「道三時代、当時他の戦国大名がつぎつぎにうちだしている民政の新しい施策に匹敵するものは、現在のところ、その片鱗《へんりん》すらうかがえないのである」と述べている。

一例を挙げよう。当時、戦国大名が多く発給した文書様式に印判状がある。文字通り、印判（印章）を捺《お》した文書である。従来、大名家が出す発給文書の中心は、大名当主が花押（サイン）を据える判物であった。しかし次第に、同内容の文書を短期間に大量に発給できるように、日常的な行政命令などは印判状で行うようになった。日本史学界では、印判状の発給は戦国大名の行政機構の成熟を測る指標の一つと考えられている。

ところが、斎藤道三が印判状を用いた徴証はない。史料から検出できる側近の数も少ない。

謀略によって美濃を奪った道三には、信頼できる家臣が少なかったのだろう。独裁色が強く、統治システムは未整備だった。これに対し、父道三を討った義龍は、六人衆と呼ばれる重臣たちを通じて安定的な美濃統治を実現した。印判状も用いている。道三・義龍親子の争いで、義龍に味方する者が多かった事実は、道三の独裁への強い反感を物語る。

『国盗り物語』を読んでいると、斎藤道三の改革に対する〝抵抗勢力〟の反発が義龍の挙兵に結実したように思えてくる。だが、道三が革新者だったという前提が実は危うい。司馬が道三の先進性を強調したのは、信長の師匠という設定に基づく。いわば作劇上の都合である。油売りという道三の出自伝承も活かしつつ、「経済制度の革命の必要を信長におしえたのは、道三である」と断言したのだ。

司馬の「革新者道三」のイメージは、『麒麟がくる』でいくぶん相対化されたように感じる。今後どのような道三像が生み出されるか、楽しみである。

第三章　織田信長――革命児だったのか？

第一節　近世の織田信長像

儒学者に批判された織田信長

現在、日本で人気がある歴史上の人物と言えば、織田信長と坂本龍馬《さかもとりょうま》が二大巨頭だろう。信長には残虐なイメージもつきまとうが、そうした欠点を補って余りある革新者としての魅力が広く認識されている。

ところが、江戸時代における織田信長の評価は、総合的にはむしろマイナスであった。本書で縷々《るる》指摘してきたように、江戸時代には儒教が基本的価値観を形作っていたからである。『甫庵信長記』（四五頁を参照）は、織田信長は知勇兼備の名将で私利私欲に走らず、人を見る目があったと評価する一方で、「武道のみを専らに用い」て文を疎《おろそ》かにした、家臣に対して酷薄であった、家臣の諫言《かんげん》を受け入れなかったことを批判する。儒教における理想的政治とは、仁徳によって人々を従わせる王道である。武力・策略によって人々を抑えつける政治、つまり覇道は好ましくないと考えられていた。戦いに明け暮れた信長の政治は言うまでもなく覇道であり、儒学者である小瀬甫庵《おぜほあん》から見れば手放しで賞賛できるものではなかった。甫庵は同書で「ただ国は富強を以《もっ》て利とする事なかれ。仁義有るのみ」と説いているが、これはまさに儒教の有徳思想である。

ただ、織田信長の徳のなさを強調する甫庵の評価は、結果論的なところがある。甫庵は信長の滅亡は自業自得と語っている。要するに、徳がないから滅びたという論法である。甫庵の主張は、信長が哀れな最期を遂げたという結果から逆算しているとも言える。

長井定宗《ながいさだむね》が編纂《へんさん》し、元禄《げんろく》十一年（一六九八）に刊行された日本通史『本朝通紀《ほんちょうつうき》』でも、林《はやし》羅山《らざん》（六三頁を参照）の言葉を引く形で織田信長を「天性刻薄の人」と批判している。羅山によれば、信長は勇猛ではあるが仁徳がなく、功臣であっても用済みになれば処罰するという。そして、明智光秀が人を咬《か》む虎であることに気づかず、軽率に虎の尾を踏んでしまったので光秀に裏切られた、と説く。家臣の使い捨ては佐久間《さくま》信盛《のぶもり》の追放を念頭に置いているのだろうが、基本的には、光秀謀反から遡及《そきゅう》して「天性刻薄の人」と評価していると考えられる。

第一章で、元禄十四年に編まれた水戸光圀の言行録『西山遺事《せいざんいじ》』が、「明智日向守《ひゅうがのかみ》光秀は、君を弑《しい》す大賊臣なり」と光秀を非難していることを紹介した（二四頁を参照）。実はこの一節には続きがある。「その根は信長公の不徳におわしましけるより出《いで》たる所なり。いつの代にても、その君不徳ならば、その臣に明智がごとき者出来《しゅったい》すべし」と光圀は語っている。光秀が謀反を起こしたのは、織田信長に徳がなかったからだという理解である。これも儒教的な考え方だ。仁徳ある名君なら、家臣に慕われるから、謀反を起こされることはない。逆に言えば、家臣の裏切りは不徳の君主であることの証明になる、というわけである。

「徳川史観」による信長批判

もっと手厳しい評価もある。正徳《しょうとく》二年（一七一二）に成立した新井白石《あらいはくせき》の『読史余論《とくしよろん》』は、織田信長を「天性残忍」と非難する。そして、信長は「詐力」によって権力を得たのだから滅亡は自業自得であり、不幸ではない、と白石は説く。白石は儒学者なので、やはり徳がないから滅びた、という儒教的な説明をしている。

では、織田信長の「詐力」とは具体的に何か。これは、足利義昭《あしかがよしあき》を利用したことを指す。周知のように、信長は義昭を奉じて上洛《じょうらく》し、義昭を征夷《せいい》大将軍に就けた。信長が急速に勢力を拡大できた最大の要因は、将軍義昭を守り立てるという大義名分を有していたことにある。

しかし信長は、義昭を利用するだけ利用して、用済みになったら追放してしまった。主君を裏切るような「凶逆の人」が家臣に裏切られて滅亡するのは当然のことである、と白石は主張している。

織田信長には優秀な人材を見極める眼力がある、という甫庵の主張に対しても、白石は批判する。信長が才能を見込んで抜擢《ばってき》した人物と言えば、明智光秀と豊臣秀吉であるが、この二人がしたことを思い出してみよ。光秀は信長を殺し、秀吉は織田家から天下を奪ったではないか、と白石は論じる。能力だけで人を判断するのは誤りだ、と言いたいのだろう。信長にしろ、光秀にしろ、秀吉にしろ、能力はあるが仁徳や忠義に欠ける〝乱世の姦雄《かんゆう》〟にすぎない、というのが白石の評価である。

もっとも、右の人物評は多分にポジショントークだ。白石は江戸幕府六代将軍の徳川家宣《いえのぶ》の側近として、「正徳の治」と呼ばれる政治改革を主導した人物である。当然、白石の著述は、江戸幕府・徳川家による支配を正当化している。白石は徳川家康を名君として持ち上げるために、必要以上に織田信長・豊臣秀吉を貶《おとし》めている。「家康様は信長・秀吉より上」と言いたいのである。

豊原国周「見立本能寺之場（部分）　中村芝翫 織田信長」明治 16（1883）年、東京都立図書館蔵。勇猛なイメージが強調されている。

「勤王家信長」という評価

民間における織田信長の評価はどうだったのか。そもそも江戸時代に、信長を主人公とした作品は少ない。豊臣秀吉を主人公とした各種太閤記《たいこうき》において、秀吉の主君として信長は登場する。要は脇役である。江戸時代のベストセラー『絵本太閤記』を確認してみよう。

『絵本太閤記』の織田信長評は、概《おおむ》ね『甫庵信長記』に依拠している。すなわち、知勇兼備で私心がなく、人を見る目があるが、家臣のわずかな過ちも許さない。家臣の罪をいったん許すことがあっても、心の底から水に流したわけではなく、何年も経《た》ってから過去の失敗を蒸し返して処罰する。信長の能力を評価しつつも、狭量さを強調しているのだ。

また、第一章で紹介したように、浄瑠璃《じょうるり》『絵本太功記』も尾田春長《おだはるなが》（織田信長）を暴君として造形し、本能寺《ほんのうじ》の変の理由を明智光秀の怨恨《えんこん》に求めている（二七・二八頁を参照）。こうした芝居に親しんだ江戸庶民は、信長に好印象を持たなかっただろう。

織田信長を絶賛する嚆矢《こうし》は、頼山陽《らいさんよう》の『日本外史』（一八二七年、一三三・一三五頁を参照）だと思われる。頼山陽は、群雄割拠の戦国乱世において次々と敵を打ち破った信長の武略を賞賛し、「これを超世の才といわないことができようか、いやできない、いうべきであろう」とまで言っている。

ただし、頼山陽は単に戦に強いから織田信長を褒めたわけではない。山陽は尊皇《そんのう》思想の観点から信長を評価していた。山陽は『老人雑話』収録の逸話を引いている。第一章でも紹介したように、同書は永禄《えいろく》八年（一五六五）に生まれ、寛文《かんぶん》四年（一六六四）に没した江村専《えむらせん》斎《さい》という医者が語った内容を、専斎の弟子の伊藤坦庵《いとうたんあん》が編集整理した聞書集である（二一頁を参照）。専斎によると、彼が子どもの頃には内裏（天皇の居所）は荒廃しており、土塀もなく竹垣に茨《いばら》を結いつけている有様だったので、敷地内に入り込んで泥団子をこねて遊んでいたりしたという。だが、信長が上洛して内裏を修理した（『言継卿記《ときつぐきょうき》』によれば永禄十二年の出来事）結果、ようやくまともになったと語っている。

頼山陽が右の記事を引いたのは、信長の尊皇を賞賛するためだろう。続けて山陽は、応仁《おうにん》の乱以降、日本は分裂し、天皇のお膝元《ひざもと》である京都すら常に戦場となった、信長以外の誰が乱世を鎮めて「王室を再造」できただろうか、と語る。信長による全国統一事業は天皇のためだった、と山陽は解釈したのである。なお、これ以前に国学者の平田篤胤《ひらたあつたね》が著書『玉襷《たまだすき》』（一八一三年頃成立）で、織田信長の功績として「天下に皇室の尊きを知らしめ給へり」ことを挙げている。

幕末に尊皇攘夷《じょうい》運動が流行すると、織田信長の尊皇がより一層喧伝《けんでん》された。尊皇攘夷派の志士として活躍し、長州《ちょうしゅう》藩士と共に禁門の変に参戦して自害した真木和泉《まきいずみ》も、信長の勤王を賞賛している（「信長論」）。これには、徳川家を天皇に対して不忠であると批判するために、信長を勤王家として殊更に持ち上げるという側面もあったと思われる。明治維新後には、信長を主祭神とする建勲《けんくん》神社が創建された。

第二節　近代の織田信長像

明治時代も豊臣秀吉の方が人気者

だが、明治時代になっても織田信長の人気は芳しくなかった。明治四十年（一九〇七）、言論雑誌「日本及《および》日本人」四七一号が「余の好める及び好まざる史的人物」という特集を組んだ。一二〇人ほどの有名人に好きな歴史上の人物、嫌いな歴史上の人物を問い、その回答（複数挙げても良い）を掲載したのである。作家の島崎藤村《しまざきとうそん》・幸田露伴《こうだろはん》、歌人の佐佐木信綱《ささきのぶつな》、日蓮宗《にちれん》の宗教家である田中智学《たなかちがく》など、錚々《そうそう》たる面々が参加している。

アンケート調査の結果、一位に輝いたのは二〇票を獲得した豊臣秀吉であった。二位は楠木正成《くすのきまさしげ》で一一票。三位は徳川家康で一〇票。では織田信長はと言うと、何と一票である。信長に票を投じたのは基督《キリスト》心宗の創始者である川合信水《かわいしんすい》だが、信水は「英雄としては織田信長、豊臣秀吉、徳川家康を好む」と、いわゆる三英傑を並べているだけなので、信長に特段の思い入れがあるわけではない。

信長を嫌いと答えた人物も、一人しかいない。裁判官の三淵忠彦《みぶちただひこ》が「イヤに神経質なるを嫌う」と答えている。「悪名は無名に勝る」という言葉があるが、明治期の信長は、悪役的な人気すらなかったのである。

有名人ではなく、一般人の評価はどうだったのだろうか。冒険小説家の押川春浪《おしかわしゅんろう》が主宰する雑誌「冒険世界」明治四十二年正月号の付録に、「全世界英雄番付」がある。読者からの投票結果をまとめたものだという。それによれば、東洋の横綱、すなわち一番人気は豊臣秀吉だという。なお、西洋の横綱はナポレオンである。東洋の大関はジンギスカンで、関脇は徳川家康、小結《こむすび》は西郷隆盛。北条時宗《ほうじょうときむね》、秦《しん》の始皇帝《しこうてい》、諸葛亮孔明《しょかつりょうこうめい》、源頼朝、伊達政宗《だてまさむね》と続き、織田信長はなんと前頭六枚目の一〇位である。やはり秀吉・家康と比べて、人気が大いに劣っている。

山路愛山による信長評

第一章で紹介した山路愛山《やまじあいざん》の『豊太閤《ほうたいこう》』（一九〇九年、三四・三五頁を参照）には、「信長論」という一節がある。『豊太閤』は豊臣秀吉の伝記だ。しかし、愛山の見るところでは、織田信長は秀吉の主人であると同時に「教師」であったから、秀吉を知るには教師たる信長を論じないわけにはいかない、という意図に基づき設けられた。

山路愛山は織田信長の長所として、即断即決、虚飾や迷信を排した合理性、物事の本質を洞察する識見、桶狭間《おけはざま》合戦・長篠《ながしの》合戦などに見える軍事的才能、関所撤廃をはじめとする優れた政策、などを挙げる。だが愛山が一番評価したのは、人材を見出《みいだ》し、育てる能力であったようだ。『豊太閤』の冒頭で、愛山は「豊太閤という人物も信長に逢《あ》わねば空しく土民《どみん》と共に朽ち果てた」かもしれない、と述べている。しかし、愛山は信長を突然変異の天才とみなしているわけではない。愛山は信長の父である信秀《のぶひで》に注目し、「信秀朝臣《あそん》の雄志、信長に至って煥発《かんぱつ》し、秀吉に至って成れり」と説く。

同書は秀吉の伝記だから当然と言えば当然なのだが、織田信長の最大の功績は、豊臣秀吉という不世出の英雄を生み出した点にあり、と言わんばかりである。山路愛山は前述の「余の好める及び好まざる史的人物」にも寄稿している。好める人物として、源頼朝・足利尊《あしかがたか》氏《うじ》・豊臣秀吉・徳川家康の名を挙げているが、信長の名は挙げていない。また、この四人の伝記（「時代代表日本英雄伝」シリーズ）は書いているが、信長の伝記は書いていない。愛山にとって、信長は秀吉の露払いにすぎないのである。

しかも、先の織田信長評は山路愛山の独創とは言えない。既に述べたように、信長の人材抜擢の妙は、早くも江戸初期に小瀬甫庵が指摘している。以後の各種太閤記も、秀吉の出世街道の序盤において、信長の慧眼《けいがん》が果たした役割に触れている。秀吉の才能を見抜いた賢君の側面に着目する愛山の信長評は、江戸時代における信長像を大きく脱するものではない。

徳富蘇峰の「経世的勤王家」論

豊臣秀吉の陰に隠れがちだった織田信長が大英雄として脚光を浴びるきっかけを作ったのは、徳富蘇峰《とくとみそほう》の『近世日本国民史』である。蘇峰は大正七年（一九一八）七月、自身が主宰する『国民新聞』に『近世日本国民史』の連載を開始した（三七頁を参照）。『近世日本国民史　織田氏時代　前篇』が同年十二月に、『織田氏時代　中篇』が翌大正八年六月に、『織田氏時代　後篇』が同八年十月に刊行された。

『近世日本国民史』の序文によれば、徳富蘇峰は明治天皇の崩御をきっかけに『明治天皇御宇《ぎょう》史』、すなわち明治時代史の執筆を思い立った。しかし明治時代史を書くには、その前提である幕末史を論じなければならない。そして幕末史を書くには、前提である江戸時代史を知らねばならない。このように歴史を遡《さかのぼ》っていけば際限がなくなるが、蘇峰は明治維新の精神の淵源《えんげん》は織田・豊臣時代にあると考え、織田信長から書き起こすことにしたという。

徳富蘇峰は織田信長を「旧社会を打破して、新社会を打出《だしゅつ》するに、最も適当なる、天の配剤」と絶賛する。信長の何が画期的だったのか。実のところ、蘇峰が語る信長の凄《すご》さは、そのほとんどが私たちの信長イメージと合致する。というより、蘇峰の革命児信長像が、現代に至るまで強い影響力を保ち続けたのである。

たとえば、長篠合戦での鉄砲三段撃ちである。一般に、信長は三〇〇〇の鉄砲隊を三隊に分けて交替射撃させることで武田軍を撃破した、と言われている。蘇峰は、信長のこの「斬新なる戦術」が、戦国最強と謳《うた》われた武田騎馬隊の戦法を時代遅れにしてしまった、と賞賛する。関所の撤廃や楽市楽座などの経済政策も高く評価している。

しかしながら、徳富蘇峰が最も重視した織田信長の画期性は、現代の私たちが想像するものとは全く異なる。蘇峰によれば、信長の最大の功績は「日本をして、天皇の御国たらしめたこと」だという。勤王精神という点で信長の天下統一事業と明治維新は共通するというのが蘇峰の理解で、『近世日本国民史』を織田信長から始めたのも、このためである。

戦国乱世によって衰退した朝廷に対して織田信長が多大な援助を行ったことは、江戸時代から知られていた。ただし、信長が心の底から天皇を尊崇していたかどうかも、昔から議論されていた。新井白石は『読史余論』で、信長は天皇を政治利用していたにすぎないと主張している。尊皇攘夷の志士たちは信長の尊皇を額面通りに受け取ったが、さすがに蘇峰の見方はそこまで単純ではない。

徳富蘇峰は、織田信長の勤王を「一種の方便」とみなす新井白石らの批判を棚上げし、信長の勤王が本心か否かという問題の立て方そのものを否定する。信長が天皇を日本の中心に据えたことが、後世の歴史に多大な影響を与えた、と主張するのである。

蘇峰は言う。武力や権力だけでは、日本を統一することはできない、と織田信長は気づいた。将軍はあくまで武士の代表であり、幕府は武士の利益を守るための組織にすぎない。武士の利益を第一に考える幕府政治では、日本全国民の心を一つにすることはできない。政治的権威の源泉として皇室を奉戴《ほうたい》することで、国家を統一するという構想に至ったのは信長だけである。信長は余人と異なり、皇室を雲の上の存在として神秘的・信仰的に尊崇したのではなく、「政治的に皇室の尊厳を認めた」。信長の勤王は具体的・現実的であり、信長は天皇を政治的に位置づけた「経世的勤王家」である、と。

右は、あくまで徳富蘇峰の想像にすぎず、何ら史料的根拠を伴うものではない。織田信長が本当にそんなことを考えていたかどうかは分からない。皇室中心主義なら日本を統一できるという政権構想の前提には、戦国時代の日本人が遍《あまね》く皇室を尊崇していたという事実が必要だが、そもそもこれが証明されていない。結局、蘇峰は明治維新における王政復古の理念を機械的に戦国時代に当てはめただけである。蘇峰の史論は、「幕府政治は間違っており、天皇が国家の中心にいることが日本の正しい姿だ」という歴史認識が、当時いかに支配的だったかを良く示している。

信長の「平民主義」と「帝国主義」

徳富蘇峰は意識的に、江戸時代の儒教的価値観からの離脱を図っている。『近世日本国民史』で、蘇峰は江戸時代の儒学者の織田信長に対する批評をことごとく覆している。

まず、織田信長が家臣に冷酷であったという小瀬甫庵の批判に反論している。信長は家臣に対して厳格であったが、信賞必罰であり、身分・家柄を問わず有能な人物を抜擢し、功ある者には厚く報いたと蘇峰は説き、「平民主義の実行者」と賞賛する。この信長賛美も、明治維新への高評価に由来する。

徳川政権を滅ぼした維新政府が主張する支配の正当性の大きな柱は、「四民平等」である。江戸時代には身分制度があり、身分・家柄で人生が決まっていた。だが明治維新により、出自が卑しくとも才能と努力によって立身出世する道が拓《ひら》かれた。だから明治政府の方が江戸幕府よりも優れている、というわけだ。この観点に立てば、抜擢人事を行った信長は江戸的ではなく明治的であり、ゆえに賞賛に値する。

加えて徳富蘇峰は、織田信長は「詐力」で天下を得ようとしたと批判する新井白石にも反《はん》駁《ばく》している。蘇峰は言う。「もし信長が詐力を以て、天下を得たとすれば、白石が殆《ほと》んど理想的明主と仰ぐ家康も、同様といわねばならぬ。信長の天下を得たのは、詐力ではない、実力だ」と。儒教的な倫理観では、謀略のような汚い手段は批判の対象だが、蘇峰から見れば策謀も実力のうちである。蘇峰は信長の富国強兵政策を手放しで称賛している。「強いだけではダメで、徳が大事だ」という小瀬甫庵や新井白石の見方とは対極にある。

こうした徳富蘇峰の考えを端的に示すのが、「無意識の帝国主義実行者」という織田信長に対する評価である。誤解なきように説明しておくと、この「帝国主義」という表現は、蘇峰にとって褒め言葉なのである。現代から見ると、帝国主義は他国を侵略し、植民地化することを肯とするとんでもない思想だが、蘇峰が信長を称賛した当時は、帝国主義が世界を席《せっ》巻《けん》していた。欧米列強が植民地獲得競争を進め、日本も日露戦争後、大陸への進出を加速していく。台湾も朝鮮も日本の植民地だった。この時代状況において、帝国主義を推進することは、悪ではなく、むしろ〝正義〟であったのだ。

徳富蘇峰は、織田信長が本能寺の変で斃《たお》れていなければ、朝鮮・中国・東南アジアにまで進出していただろうと説き、豊臣秀吉の朝鮮出兵は信長の構想を継承したにすぎない、と主張する。推理小説家の井沢元彦《いざわもとひこ》氏が『もし本能寺の変がなかったら信長はアジアを統一した』（宝島社、二〇一九年）を刊行する一〇〇年前に、右の説を唱えた蘇峰の先見性には驚かされる。

そして、次のように説く。「我が島国以外に、世界あるを知らぬごとき、また島国内に安着して、一歩も外に踏み出すことを解せざるごときは、ただこれ鎖国政策の馴致《じゅんち》したる、陋《ろう》習《しゅう》であって、決して国民的本性ではない」と。蘇峰によれば、織田信長・豊臣秀吉の時代は、「日本がようやく世界化せんとする時代であった」が、「この新傾向を頓挫せしめたのは、文《ぶん》禄慶長《ろくけいちょう》役《のえき》─豊太閤朝鮮征伐─の失敗である。しかしてさらに、より多く頓挫せしめたのは、徳川氏の鎖国政策である」という。

徳富蘇峰の意図は明らかだろう。大日本帝国の大陸進出を肯定するために、江戸幕府の鎖国政策を批判し、帝国主義を無意識のうちに実行した織田信長・豊臣秀吉を持ち上げているのである。織田・豊臣時代と明治・大正時代を重ね合わせて解釈しているにすぎない。「現代を理解するために歴史を学ぶ」という行為は、えてして「自分の政治的主張を正当化するために歴史を利用する」結果に陥るのである。

詳しくは次章に譲るが、豊臣秀吉の朝鮮出兵を壮挙と捉《とら》える見方は江戸時代からあった（一三二頁を参照）。だが、秀吉ではなく信長こそが大陸進出の先駆けであると論じた点に、徳富蘇峰の独創性がある。蘇峰は以下のように語っている。「秀吉ありての信長でなく、信長ありての秀吉だ。秀吉は信長の臣下たるのみでなく、またその弟子だ。忠実なる弟子だ」と。

信長は革新者にして勤王家

革命児織田信長というイメージは、徳富蘇峰のような民間史学だけではなく、アカデミズム史学にも共有された。今日の中世政治史の骨格を築いた歴史学者に、東京帝国大学文学部教授の田中義成《たなかよしなり》がいる。田中は大正八年（一九一九）に急逝したが、彼の東大での講義録が没後に弟子たちによってまとめられた。そのうちの一冊が『織田時代史』（一九二四年）である。なお、翌年には『豊臣時代史』が刊行されている。

やはり、田中義成も織田信長を革新者として捉える。「その旧態を破壊する力の猛烈なる、建設的才能の斬新なるに至りては、前後にその匹なしというを得べし。この建設の前の破壊は、やがて革命的分子を含有し、破壊の後に来たれる建設は、革命的進歩を促進せり」と説く。また田中は、豊臣秀吉の事業は信長の遺業を継承したにすぎないと論じる。

では、具体的に織田信長のどこが革新的だったのか。田中は「従来の戦術兵制を改革し、大砲小銃を用い、鉄砲隊・槍隊を組織し、鉄張の軍艦を造るに至る。この新戦術新武器を以て敵に対せしかば、戦えば必ず克《か》ち、攻めれば必ず取り、殆《ほとん》ど天下に敵なきの観を呈せしなり」と指摘する。長槍・鉄砲の活用、鉄甲船の建造といった天才戦術家としての信長像は、私たちにもなじみ深いものだろう。他にも田中は、関所撤廃や人材登用などにも触れている。

けれども田中義成が最重視したのは、織田信長が室町幕府を滅ぼした点である。田中は「信長の幕府を廃し皇室を奉戴して、海内統一の計画をなせしは、鎌倉以来四百年の習慣を打破せる一大革新なりき」と説く。現代人の感覚では「勤王」は〝復古〟だが、戦前においてはそうではない。四〇〇年にわたる武家政治の伝統を覆すことは〝革新〟であり、信長は革命児という評価になる。もちろんこの田中の信長評は、江戸時代二五〇年の武家政治を打破して王政復古を実現した明治維新を念頭に置いたものである。

新井白石は、織田信長が主君である足利義昭を追放したことを非難した。これに対し田中義成は、信長は「皇室に対する義昭の過失を弾劾」したのであり、「尊王主義」の発露であると擁護する。信長が足利義昭を追放したのは、義昭が皇室を軽んじたからであり、不忠ではない、という理屈である。もっとも、田中も義昭を追い落とすための策謀という側面を否定してはいない。

足利義昭追放後、織田信長が征夷大将軍に就任しなかったことに、田中義成は注目する。その理由について田中は、「信長は皇室を中心とし、またこれを奉戴する以上、また武家なるものを立つるの必要なく、従って幕府の制を採るの要なければ、義昭に代わって政務を行うといえども、自らは朝廷の一員として、政治を奉行するに過ぎず……」と論じている。

後述するように、織田信長が征夷大将軍にならなかったのは、足利義昭との和解の道を探っていたからだと考えられる。本能寺の変で信長が死ななければ、信長が義昭を京都に呼び戻して幕府を再興する、あるいは信長が将軍に任官する可能性もあっただろう。しかし、田中義成はそうした可能性を無視して、信長が武家政治を否定し、皇室中心の政治を構想していたと断言する。これは、天皇親政が正しく幕府政治は間違っているという大正時代の価値観を戦国時代に投影したにすぎない。

戦時下の織田信長像

日本が軍国主義、国粋主義へと向かっていく中で、織田信長を勤王の武士として美化する流れはより顕著になっていく。美濃部《みのべ》達吉《たつきち》による天皇機関説を否定した昭和十年（一九三五）の第二次国体明徴声明を受けて同十二年に文部省が刊行した『国体の本義』でも、織田信長の勤王が強調されている。

さて、国民必読の書と謳われた『国体の本義』に関しては様々な解説本が出版された。その中の一つ、小島徳弥《こじまとくや》『解説　国体の本義』（創造社、一九四〇年）は、織田信長を「勤王の精神がきわめて厚く、つねに我が御皇室を奉戴して、天下に号令しようという壮図を抱いていました」と賞賛している。

戦後に『織田信長文書の研究』（吉川弘文館、一九六九～七〇年）を上梓《じょうし》し、信長研究の水準を一躍高めた奥野高広《おくのたかひろ》は、戦時中の昭和十九年（一九四四）に『織田信長』（春秋社松柏館）を発表している。同書で奥野は、織田信長は近世封建国家の礎を築いた人物であると論じている。この評価は、現代の私たちから見ても違和感はない。だが奥野は、信長が「皇室を奉戴して幕府を置かず、公家中心のような政治、しかも天下万民のためという至純な指導理念を持った」と礼賛する。

徳富蘇峰や田中義成と同様の見解ではあるが、両者は信長の勤王をどちらかというと政治的に理解している。信長が単なる個人的感情で天皇を尊崇したという以上に、天下統一には天皇の権威が必要であると看破したがゆえに天皇を重んじた、という論調である。これに対して奥野は、そもそも信長の天下統一事業の動機を勤王に求めている。すなわち、戦乱の世を憂えている天皇のために信長は天下統一を志したという解釈であり、信長の純粋な勤王心が強調されている。奥野に従えば、信長の勤王は手段ではなく目的なのだ。

さらに奥野高広は、他の戦国大名は自分の領国のことのみを考えていたのに、一人織田信長だけは天下万民を救おうとした。この志の高さゆえに信長は他の大名たちから抜きんでた、と説く。そこまでは良いのだが、何と奥野は、信長の天下統一事業と「大東亜共栄圏」を重ね合わせている。時局に迎合しないと本の出版もままならなかったのだろうが、いささか鼻白む。

小説の世界も同様である。戦時中の昭和十七年（一九四二）に発表された林信一《はやししんいち》の小説『織田信長』は第二章で紹介したので、ここでは昭和十一年三月に直木賞を受賞した鷲尾雨工《わしおうこう》が同年十月から十三年にかけて発表した歴史小説『織田信長』を取り上げよう。本作の信長は、最初から足利義昭のことを軽侮している。義昭を奉じたのも、天下統一の道具として利用するためである。これとは対照的に、信長の天皇への尊崇の念は極めて強い。

さて、『道家祖看記《どうけそかんき》』という史料によれば、織田信長は上洛以前に、内裏修理への献金などを依頼する勅使（天皇の使者）の訪問を受けている。鷲尾雨工はこのエピソードをかなり脚色して用いている。勅使の訪問を家臣の道家尾張守《おわりのかみ》から聞かされた信長は恐懼《きょうく》する。どんな用向きだろうと想像しようとするが、はっと我に返って「もったいない。想像するなどはもっての外だ！」と自分を戒める。

綸旨《りんじ》・女房奉書を賜った織田信長は身に余る光栄と感激し、朝廷の窮乏に心を痛める。信長は「大御心《おおみこころ》」を安め奉るために天下統一を決意する。なお、「大御心」とは天皇の気持ち・考えを敬って言う言葉で、戦前には頻繁に用いられた。だが、戦国時代には用いられていない。戦時下の価値観を反映した表現と言えよう。

鷲尾雨工の『織田信長』は、天皇への尊崇と将軍への軽侮の落差があまりに激しく、現代人には奇異に映る。だが戦前の日本人にとっては、そういう態度は当然だったのだろう。

織田信長を主人公とした歴史小説ではないが、吉川英治《よしかわえいじ》の『新書太閤記』（『太閤記』のタイトルで一九三九～四五年に「読売新聞」に連載、四六・一五四頁を参照）も同様の信長像を提示する。足利義昭を奉じて上洛する前夜、信長は次のように述べて家臣たちを激励した。

「果てしない国内の騒乱と、群雄の割拠は、果てしない民衆の塗炭である。万民の苦しみは、一天の大君の御悩みであることはまたいうまでもない。先つ年、万里小路《までのこうじ》惟房《これふさ》卿をお使いとして、微臣信長に、密勅を賜わったが、今また、信長上洛の催しを叡聞《えいぶん》あらせられて、ひそかに、優渥なる御綸旨と、金襴《きんらん》の戦袍《せんぽう》とを賜わった。――わが織田家は、父信秀の代より今日まで、武門の奉公は一に禁門の御守護にありと、その精神を鉄則としておる。故《ゆえ》に、このたびの上洛も、大義の軍であって、私の行動ではない。一日もはやく叡慮を安んじ奉らねばならぬ。――時は秋、汝らの飼馬も肥えておろう。各々、信長が旨を旨として、おくるるな、違《たご》うな、あだに死ぬな。粉骨砕身、大君のいます都まで押し進めよ」(「読売新聞」昭和十五年五月十五日掲載分)

義昭を奉じて上洛するというのに、義昭の名前が全く出てこない。ひたすら天皇への忠義が語られている。

吉川英治は、徳富蘇峰らの「信長の勤皇は、人心収攬《しゅうらん》の一策であり、政治的に皇室の尊厳を認めて、功利的にそれに努めたものである」などという評を批判する。

「現わされた行為をもって、政治的意識によるとか、経世の方略であるとかいって片づけてしまっては、臣子の赤誠はあとかたもなくなってしまう。彼らの尊皇は、世をあざむくの偽善であるということにもなる。史家はなぜもっと深く行為の底を流れている本然の血液を観《み》てやろうとはしないのか。伝統すでに二千年、ときには建武《けんむ》の前後、室町末期のごとき、世風の壊敗、人心のすさびなど、嘆かわしい一頃はあったにせよ、皇室への臣民の真心にはかわりはなかった」と、吉川は断言する（「読売新聞」昭和十八年四月二十二日掲載分）。

右の原稿が掲載された同じ年の昭和十八年二月には、ソロモン諸島のガダルカナル島から日本軍が撤退し、大本営発表では「転進」と報じられた。四月には日本海軍が「い号作戦」を発動し、ソロモン海域で航空戦を展開、誇張された戦果が連日報道された。吉川英治の筆致は、そうした時代の雰囲気を良く反映している。

第三節　戦後の織田信長像

「勤王家」像からの脱却

敗戦によって日本社会の価値観は一変した。勤王に至上の価値を置く風潮は消えた。織田信長を勤王家として描かなくてはならないという呪縛《じゅばく》もなくなった。

第二章でも紹介したが、無頼派作家の坂口安吾《さかぐちあんご》が昭和二十三年（一九四八）に小説「織田信長」を発表した（七一頁を参照）。鷲尾雨工がそうであったように、安吾も勅使訪問の逸話を記しているが、書きぶりは雨工とは大いに異なる。

信長が戻ってきた。いつもの通りさッさと湯殿へ行く。道家がそれを追いながら、実はこれこれにて、朝廷の使者が見えております、アヽ、そうか、と云って、信長は風呂の中へとびこんで、湯ブネから首をだして、勅使のことを色々と質問し、新しい小袖の用意はあるか、ございますとも、それはもう用意に手ぬかりはございません、せっかく天皇様が日本国を下さると仰有《おつしや》るのですから、と、道家は日本国をもらった、もらった、とウワゴトみたいに言っている。それで信長もお風呂でバチャバチャ水をはねちらして、上キゲンであった。

然《しか》し、別に日本国の支配を命じるというような、たいした綸旨ではなかった。お前も近頃武運のほまれ高く、天下の名将だとその名も隠れなく請人《うけにん》の崇拝をうけているそうであるから、ついては朝廷に忠義をつくし、皇太子の元服の費用を上納し、御所を修理し、御料所を恢復《かいふく》してくれ、こういう意味の綸旨であった。

皇室の暮しむきの窮状をなんとかしてくれ、というだけのことだ。まア、借金の依頼を一とまわり大きくしただけのようなものだが、これだけのことでも、朝廷から、頼みをうける、頼まれるだけの実力貫禄というものが具《そな》わったからのことで、いわば実力の判定を得たようなものだ。

実のところ、坂口安吾は『道家祖看記』に記されている内容をかなり忠実に現代語訳しており、脚色は少ない。むしろ、鷲尾雨工の方が甚だしく脚色している。しかし、安吾一流のユーモアあふれる表現が印象的である。そこにはもはや、謹厳実直な勤王家の姿はない。

坂口安吾は以下のように記す。

朝廷とは何ものであるか。足利将軍家といえども朝廷によって征夷大将軍に任ぜられておるところの、しかして彼の父も朝廷によって、ようやく弾正《だんじょう》に任ぜられたところの、日本の第一の宗家である。とはいえ、現実に於《おい》て朝廷は虚器であり、足利将軍は老蝮《ろうまむし》の松永《まつなが》弾正の一存によって生かしも殺しもされ、天下の政務は老蝮の掌中にある。

綸旨といえば名はよいが、その真に意味するところは、たゞもう寒々と没落の名家の悲しさ、哀れさ、みじめさのみ漂う借金状ではないか。皇子の元服の費用を用立てゝくれよ、料地は人にとられて一文のアガリもないから取り返してくれよ、御所が破れて雨がもり寒風が吹きすさんでも修理ができないから、なんとかしてくれよ、信長を感奮勇躍せしめるよりも、哀れさに毒気をぬかれる方が先である。

皇室の権威が失墜した終戦直後の世相が、右の一節に良く表れている。では、坂口安吾は、勤王家に代えて、どのような信長像を提示したのか。

安吾の「織田信長」は、「死のふは一定《いちじょう》、しのび草には何をしよぞ、一定かたりをこすよの」の一節から始まる。太田牛一《おおたぎゅういち》の『信長公記』によれば、信長が好んだ小唄《こうた》の一節だという。安吾は信長の死生観を次のように語る。「一皮めくれば、死のうは一定、それが彼の全部であり、天下の如きは何物でもなかった。彼はいつ死んでもよかったし、いつまで生きていてもよかったのである。そして、いつ死んでもよかった信長は、その故に生とは何ものであるか、最もよく知っていた。生きるとは、全的なる遊びである。すべての苦心経営を、すべての勘考を、すべての魂を、イノチをかけた遊びである。あらゆる時間が、それだけである」と。「若者達は花と散ったが、同じ彼等が生き残って闇屋となる」と、『堕落論』で戦後社会を皮肉った安吾の面目躍如であろう。

既存の価値観が完全に崩壊し、焼け野原となった敗戦直後の日本では、良く言えば死を達観しているような、悪く言えば刹那《せつな》的な織田信長像が生み出された。これまた世相の反映である。

「合理主義者」像の萌芽

第二章でも触れたように、坂口安吾の「織田信長」は未完に終わり、安吾は改めて織田信長の小説を書いた。昭和二十七年（一九五二）から翌年にかけて、新聞「新大阪」に連載された『信長』である。本作では刹那的な色彩は薄まり、逆に信長の合理性が前作よりも強調されている。

坂口安吾は連載開始前の「作者のことば」で次のように記している。「信長とは骨の随からの合理主義者で単に理攻めに功をなした人であるが、時代にとっては彼ぐらい不合理に見える存在はなかったのだ。時代と全然かけ離れた独創的な個性は珍しくないかも知れぬが、それが時代に圧しつぶされずに、時代の方を圧しつぶした例は珍しいようだ。理解せられざるままに時代を征服した」と。この辺り、狂信的・非合理的な軍国主義・国粋主義によって自滅した戦前を風刺する意図があるのかもしれない。

要するに、織田信長は近代的な価値観を持った人物だった、というのが坂口安吾の理解だった。ゆえに中世人からは理解不能な怪物のように思われたが、私たち現代人にとっては、むしろ分かりやすい、ということになる。安吾が「かれの強烈な個性は一見超人的であるが、実はマトモにすぎた凡人なのかも知れない」と評したのは、そういう意味だろう。現代人から見れば信長の発想は普通であって、かえって神仏を深く崇敬している人物の方が不可解に映る。現代人が抱く織田信長像の原型は、安吾によって形成されたと言えよう。

けれども、坂口安吾は合理主義者の織田信長像を描き切れなかった。当初、安吾は本能寺の変まで書くつもりだったが、次第に執筆に難渋し、桶狭間の戦いで擱筆《かくひつ》している。

鷲尾雨工が『織田信長』の自序で指摘しているように、織田信長を主人公とした小説は、雨工以前には存在しなかった。芝居でも岡本綺堂《おかもときどう》の『増補信長記』と小山内薫《おさないかおる》の『吉利支丹《きりしたん》信長』ぐらいで、信長は専ら豊臣秀吉や明智光秀を主人公とする作品に脇役として登場している。坂口安吾が信長の全生涯を執筆していれば、安吾によって戦後的な新しい信長像が確立したかもしれないが、そうはならなかった。

織田信長の一生を叙述しようとした場合、比叡山焼き討ちや一向一揆《いっこういっき》に対する徹底的な弾圧など、信長の残虐な行為にも触れざるを得なくなる。戦前の信長は「勤王」という絶対の正義を体現しているため、作者はそれらの行為を肯定できたが、戦後になると、そうはいかない。「確かに織田信長は新しい世の中を築こうとしており、その理想には共感するが、だからといって目的を達成するために、あらゆる手段が正当化されるのか」という疑問を読者が持つのは自然である。何しろ日本人は、ほんの少し前に、己の信じる理想のためには手段を選ばないという思想を持った結果、途方もない誤りを犯したばかりなのである。

そういった事情を勘案すると、坂口安吾が信長一代記を書こうとして挫折《ざせつ》し、青年信長の型破りな魅力を活写した痛快な青春小説として幕を引いてしまったのも無理はない。逆に、昭和二十九年（一九五四）から同三十五年まで連載された山岡荘八《やまおかそうはち》の『織田信長』（四七頁を参照）は、本能寺の変までを描いているが、戦前の「勤王家」像を引きずっている。

では、どうしたら新しい信長像を提示できるか。合理主義者としての織田信長を英雄的に描きつつも、無条件に礼賛するのではなく、その負の側面にもきちんと言及する。だが小説なので、あまり説明的になるのも良くない。信長の残虐性を印象づけるには、作中に批判者を〈もう一人の主人公〉として設定するのが上手《うま》いやり方である。中世的な常識を持った人間が、信長の伝統破壊や残虐行為を批判する。彼の視線を通して、読者は英雄信長を相対化する。そう、言うまでもなく、この手法によって大成功を収めたのが、昭和三十八年から四十一年にかけて連載された司馬遼太郎《しばりょうたろう》の『国盗《と》り物語』（四三頁を参照）である。

「革命家」像の定着

司馬遼太郎の『国盗り物語』は、織田信長を革命家と位置づける。司馬は信長をこう評す。「この人物を動かしているものは、単なる権力欲や領土欲ではなく、中世的な混沌《こんとん》を打通してあたらしい統一国家をつくろうとする革命家的な欲望であった。革命家といえば信長の場合ほど明確な革命家があらわれた例は、日本史上、稀《まれ》といっていい」と。

前節で論じたように、織田信長を革新者とみなす見解は戦前からあった。ただし、戦前の信長像は「勤王」を根幹に据えていた。信長は幕府政治を否定し、天皇親政を志向したという意味において革新者だった、と解釈されたのである。

『国盗り物語』の織田信長は勤王家ではない。神仏すら信じない信長は、天皇や将軍といった尊貴の血に対して畏敬《いけい》の念を抱いたりはしない。信長にとって将軍も天皇も、自分の天下統一事業の道具にすぎない。既存の権威・秩序に一切拘泥しないという意味で、『国盗り物語』の信長は革新者なのである。

右の見解は必ずしも司馬遼太郎の独創ではなく、戦後歴史学においても、織田信長は中世的権威を否定した革新者と評価された。戦時中に信長の勤王を賛美した奥野高広も、昭和四十年（一九六五）に発表した『信長と秀吉』では、信長は改革に対する社会の反発を、「皇室の伝統を利用するという政策」によって抑え込んだと説いている。戦後歴史学の信長論を巧みに物語に取り込んだところに、司馬の偉大さがある。

司馬遼太郎が創造した織田信長像、すなわち革新性と残虐性という光と陰が同居する信長像は、以後の作品に決定的な影響を与えた。けれども次第に、前者の要素が卓越していく。たとえば、歴史小説ではなく伝奇小説だが、半村良《はんむらりよう》の『産霊山秘録《むすびのやまひろく》』（一九七三年）では、晩年の織田信長が天皇を乗り越えようと企図し、明智光秀はそれを阻止するために謀反を起こしている。また映像作品では、黒澤明《くろさわあきら》の映画『影武者』（一九八〇年）以降、洋装の信長が描かれることが増え、信長の革新性がビジュアル面で表現されるようになっていく。

織田信長の「革命家」像の極北とも言えるのが、津本陽《つもとよう》の歴史小説『下天《げてん》は夢か』（一九八九年）だろう。本作は「日本経済新聞」に連載されたこともあって、楽市楽座など織田信長の経済政策への解説が手厚く、その革新性を強調している（なお、本作の信長も洋装を好む）。一方、信長の残虐性は、津本陽一流の工夫によって『国盗り物語』と比べると希薄化されている。

第一の工夫は、織田信長が尾張弁で話す点である。これによって「魔王」的な恐ろしさが薄らぎ、親近感が生まれている。第二の工夫は、信長の内面に分け入り、その心理を緻密《ちみつ》に描写した点である。信長の逡巡《しゅんじゅん》や葛藤《かっとう》も描かれ、冷徹一辺倒ではない温かな人間味を読者に感じさせる。

特に、本能寺の変に至る、織田信長と明智光秀とのすれ違いの描写に、『下天は夢か』の特徴が良く出ている。津本陽は、信長が光秀を折檻《せっかん》したという類《たぐい》の挿話は後世の創作にすぎないと退ける。だが天下統一が近づき、信長にとって光秀の価値が低下し、信長が光秀を冷遇するようになったことは、津本も認める。それでも本作の信長は光秀を左遷するかどうかで迷い、左遷後もそれなりの地位には就けてやろうと考え、光秀にねぎらいの言葉もかけている。しかし、光秀には信長の真意は分からない。そして、失脚の恐怖におびえる中、信長を抹殺する機会が突然眼前に現れたのである。

こうした構成の妙によって、津本陽の『下天は夢か』は、織田信長を主人公としつつも、明るい物語になっている。津本は信長を世界的な英雄として絶賛する。「彼は国内での重砲の製造に成功し、世界最初の装甲軍船を建造した。長篠における大銃撃戦は、世界戦史における最初の試みであった。政治面ではヨーロッパにおよそ百年を先んじて政教分離に成功し、日本を中世の混沌《こんとん》から近世へと脱皮させた」と語る。信長が本能寺で死んでいなければ、日本はスペイン・ポルトガルに伍《ご》して世界を席巻したのではないか、と津本は夢想する。

『下天は夢か』は一九八六年から一九八九年にかけて連載された。バブル経済の絶頂期で、「ジャパン・アズ・ナンバーワン」と謳《うた》われた時期である。津本陽が織田信長の世界雄飛を想像したのも、このような時代状況が背景にある。同作以後、谷恒生《たにこうせい》『革命児・信長』(一九九八年。『信長　大志を生きる』(一九九一年)と『信長　華か、覇道か』(一九九二年)を合本して改題の上、文庫化したもの)、池宮彰一郎《いけみやしょういちろう》『本能寺』(二〇〇〇年)、安部龍太郎《あべりゅうたろう》『信長燃ゆ』(二〇〇一年)などの作品で、既成の権威に挑戦する革命児のイメージが再生産され、社会に浸透していった。

織田信長は本当に革新者か

しかしながら、近年の歴史学界では、織田信長が革新者であるという理解が相対化されつつある。長篠の戦いでの鉄砲三段撃ち（輪番射撃）や第二次木津川口《きづがわぐち》の戦いでの鉄甲船といった信長の「軍事革命」については、在野の歴史研究家である藤本正行《ふじもとまさゆき》氏らの研究によって、歴史的事実ではないという見解が現在では主流である。また、拙稿「明智光秀と本能寺の変」（一五頁を参照）で論じたように、信長が兵農分離を進めたという通説にも疑義が呈されている。信長が軍事的革新者だったとは言いがたい。

織田信長の経済政策が先進的、画期的であったという通説的理解にも疑問がある。良く引き合いに出されるのは楽市楽座である。司馬遼太郎は『国盗り物語』で次のように指摘する。

信長は一国を攻めとるごとに、かれの法律、経済の施策を布《し》いた。たとえば商業活動には座を撤廃し、庶民のなげきであった通行税を廃止していった。信長の征服事業が進むにつれて、ふるい室町体制は土塊のように崩れてゆき、信長風の合理性に富んだ社会ができあがってゆくようであった。その革命の版図は、すでに東海、近畿、北陸、甲信地方におよんだ。

座とは、天皇家・摂関家・大寺社などの「本所」によって特定の商品の販売独占権を与えられた特権商人集団である。米なら米座、油なら油座である。彼らは本所への上納金と引き替えに、独占権を得ていた。座のメンバーにならないと商売ができないので、座はカルテルとして機能した。こうした座の特権を剝奪《はくだつ》して、誰でも自由に商売できるようにするのが、いわゆる楽市楽座である。

しかし、織田信長が自分の領国全体に楽市楽座政策を展開した形跡は見られない。一例を挙げよう。信長は越前《えちぜん》の朝倉義景《あさくらよしかげ》を滅ぼした後、越前の中心的な市場であった北庄《きたのしょう》の軽物座（越前の特産品である絹布の独占的販売権を有した座）に対し、旧来の特権をそのまま保障している。その三年後の天正《てんしょう》四年（一五七六）、信長から越前統治を任されていた柴田《しばた》勝家《かついえ》は北庄で楽座を施行したが、軽物座と唐人座（中国から輸入された薬種を扱う座）は例外扱いとし、引き続き彼らの特権を認めた。軽物座・唐人座を保護する方針は、当然、信長の意向に沿ったものだろう。

加えて、当時の大規模な座は日本最大の都市である京都に集中していたが、織田信長は京都の座を解体していない。信長が楽市楽座を適用した都市として史料上確認できるのは、信長の本拠地であった岐阜・安土《あづち》と、本願寺教団の寺内町《じないまち》だった金森《かなもり》（現在の滋賀県守山《もりやま》市に所在）だけである。

織田信長は既存のシステムを根こそぎ否定するのではなく、むしろ既得権者と折り合いをつけて、漸進的な改革を行っている。信長を「革命家」とみなすのは過大評価だろう。

実は将軍・天皇を重んじた織田信長

では、織田信長は既存の権威を否定する革新者だったのか。先述の通り、織田信長が当初から足利義昭を自らの天下統一事業のための道具とみなしており、義昭の傀儡《かいらい》化をもくろんでいた、という主張は、江戸時代から戦後に至るまで一貫してなされてきた。ところが、この通説も怪しくなってきている。

足利義昭と織田信長との間に摩擦があったことは否定できないが、両者は基本的に協調関係にあった。「義昭は表向きには信長を頼りにしつつも、裏では越前の朝倉義景・近江《おうみ》の浅《あさ》井《い》長政《ながまさ》らを扇動して対信長包囲網を築いた」と思っている人が多いようだが、これは『徳川実紀』（二五三頁を参照）など江戸時代の史料の記述に基づく幻影である。義昭が信長追い落としの陰謀をめぐらしていたという事実は、同時代史料からは確認できない。

元亀《げんき》元年（一五七〇）六月に織田信長・徳川家康が朝倉義景・浅井長政を破った姉川《あねがわ》の戦いには、足利義昭も信長と共に参戦する予定だった（『言継卿記』）。同年八月から九月にかけて行われた三好《みよし》三人衆との戦い（野田・福島の戦い）では、義昭は実際に軍を率いて出陣している。この間、義昭は信長の反対を押し切ってまで、三河《みかわ》の徳川家康に対して出陣を要請しており（「武田《たけだ》神社文書《じんじゃもんじょ》」）、三好勢との戦いに主体的・積極的に関わっている。

こうした足利義昭の姿勢は、織田信長に対する偽装工作と考えるにはあまりに手が込みすぎている。義昭と信長は運命共同体であり、義昭から見ても朝倉・浅井・三好らは敵であった。時に信長と意見が衝突することがあっても、義昭は信長を必要としていた。対信長包囲網の黒幕が義昭であるという見方は、義昭と信長の決裂という結果から逆算した解釈にすぎない。

元亀三年（一五七二）十月に武田信玄が徳川領に侵攻した当初、足利義昭は徳川家康に対して御内書を送り、家康への支持を確約している（「鹽川利員《しおかわとしかず》氏所蔵文書」）。近年の研究では、義昭が明確に信長へ敵対的な姿勢を示すようになったのは、同年十二月の三方ヶ原《みかたがはら》の戦いで織田・徳川連合軍が武田軍に惨敗して以降であると指摘されている。義昭は信長危うしと見て、自衛のために信長から信玄に乗り換えたのであり、信長の専横に怒って信玄らを扇動したわけではない。

元亀四年（天正元年）二月に足利義昭が挙兵した際も、織田信長は和睦《わぼく》を乞《こ》うなど低姿勢に徹した。拙稿「明智光秀と本能寺の変」でも指摘したように、義昭追放後も信長は義昭との和解を試みている。織田信長が征夷大将軍に就任しなかったのも、義昭との関係修復を模索していたためだろう。京都を離れた後も、義昭は依然として現職の将軍であり、信長の将軍就任は義昭の将軍解任を意味するからである。新井白石の主張とは裏腹に、信長は「主君への反逆」「下剋上《げこくじょう》」と世間から非難されることを恐れていた。

織田信長と朝廷との関係はどうか。歴史学者の今谷明《いまたにあきら》氏の『信長と天皇』（一九九二年）以来、信長と朝廷との対立関係を説く論者が相次いだ。しかし、この見解も、現在の歴史学界では批判されている。

確かに、織田信長は朝廷の政治にしばしば介入している。だが近年、金子拓《かねこひらく》氏や神田千里《かんだちさと》氏が指摘したように、信長が行ったことは基本的に朝廷の機能強化である。朝廷政治の腐敗を正し、朝廷の権威を高めようとしたのである。もし信長が天皇を乗り越えようと考え、朝廷と対立していたのだとしたら、むしろ朝廷の政務を骨抜きにするはずだ。けれども、現実の信長は「天皇の権威が失墜すれば、天皇を支えている自分自身の権威も傷つく」と考え、天皇・朝廷を支援したのである。この点で、ＮＨＫ大河ドラマ『麒麟がくる』の信長像は近年の研究と親和性が高い。

むろん、織田信長が良かれと思ってやったことでも、朝廷から見れば「余計なお節介」だったかもしれない。だが、少なくとも信長の主観では、信長は朝廷を尊重している。尊重しているからこそ、口を出しているのである。

織田信長が朝廷の官職に就くことに消極的だったことを根拠に、信長は天皇の下に位置づけられるのを嫌った、と主張する人もいる。けれども、残された同時代史料を見る限り、朝廷を支えようという信長の姿勢は一貫している。拙著『陰謀の日本中世史』(角川新書)で論じたように、信長が任官に後ろ向きなのは戦争に専念するためであり、天下統一後は征夷大将軍なり関白なり、何らかの官職に就いたと思われる。

戦前は勤王家扱いだったのに、戦後には天皇の権威に挑戦する革命児へと一八〇度転換したことに典型的に見られるように、織田信長の評価は、その時代時代の価値観に大きく左右されてきた。そうした先入観を振り払って、等身大の信長の姿を見極める作業は緒に就いたばかりである。

第四章　豊臣秀吉――人たらしだったのか？

第一節　近世の豊臣秀吉像

江戸時代の庶民のヒーロー

俗に織田信長・豊臣秀吉・徳川家康を「戦国三英傑」という。このうち信長と家康に関しては、時代ごとにその評価が大きく異なるものの、秀吉は江戸時代から現代に至るまで一貫して人気がある。その人気の源泉は、足軽から天下人になったという日本史上、空前絶後のサクセスストーリーにある。しかし、裸一貫からの立身出世という要素を軸としつつも、豊臣秀吉像も時代と共に変遷している。本章では、その点に注目したい。

豊臣秀吉は江戸時代の庶民にとってヒーローであった。庶民のヒーローとしての秀吉像を創造したのは、『甫庵太閤記』（一六二六年成立、一七頁を参照）である。普請奉行・薪《まき》奉行としての活躍、墨俣城の築城など、著名な逸話は同書でほぼ出揃う。ただし、有名な草履を温める話は出てこない（後述の『絵本太閤記』に見える）。また、美濃《みの》攻めでの墨俣城築城に関しても「墨俣」の地名は出てこず、築城の指揮は織田信長が執っており、秀吉の功績はむしろ墨俣入城後の夜襲であるように描かれている。秀吉が、自分の知略によって墨俣城を一夜で築いたという話にはなっていない。

小瀬甫庵は豊臣秀吉の知略を評価しているが、秀吉成功の最大の要因を知略に求めていない。秀吉の美濃攻めでの活躍について、「秀吉忠義の実、かつて査滓《さし》無きにより、天甚《はなは》だ感じて福祥を降したまうなり」と、秀吉の忠義心に感心した天が秀吉を助けたと甫庵は述べており、天道思想の影響が顕著である。

天道思想とは、戦国時代から江戸時代初期にかけて武士たちの間で流行した思想である。天道思想は儒教・仏教・神道（神祇《じんぎ》信仰）が混ざり合った日本独特の思想だが、単純化して説明すると、いわゆる「お天道様が見ている」という考え方だ。人間良いことをすれば天がそれを見てその人を助けてくれるし、悪いことをすればやっぱりそれも天が見ていて天が罰を下す、ということである。小瀬甫庵は天道思想に基づいて、秀吉には忠義の心があったから天が助けてくれたのだと論じた。これは、小瀬甫庵が儒学者であることがかなり影響していると思われる。

けれども時代が下るにつれて、豊臣秀吉の知略が強調されるようになる。現代人が知る墨俣一夜城の逸話の大枠が完成するのは、『絵本太閤記』（二一・六〇・九〇頁を参照）である。

本書でも既に何度か取り上げた『絵本太閤記』は、江戸後期の大坂の戯作者である武内確斎《たけうちかくさい》が執筆し、同じく大坂の画工である岡田玉山《おかだぎょくざん》が挿絵を描いた絵入り読本である。寛政《かんせい》九年（一七九七）に大坂の本屋である勝尾屋《かつおや》が秀吉の若き日を描いた初編を開板（出版）したところ、大好評を博し、次々と続編が刊行された。享和《きょうわ》二年（一八〇二）に七編八四巻をもって完結した。だが文化《ぶんか》元年（一八〇四）、同書に基づく喜多川歌麿《きたがわうたまろ》の浮世絵『太閤五女花見之図』（秀吉が醍醐《だいご》の花見で淀君《よどぎみ》ら美女を侍《はべ》らしている様を描いたもの）が、実在事件を題材にした一枚絵を禁じた幕府の新たな禁令に触れ、その余波で『絵本太閤記』も絶版となった。なお、この時『絵本信長記《しんちょうき》』なども絶版になっている。

さて、『絵本太閤記』は織田家の重臣である佐久間信盛《さくまのぶもり》・柴田勝家《しばたかついえ》が墨俣城築城に失敗した後、木下藤吉郎《きのしたとうきちろう》（のちの豊臣秀吉）が「当家の人夫を用いず、当国の竹木を切らずに築城してみせます」と豪語するという、私たちにとっておなじみの展開を描く。信盛・勝家を引き立て役にすることで、秀吉の知略を強調している。さらに言えば、最初から秀吉に任せず、信盛・勝家を起用した信長には見る目がなかったということになるから、信長を貶《おとし》めて秀吉を持ち上げているとも言える。

前掲の『甫庵太閤記』は、織田信長・豊臣秀吉の君臣関係を美化し、賞揚している。秀吉の急速な出世は、信長が秀吉の才覚・性格を見極めて適切に用いたことに負うところが大としている。墨俣築城に典型的なように、信長が家臣の秀吉を信頼し、秀吉は主君である信長に忠義を尽くすという理想的な主従コンビの活躍を描いているのだ。だが、『絵本太閤記』では秀吉一人の智謀が目立つ構成になる。この傾向はさらにエスカレートし、幕末に刊行された栗原信充《くりはらのぶみつ》の『真書太閤記』は、秀吉が献策・奇計によってたびたび信長を救う話を創作し、秀吉を超人的な知将として描いている。

「徳川史観」による秀吉批判

こうした民間での豊臣秀吉人気は、江戸幕府にとって好ましいものではなかった。徳川家は豊臣家から天下を奪ったので、秀吉人気の高まりは江戸幕府の正統性を傷つけかねないからである。要するに、秀吉賞賛にかこつけた体制批判を恐れたのだ。したがって、江戸幕府の公式の歴史観では、秀吉の評価は非常に低かった。

正徳《しょうとく》二年（一七一二）に成立した新井白石《あらいはくせき》の『読史余論《とくしよろん》』（八七頁を参照）は、織田信長と同様に、いやそれ以上に豊臣秀吉を非難する。白石は言う。秀吉は卑しい身分から天下を取ったので、世間の人はこれを賞賛する。確かに日本ではあまりないが、中国では珍しいこと

歌川芳虎「道外武者御代の若餅」嘉永２（1849）年頃
画像提供：味の素食の文化センター／DNPartcom
杵を有すのは木瓜の紋から織田信長、臼に控えているのは桔梗の紋から明智光秀、猿は豊臣秀吉、奥で餅ができるのを待っているのが徳川家康とされる。

ではない。秀吉が天下を統一できたのは、時運に乗ったからにすぎない。当時は乱世であり、主君を裏切るような不届き者が大勢いた。戦国時代には、勇猛であるとか策謀に長《た》けているということだけが評価され、仁義忠孝は重視されなかった。ともかく戦に強ければ良い、陰謀が得意なら良いといった嘆かわしい時代に、秀吉がたまたま上手《うま》く巡り会ったので、秀吉が天下を取れただけである、と。

要するに白石は、豊臣秀吉は優れた武将だが忠義の心を持たないとんでもない人間だ、と非難しているのである。秀吉に忠義の心がないとは、具体的には主家である織田家から天下を奪ったことを指す。それは主君を裏切ったことを意味するので、当然のことながら、家臣のあるべき道から外れた不忠ということになる。

新井白石は説く。天は忠義に反する行為を許さない。その結果、天の報いによって、豊臣家もわずか二代、秀頼《ひでより》の代に滅んでしまった、と。つまり、豊臣秀吉が忠義の道に背いたので、天の怒りによって天罰が下って、豊臣家が滅んでしまった、ということである。これも天道思想である。

前章でも触れたが、こうした儒教的な評価は、多分に結果論的である（八七頁を参照）。豊臣家が滅亡したことから逆算して豊臣秀吉の不徳・不忠を非難し、江戸幕府が続いているという現実から逆算して、徳川家康を礼賛する。すなわち、家康様は仁徳のある偉大な為政者だったので、天の加護を受け、それゆえに今も家康様の子孫が天下を治めている、という論法である。概して朱子学や天道思想は、現体制を保証・正当化する性格を持つが、右の解釈はその典型と言えよう。

天保十三年（一八四二）に完成した江戸幕府の正史『徳川実紀』（一一九・二五三頁を参照）には、次のような豊臣秀吉評が載っている（『東照宮御実紀』巻四）。秀吉は陽気で豪放磊《らい》落《らく》、快活であると思われているが、それは表向きの姿にすぎない。実際には秀吉は常に策謀、計略を用いてきたのだ、と。いわゆる「人たらし」も全部計算ずくの行動だ、と言いたいのだろう。けれども、この記述からは逆に、民間では『絵本太閤記』などの影響で、人なつっこい陽気な男という秀吉像が広く流布していたことがうかがわれる。

朝鮮出兵否定論

豊臣秀吉を貶めようと考える江戸幕府にとって、秀吉の第一の悪行は、主家である織田家から天下を奪った、という事実である。しかしこればかり言いつのると、豊臣家から天下を奪った徳川家はどうなるのだ、というブーメランが返ってきてしまう。そこで幕府が目をつけたのが、朝鮮出兵（文禄《ぶんろく》・慶長《けいちょう》の役《えき》）の失敗である。この敗戦は、徳川家による簒奪《さんだつ》を正当化する上で格好の材料であった。

儒学者の林羅山《はやしらざん》（六三・八六頁を参照）・読耕斎《どっこうさい》（羅山の四男）は、江戸幕府の命を受け、江戸幕府以前の武家政権の歴史を編纂《へんさん》した。これを『将軍家譜』と言い、『鎌倉将軍家譜』『京都将軍家譜』『織田信長譜』『豊臣秀吉譜』の四篇から成る。このうち、豊臣秀吉の生涯を漢文体で著した歴史書『豊臣秀吉譜』は明暦《めいれき》四年（一六五八）に刊行された。

この『豊臣秀吉譜』は、『甫庵太閤記』を主な典拠としているが、竹中重門《たけなかしげかど》の『豊鑑《とよかがみ》』や堀正意《ほりまさおき》の『朝鮮征伐記』を参照した箇所も見られる。そんな中、『豊臣秀吉譜』の独自記事として注目されるのが、朝鮮出兵の動機に関する説明である。

『豊臣秀吉譜』によれば、秀吉は愛児鶴松《つるまつ》（秀頼の兄）の夭折《ようせつ》を嘆き悲しみ、その悲しさを紛らわすために朝鮮出兵を思いついた。諸大名は驚き、秀吉が悲しみのあまり正気を失ったかと思いつつ、諫言《かんげん》して秀吉の怒りを買うことを恐れて「神功《じんぐう》皇后以来の壮挙です」と追従したという。

ちなみに、神功皇后は仲哀《ちゅうあい》天皇の后《きさき》で、応神《おうじん》天皇の母である。『古事記』『日本書紀』によると、神功皇后は妊娠中であるにもかかわらず、兵を率いて朝鮮半島に渡り、新羅《しらぎ》を攻めた。新羅は戦わずして降伏し、毎年朝貢することを誓った。高句麗《こうくり》・百済《くだら》も朝貢を誓った。俗にこれを「三韓征伐」という。神功皇后の三韓征伐はあくまで神話であり、歴史的事実ではないが、中世には話にさらに尾ひれがつき、社会に広く浸透していた。ともあれ、朝鮮との関係修復に苦労した江戸幕府から見れば、豊臣秀吉の朝鮮出兵は愚行以外の何物でもなかっただろう。

より本質的な批判もある。朝鮮王朝の宰相である柳成龍《りゅうせいりゅう》が執筆した文禄・慶長の役の記録『懲毖録《ちょうひろく》』が、日本でも元禄《げんろく》八年（一六九五）に刊行された。福岡藩黒田《くろだ》家に仕える儒学者・貝原益軒《かいばらえきけん》が、この和刻本に序文を寄せている。

貝原益軒は次のように論じる。戦争には義兵・応兵・貪兵《とんぺい》・驕兵《きょうへい》・忿兵《ふんぺい》の五つがある。仁徳ある為政者は義兵（正義の戦争）と応兵（自衛戦争）のみ行う。国家が戦争を好めば必ず滅び、天下が戦争を忘れれば必ず危うい。豊臣秀吉の朝鮮出兵は貪欲・驕慢・憤怒に基づく貪兵・驕兵・忿兵であり、大義名分のある戦争ではないし、やむを得ない自衛戦争でもない。正当な理由なく戦争を起こすことは天道の憎むところであり、豊臣家が滅亡したのは自業自得である、と。前章でも触れたように、武力行使を嫌うのは儒教的思考である（八六頁を参照）。また、ここにも天道思想の影響が看取される。

江戸時代の支配的な思想である儒教に照らせば、豊臣秀吉の朝鮮出兵は一片の正当性もない暴挙である。戦後歴史学における「朝鮮侵略」批判と相通じる評価と言えよう。

朝鮮出兵肯定論

けれども、朝鮮出兵を批判する声は、専ら体制擁護者たる儒学者から挙がるに留《とど》まった。民間ではむしろ、朝鮮出兵を賞賛する意見が主流だった。軍学者の山鹿素行《やまがそこう》が記した歴史書『武家事紀』（一六七三年、五〇頁を参照）は、豊臣秀吉の朝鮮出兵は秀吉の逝去により挫折《ざせつ》したものの、日本の武勇を外国に知らしめたという点で神功皇后以来の壮挙であると説く。そして、日本の諸将が不和であったために敵の策謀に落ちたが、もし団結していれば、朝鮮国どころか明国《みん》をも滅ぼしていただろうと論じている（『武家事紀』巻第一四）。こうした主張は、北方ツングース系の狩猟民族である女真族《じょしん》が建てた清国《しん》が、一六四四年に巨大な明帝国を滅ぼした歴史的事実を背景にしていたと思われる（当時の清の人口は明の一％にも満たなかったと言われる）。

また『絵本太閤記』の六編・七編は朝鮮出兵を叙述しているが、七編冒頭の「附言」で貝原益軒に反論している。豊臣秀吉は卑賤《ひせん》から身を起こして天下を取った英傑であり、その大志は凡人の考えが及ぶところではない。昨今はつまらぬ人間が朝鮮出兵を貪兵だの驕兵だのと誹謗《ひぼう》している。だが、「筆下に章を積む腐儒燕雀《えんじゃく》の心を以《もっ》ていかでか傑出英雄鵠鴻《こくこう》の大志を計り知らんや」というのである。

右の一節は『史記』の「燕雀安《いずく》んぞ鴻鵠《こうこく》の志を知らんや（小人物に大人物の志は理解できな

い)」を踏まえたものである。文筆で空理空論をもてあそぶ腐れ儒者には、英雄の偉業は理解できない、と貝原益軒を批判しているのである。なお、『絵本太閤記』は出兵の動機の一つとして、「人間の一生は短い。日本の統治のみに時間を費やすのは英雄の志ではない。日本の武威を外国に見せつけてやろう」と豊臣秀吉に語らせている。

現代人から見ると、文禄・慶長の役という負け戦を起こした豊臣秀吉を、何故《なぜ》そこまで賛美するのか、いささか奇異に思える。だが、民間レベルでは文禄・慶長の役が負け戦という認識は希薄だったように感じられる。

江戸時代には多くの朝鮮征伐記もの（朝鮮軍記物）が執筆されたが、それらは基本的に、日本軍の局地的戦闘での勝利をクローズアップし、戦争全体における敗北には積極的に言及しなかった。一例を挙げると、軍学者の宇佐美定祐《うさみさだすけ》（二〇九頁を参照）が著した『朝鮮征伐記』（一六六二年）は、著者自身が述べているように、「秀吉公の奇計・智謀」を顕彰することを目的としていた。こうした朝鮮征伐記ものの影響を受けた『絵本太閤記』も、加藤清正《かとうきよまさ》をはじめとする日本軍の奮戦を特筆する。

これらの書物を参考にした講談・浄瑠璃《じょうるり》・歌舞伎も同様である。近松門左衛門《ちかまつもんざえもん》の浄瑠璃『本朝三国志』（一七一九年初演、二六頁を参照）に至っては、加藤正清《まさきよ》（加藤清正）が遼東《りようとう》大王（朝鮮国王）を生け捕り、大王が土下座して命乞《いのちご》いをするなど、歴史的事実と懸け離れた場面を創作している（厳密に言うと「男神功皇后」という劇中劇での場面）。

こうした芸能に接した江戸時代の庶民の間では、文禄・慶長の役が負け戦だったという認識は薄かった。そのことが、朝鮮出兵を肯定する意識、さらには秀吉人気につながったと考えられる。

「勤王家」秀吉像の形成

日本の儒学者は儒学の本場である中国に憧憬《しょうけい》の念を抱いている。したがって彼らは、中国に戦争を挑んだ文禄・慶長の役に対して否定的感情を持っている。こうした中国中心の価値観を批判したのが国学である。国学は、日本の古典を研究することで儒教・仏教渡来以前の日本独自の思想を発見することを目指す学問である。

国学の四大人の一人とされる本居宣長《もとおりのりなが》は、江戸時代以前の日本外交史をまとめた歴史書『馭戎慨言《ぎょじゅうがいげん》』を寛政《かんせい》八年（一七九六）に発表している。宣長によると、これまでの日本外交は弱腰すぎるという。天照大神《あまてらすおおみかみ》の子孫である天皇が統治する日本こそが世界の中心であるべきで、中国や朝鮮のような西戎《せいじゅう》（西方の野蛮国）を服属させなければならないのに、その目的を達成できなかったと慨嘆している。

本居宣長は中国崇拝や儒教的思考を「漢意《からごころ》」と呼んで批判したが、右の主張は中国の華夷《かい》思想を反転させた日本型華夷思想にすぎない。それはさておき、宣長の立場から見ると、朝鮮出兵は「皇大御国《すめらおおみくに》のひかりをかがやかし」た偉業ということになる。宣長は天明《てんめい》七年（一七八七）に刊行した『玉鉾《たまほこ》百首』で「まつろはぬ　国等ことごと　まつろへて　朝廷《みかど》きよめし　豊国の神」と詠んでおり、朝鮮出兵を勤王精神の発露と解釈していた。

頼山陽《らいさんよう》の『日本外史』（一八二七年、一二三・九〇頁を参照）は、より一層、豊臣秀吉賞賛へと傾斜している。もし秀吉が女真族に生まれていたら、愛新覚羅《あいしんかくら》氏（清国を建てた女真族の氏族）の前に明国を滅ぼしていただろう、と説き、秀吉の雄才大略は、秦《しん》の始皇帝《しこうてい》・漢《かん》の武《ぶ》帝《てい》を超えていると論じた。もっとも頼山陽は賞賛一辺倒ではなく、朝鮮出兵による国力の浪費が豊臣家滅亡につながったとも述べ、万里《ばんり》の長城をはじめとする大土木事業の結果、二代で滅亡した秦との類似性を指摘している。ただ、国力の浪費うんぬんは『甫庵太閤記』の受け売りであり、頼山陽の主張の力点は秀吉顕彰にある。

頼山陽が豊臣秀吉を賞賛する前提には、秀吉を「勤王家」と捉《とら》える理解がある。文禄の役の後、明との間で講和交渉が行われるが、明は秀吉に対して「日本国王」に任命するという国書を送り、秀吉は激怒する。「自分は実力で日本を統一したので明の皇帝から任命されるいわれはない」と秀吉が述べるくだりは『豊臣秀吉譜』以来見られるものだが、『日本外史』はさらにセリフを追加している。「吾にして王とならば、天朝を如何《いかん》せん」と。ちなみに、このセリフは近代の国史教科書にも掲載され、人口に膾炙《かいしゃ》した。

すなわち『日本外史』によれば、豊臣秀吉は、天皇を差し置いて自分が日本国王になることは不敬であると認識し、天皇を無視した明国の無礼をとがめたことになる。おそらく頼山陽の創作と思われるが、こうして「勤王家」としての秀吉像が形成されていく。

幕末の攘夷論と秀吉絶賛

幕末に尊皇攘夷《じょうい》運動が盛んになると、尊皇攘夷の魁《さきがけ》として豊臣秀吉が評価されるようになる。尊皇攘夷の志士に多大な影響を与えた長州《ちょうしゅう》の思想家である吉田松陰《よしだしょういん》は、モンゴル帝国（元《げん》）と戦って捕らえられた南宋《なんそう》の忠臣である文天祥《ぶんてんしょう》が獄中で詠んだ漢詩「正気《せいき》の歌」に倣って、自身も憂国の詩「正気の歌」を詠んだ。そこには「墓には楠子《なんし》の志を悲しみ、城に豊公《ほうこう》の烈を仰ぐ」という一節がある。湊川《みなとがわ》に水戸光圀が建てた楠木正成《くすのきまさしげ》の墓の前で正成の忠節に涙し、大坂城を眺めて豊臣秀吉の偉業を思う、といった意味である。秀吉が南朝の忠臣である楠木正成と並べられており、秀吉が勤王の士と位置づけられていることは明瞭《めいりょう》である。

ここで松陰が念頭に置いたのは、やはり朝鮮出兵であろう。

嘉永《かえい》五年（一八五二）、吉田松陰は友人で長州藩士の来原良蔵《くるはらりょうぞう》（良三）に書状を送っている。そこでは、古代の日本は朝鮮半島の国々を服属させていたのに（『日本書紀』の主張だが、現在の歴史学界では歴史的事実とは考えられていない）、その後の日本は外国に武威を示すことができなかった。ところが、豊臣秀吉は文禄・慶長の役を起こして朝鮮を打ち破り、朝鮮を服属させていた昔の秩序を回復する勢いであったが、不幸にも秀吉が亡くなり、「大業」が成就しなかったことを惜しんでいる（「来原良三に復する書」）。松陰は、嘉永七年にアメリカへの密航に失敗して投獄され、獄中で『幽囚録』を執筆したが、そこでは「朝鮮を責め、質を納め貢を奉ること、古の盛時のごとくす」という構想を示している。明らかに秀吉の朝鮮出兵を参照したものだろう。

右の考え方は、過激な尊皇攘夷の志士だけのものではなかった。仙台《せんだい》藩の儒学者である大《おお》槻磐渓《つきばんけい》は、父親が蘭《らん》学者だったこともあって西洋通であり、欧米との貿易を容認する立場だった。そんな磐渓も、豊臣秀吉の朝鮮出兵を絶賛している。盤渓は元治《げんじ》元年（一八六四）に戦国武将の逸話をまとめた『近古史談』を発表している。そこでは、文禄二年（一五九三）の碧蹄館《へきていかん》の戦いに勝利した小早川隆景《こばやかわたかかげ》からの援軍要請を受けて豊臣秀吉が朝鮮渡海を検討するも断念したことについて、秀吉が五、六年若く、自ら朝鮮遠征を行っていれば、愛新覚羅氏より先に明国を滅ぼしていたであろうと説く。そして、秀吉は忽必烈（フビライ）・歴山王（アレキサンダー大王）・那波烈翁（ナポレオン）という三英雄と並ぶ「四傑」であり、秦の始皇帝や漢の武帝より上であると論評している。

一般に幕末の政治対立は、尊皇派対佐幕派、攘夷派対開国派と整理されがちだが、当の江戸幕府が「尊皇攘夷」を唱えており、尊皇と攘夷は絶対の正義であった。幕府や親幕派の主張は幕藩体制を温存した上での尊皇であり、将来的な攘夷を目標とした一時的な開国である。こうした時代の雰囲気の中で、秀吉絶賛の傾向が強まっていく。

第二節　明治・大正期の豊臣秀吉像

維新政府による顕彰と朝鮮出兵への関心

江戸時代には幕府の目が光っていたので、豊臣秀吉を大っぴらに顕彰することはできなかった。ところが明治維新によって、この状況は一変する。体制側が積極的に秀吉を顕彰したからである。

慶応《けいおう》四年（一八六八）閏《うるう》四月、明治天皇が大阪に行幸した際に、大阪城付近に豊臣秀吉を祀《まつ》る神社の造営を命じる御沙汰書《ごさたしょ》が下された。そこには大略、次のような造営の趣旨が記されていた。秀吉は低い身分から出発し、自分の力だけで天下を統一し、大昔の聖人が成し遂げた偉業を継いで、皇室の権威を海外に広く知らしめ、数百年を経た今も外国に脅威の念を抱かせている。国家に尽くした功績の大きさは前代未聞のものである。その功績に報いようと朝廷は秀吉に神号を贈ったが、不幸にして豊臣家は断絶し、秀吉の大功は埋もれてしまった。明治維新を機に、廃絶した行事を復興したい。今は日本が世界に打って出ようという時代であり、秀吉のような英知雄略の人材が輩出されることを願って、秀吉を祀る神社を造営する、と。

慶長三年（一五九八）に豊臣秀吉が没すると、翌年に朝廷は亡き秀吉に豊国《とよくに》大明神の神号を贈り、京都東山《ひがしやま》に建立された秀吉の廟所《びょうしょ》は豊国社と命名された。しかし、大坂夏の陣直後の元和《げんな》元年（一六一五）七月、江戸幕府は豊国大明神の神号を剝奪し、豊国社を破却することを決定した。秀吉正室の北政所《きたのまんどころ》（ねね）の嘆願により、阿弥陀ヶ峯《あみだがみね》山頂の秀吉の廟墓や本殿などは破壊を免れる。しかし幕府は修理を禁じたため、長い年月を経て荒廃してしまった。

維新政府はこの豊国社を再興しようとしたのである。

御沙汰書では大阪城の近くに社殿を造営せよと命じていたが、紆余《うよ》曲折を経て、明治八年（一八七五）、京都東山の方広寺《ほうこうじ》大仏殿（二五七頁を参照）跡地に、豊国神社が造営されることになった。同十三年に社殿が完成し、遷宮式が行われた。

右の御沙汰書の文章からは、なぜ明治政府が豊臣秀吉を称賛したかが良く分かる。秀吉は、立身出世・攘夷・尊皇という明治政府の政治理念の体現者として位置づけられたのである。秀吉の事績のうち、特に朝鮮出兵を重視していたこともうかがわれる。

こうした時勢を反映して、朝鮮出兵に関する作品が多数発表されている。代表的なものだけでも、河尻宝岑《かわじりほうきん》・依田《よだ》学海《がっかい》の歌舞伎『豊臣太閤裂封冊《れっぽうさく》』（一八九〇年）、福地桜痴《ふくちおうち》（源一《げんいち》郎《ろう》）の歌舞伎『太閤軍記朝鮮巻』（一八九一年）、木下真弘《きのしたさねひろ》の著作『豊太閤征外新史』（一八九三年）、北豊山人の著作『文禄慶長朝鮮役』（一八九四年七月）、松本愛重《まつもとあいじゅう》の著作『豊太閤征韓秘録』（一八九四年十月）などが挙げられる。

これを見ると、一八九〇年代に入って朝鮮征伐記ものが急増したことが分かる。明治維新後、日本と清は朝鮮半島への影響力をめぐって角逐していた。一八八五年の天津《てんしん》条約によって日清間の緊張関係は一時的に緩和されたが、翌年に清の最新鋭戦艦である定遠《ていえん》・鎮遠《ちんえん》などが長崎に寄港し、清国水兵が大乱闘事件を起こしたこともあり（長崎事件）、日本では清への警戒感が高まった。こうした情勢を背景に、明国と戦った文禄・慶長の役への関心が高まっていったのだ。

一方、日本人の朝鮮蔑視《べっし》観は、江戸時代とさして変わらなかった。明治二十四年に福地桜痴の『太閤軍記朝鮮巻』が上演された際、朝鮮の王妃と王子が捕虜になる場面について、朝鮮公使が国辱であると憤り、公演中止を求めたという（岡本綺《おかもとき》堂《どう》『明治劇談　ランプの下にて』）。この一件で興味深いのは、作り手や日本人観客は、本作を朝鮮側に配慮したものと捉えていた点である。朝鮮王朝の忠臣である伯寧《はくねい》が捕虜となって、同じく捕虜になった王妃らに謝罪する場面は同作の見せ場であり、伯寧も当時売り出し中の七代目市川八百蔵《いちかわやおぞう》が演じた。

朝鮮王族が囚《とら》われの身となる場面を作って、「作者の方ではむしろ朝鮮側に贔屓《ひいき》」だと考えていたというのだから、朝鮮側をいかに軽侮していたかが分かる。これは先述した通り、江戸時代以来、文禄・慶長の役は「負け戦」であるという認識が希薄で、日本の武威を輝かせた栄光の歴史と考えられていたからだろう。芝居で朝鮮側が日本に屈服する場面が出てくることは、日本人にとっては当然だったのである。

日清戦争・日露戦争の影響

明治二十七年（一八九四）七月から二十八年四月にかけて行われた日清戦争の勝利によって、豊臣秀吉人気は過熱していく。歴史学者の大森金五郎《おおもりきんごろう》（一九〇頁を参照）は大正四年（一九一五）に「秀吉の外征」という論考を発表し、日清戦争当時を回顧している。

大森金五郎は日清戦争開戦当時、勝敗についてたいへん心配していたという。「太閤秀吉のようなことになっては大変だ」と危惧《きぐ》していたのだ。ところが案に相違して、日本の大勝利となった。すると、世間での豊臣秀吉の評判も変わったという。「日清戦役後に日本の歴史を回顧して見ると、以前とは見方がズッと違った。太閤秀吉は偉大なる人物である。秀吉の外征は偉いといい、同じ秀吉を見るについて世人の考えがズッと違ってきた」と大森は証言している。朝鮮半島に軍を派遣して中国と戦った先達として、秀吉に対する注目が今まで以上に集まったのである。

豊臣秀吉人気の上昇もあって、豊臣秀吉の没後三〇〇年にあたる明治三十一年（一八九八）に京都で開催された豊太閤三百年祭は、大きな盛り上がりを見せた。豊太閤三百年祭を企画した豊国会（明治二十三年に豊臣恩顧の大名家などによって創設された豊臣秀吉顕彰の会。阿弥陀ヶ峯頂上に豊国廟を再建することを目的としていた）が明治三十年に発表した趣意書を見る限り、彼らは秀吉の勤王と海外進出を重視していた。

政府の側も一層、豊臣秀吉の顕彰に力を入れた。明治三十四年には中学唱歌『豊太閤』（外山正一《とやままさかず》作詞・瀧廉太郎《たきれんたろう》作曲）が作られ、同三十六年には初の国定教科書『小学日本歴史』に「（秀吉は）諸外国をも、わが朝廷のご威光のもとに従わしめんとし、まず、朝鮮に案内《あない》せしめて、明国を伐《う》たんとせり」という記述が登場した。従来は教科書ごとに秀吉の扱いは異なったが、以後は学校教育の場で秀吉の勤王・海外進出が強調されていく。

大森金五郎も語るように、日露戦争後は秀吉礼賛に拍車がかかる。前章でも紹介したが、明治四十年に言論雑誌「日本及日本人」四七一号が「余の好める及び好まざる史的人物」という特集を組み、アンケート調査をしたところ（九二頁を参照）、一位に輝いたのは二〇票を獲得した豊臣秀吉であった。新聞「日本」で健筆をふるった阪東宣雄《ばんどうのぶお》は、秀吉を好む理由として「日本第一の世界的人物」であることを挙げている。明らかに朝鮮出兵を念頭に置いた評価だろう。鹿児島出身の官僚で『贈正一位島津斉彬《しまづなりあきら》公記』などを著した寺師《てらし》宗徳《むねのり》は「君臣の大義を弁じ、群雄を駕御《がぎょ》し、ついに明韓征討の挙に及べり」「活量呑牛《どんぎゅう》の気宇は小日本たらんとする今日の人には好模範たり」と秀吉支持の理由を語っている。やはり評価ポイントは勤王と海外進出である。

山路愛山による朝鮮出兵の評価

本書でたびたび紹介した山路《やまじ》愛山《あいざん》の『豊太閤』（一九〇九年、九三頁を参照）最大の特色は、朝鮮出兵の原因として豊臣秀吉狂気説を明確に否定し、「豊公一代の大事業」として説得的に論じた点にある。愛山は説く。「加藤清正記、太閤記などには秀吉が朝鮮征伐を企てたるは愛子を失いし無限の悲哀に基づくものにして畢竟《ひつきよう》人生の無常に感激したる反動にすぎずと記しあれども、はたして然《しか》らんには全く狂気の沙汰というべきものにして英雄の事業とすべからず。秀吉ほどの細心家が左様なる不思議を働くべき訳もなければ、なお他に子細あるべし」と。ちなみに、『甫庵太閤記』には鶴松の死が契機になったとの記述はないので、愛山の言う「太閤記」は『絵本太閤記』などを指すものと思われる。

山路愛山は「いずれの世にても世間の世論というものに逆行しては何事もなしがたし。秀吉の英雄にても最愛の子を殺したが残念なりとて、その鬱屈を散ぜんために兵を海外に用うというようなる夢のごときことにて大兵を動かしがたし」と論じる。これは重要な指摘である。『豊臣秀吉譜』や『絵本太閤記』に代表されるように、江戸時代以来、「諸大名はみな朝鮮出兵に内心反対だった」という歴史認識が支配的だったからである。ところが愛山は、いくら豊臣秀吉という独裁者であっても、周囲を説得できる理由なくして対外戦争を起こすことなどできない、と喝破したのである。

では、開戦理由は何か。山路愛山の答えは至極単純である。勝てると思ったから、である。「今日《こんにち》においてすら強国の威力は常に防備に乏しく独立の実力なきものに向かって残酷に働きつつあるに非《あら》ずや。我輩は当時の大勢を観察して、統一したる日本の武力が、そのふるいたる鉄拳を大陸に加えんとしたるのむしろ自然なるを見る」というのだ。

山路愛山は日露戦争直前の明治三十六年（一九〇三）、自身が立ち上げた雑誌「独立評論」創刊号に「余は何故《なにゆえ》に帝国主義の信者たる乎《か》」を発表した。帝国主義とは適者生存であり自然淘汰《とうた》であり、健全な世界を作るための思想であると説き、内村鑑三《うちむらかんぞう》の非戦論を批判した。弱肉強食を肯定する愛山が、朝鮮出兵に対して倫理的非難を加えるはずがない。

では、日本はなぜ負けたのか。山路愛山の答えはすこぶる近代合理的である。すなわち、李舜臣《りしゅんしん》らの朝鮮水軍の活躍である。愛山は言う。「ナポレオンほどの豪傑にても海戦に勝利を得ざりし為にその雄図を空しくしたり。豊太閤の壮挙も海戦に勝利を得ねば実は成功すべき見込みなし……（中略）……征韓の役は実に軍国の一大亀鑑なり。海権を有せざる国はついに必ず失敗す」と。対外戦争を単に「壮挙」と捉え、無邪気に喜ぶ江戸時代的な感覚から、愛山ははっきりと決別している。これは一つには、日露戦争、特に日本海海戦を通じて制海権の重要性が国民に浸透したことに起因すると思われる。

しかしながら山路愛山は、それでも朝鮮出兵には意義があったと語る。日本軍が明軍と互角に戦ったことで、「千余年来の恐支那病」を払拭《ふっしょく》し、「日本の強国たるよしを自覚」したことは大きな成果だったというのだ。要するに、中国恐るるに足らずとの気概が生まれ、それが日清戦争勝利の遠因になった、と言いたいのである。

徳富蘇峰の秀吉論

明治四十三年（一九一〇）、韓国併合条約が結ばれ、大韓帝国は大日本帝国に吸収された（日韓併合）。朝鮮半島は日本の植民地となった。

韓国統監だった寺内正毅《てらうちまさたけ》が日韓併合の祝宴で「小早川　加藤・小西《こにし》が世にあらば　今宵の月を　いかに見るらむ」と詠み、側近の小松緑《こまつみどり》が「太閤を　地下より起こし　見せばやな　高《こ》麗《ま》やま高く　昇る日の丸」と返歌を詠んだ逸話は良く知られている。豊臣秀吉がなし得なかった朝鮮征服をついに実現した、というわけだ。日韓併合によって、豊臣秀吉の朝鮮出兵への関心は最高潮に達した。

こうした流れを受けて豊臣秀吉論を展開したのが、徳富蘇峰《とくとみそほう》である。大正九年（一九二〇）三月に『近世日本国民史　豊臣氏時代　甲篇』が刊行され、同十一年九月に『近世日本国民史　豊臣氏時代　庚篇』が刊行された。全七巻で秀吉の生涯を描ききった。矢継ぎ早の刊行であり、驚異の執筆速度と言えよう。

徳富蘇峰は豊臣秀吉の勤王を強調する。しかも秀吉の勤王は、織田信長の打算的な勤王（九七頁を参照）とは異なり、心の底からの勤王であるという。この蘇峰の説には、確たる史料的根拠がない。信長は冷徹だが、秀吉は情に厚い「天下の快男児」であるという通俗的な人物像を敷衍《ふえん》したにすぎない。後述するように、秀吉が「人たらし」だという印象は『絵本太閤記』など江戸時代の物語によって形成されたもので、必ずしも秀吉の実像ではない。

さて、徳富蘇峰は前掲の七巻のうち、三巻を朝鮮出兵に当てている。蘇峰の朝鮮出兵への関心の深さを物語る。その朝鮮出兵論は、外交に着目したところに特徴がある。従来の歴史家が個々の戦闘の叙述のみに注力してきたことを、蘇峰は批判する。蘇峰に言わせれば、「戦争ありての外交でなく、外交ありての戦争だ。秀吉は外交で朝鮮を手に入れ、その案内にて明国に乗り込まんとした。それが意のごとくならずして、朝鮮役は始まったのだ……

（中略）……されば外交は主で、戦争は従だ」なのである。

徳富蘇峰は自身の主宰する「国民新聞」で日露戦争を支持して部数を伸ばしたが、講和条約であるポーツマス条約には賛成した。蘇峰は「国民新聞」紙上で、賠償金が得られなかったのは残念だが、韓国の保護権や旅順《りょじゅん》・大連《だいれん》の租借などを獲得したのだから戦争目的を十分に達成した、と持論を展開している。「国民新聞」は講和に賛成したほぼ唯一の新聞であったため、国民新聞社は逆上した民衆から襲撃を受けた（日比谷《ひびや》焼打事件）。

対外強硬論を批判し、現実的な外交を重視する徳富蘇峰から見れば、豊臣秀吉の対明・対朝鮮外交はいかにも拙劣であった。「秀吉は半ば誇大妄想狂者となり、事相をありのままに観察する能《あた》わなかった」と辛辣《しんらつ》に評している。

ところが、そんな徳富蘇峰ですら、朝鮮出兵を「絶対的の損失とはいうべきでない」と擁護する。中国・朝鮮の活版印刷技術・製陶技術が伝わったとか、日本の造船技術が向上したなどの利点を蘇峰は挙げるが、彼によれば最大の効果は「日本国民に、多大なる自信力を扶植した」ことだという。要は山路愛山と同じで、中国こそが世界の中心である中華思想から脱却し、中国何するものぞという気迫を養うきっかけになった、ということである。

朝鮮出兵は「日本国民における一種の刺激剤」であり、「贅沢《ぜいたく》なる海外留学」だったと蘇峰は説く。侵略された朝鮮側からすれば、「刺激剤」とか「海外留学」とか言われてはたまらないが、朝鮮半島が日本の植民地となっている当時の状況では、朝鮮出兵を「侵略」として非難する発想は出てこなかったのだろう。

徳富蘇峰によれば、豊臣秀吉は卑賤から身を起こした成り上がり者であったがゆえに、当時の知識人階級の通弊である伝統的な中国崇拝に囚われることなく、明国を征服するという常識外れの考えを持てたという。蘇峰は言う。「秀吉の雄図英略は、むしろ無学の賜《たまもの》だ」と。

結局、徳富蘇峰も豊臣秀吉の朝鮮出兵に対して、手法の稚拙さを批判しつつも、構想の雄大さを評価する。立身出世・勤王・海外雄飛の三点セットで秀吉を賞賛する従来の流れを脱するものではなかった。

第三節　戦前・戦後の豊臣秀吉像

矢田挿雲の『太閤記』

欧州諸国に甚大な被害をもたらした第一次世界大戦後、世界的に反戦感情が広がっていく。大正十年（一九二一）七月三十日の「朝日新聞」夕刊に掲載された「今日の問題」は、シベリア出兵を批判する中で朝鮮出兵に言及している。すなわち「国論の後援を待たずして日本が出兵し、しかして失敗したのは、豊太閤の三韓出兵と今後のシベリア出兵とである」と説く。世界的な軍縮の流れの中、豊臣秀吉の朝鮮出兵を礼賛する風潮は衰えていく。

豊臣秀吉は人気者であったので、明治以来、講談や芝居はもとより、秀吉を主人公とした小説も少なからず発表された。だが、『太閤記』を大衆文学として完成させたのは、矢田《やだ》挿《そう》雲《うん》の『太閤記』であると言われている。

矢田挿雲の『太閤記』は、「報知新聞」の夕刊に大正十四年（一九二五）から昭和九年（一九三四）までの長期にわたって連載された豊臣秀吉の一代記である。この大長編の人気に火がついたのは昭和十〜十一年に単行本が発売されてからで、続篇を求める声に応《こた》えて関ヶ原《せきがはら》の戦いと大坂の陣も書き継がれた。

矢田挿雲の『太閤記』の一大特色は、朝鮮出兵を耄碌《もうろく》した豊臣秀吉の愚行と酷評している点である。挿雲は徳富蘇峰の『近世日本国民史』を参照しているが、蘇峰よりも批判のトーンを一段上げている。挿雲は次のように朝鮮出兵の動機を描く。

鶴松の死は秀吉を狂乱させたと当時噂《うわさ》されたほどであった。秀吉は天を仰ぎ地に伏して哭《こく》した。子を喪《うしな》った者でなければ到底味わい知ることのできない悲痛を胸に宿しつつ、

秀吉は八月以来、外征の準備に拍車をかけた。

秀吉は大明を征して、大明王となる——というとりとめのない空想に身をゆだねてい

る間だけは、さしもの悲痛がいくらか、ほんの少しだが、堪えやすく思われるのであった。

矢田挿雲の『太閤記』は、朝鮮征服の妄執に囚われる豊臣秀吉が小西行長《ゆきなが》・明使沈惟敬《しんいけい》の欺瞞《ぎまん》外交に踊らされる様を、諧謔《かいぎやく》を交えて描き出す。病に倒れた秀吉の夢枕に織田信長が現れ、「あまり永過《なが》ぎるぞ、すぐにこい」とあの世に呼ぶ。秀吉は「え？　すぐに？」と返すが、信長は「外征の士卒を犬死にさせるつもりか、どうだ」と秀吉を責める。秀頼が大きくなるまでは待ってほしいと秀吉は訴えるが、信長は「もう一年も我慢することは相成らん、こい」と催促する。この悪夢が引き金になり、秀吉は重態に陥る。

こうした描写は、従来の太閤記作品に見られない新しいものである。ただし、朝鮮での戦闘の経過を事細かく描写する点は、江戸時代以来の伝統を引き継いでいるとも言える。周知のように豊臣秀吉は渡海していないので、朝鮮出兵における秀吉の存在感は薄い。このため『絵本太閤記』の六編・七編に至っては、秀吉よりも加藤清正の方が目立っており（一三三頁を参照）、どちらが主人公か分からないほどである。矢田挿雲の『太閤記』は日本国民文学全集版では全七巻だが、第七巻はまるまる朝鮮出兵に費やしている。『絵本太閤記』に比べれば、全体に対する朝鮮出兵の比率は低いが、それでも長大であり、あまり記述が整理されていない印象を受ける。

「読売新聞」による秀吉顕彰

日本が軍国主義、国粋主義へと向かっていく中で、豊臣秀吉を勤王の偉人、海外進出の英雄として理想視する潮流が復活する。昭和十二年（一九三七）の『国体の本義』（一〇三頁を参照）刊行、そして日中戦争の勃発《ぼっぱつ》が一つの画期となっていると思われる。

こうした豊臣秀吉顕彰の時流に最も積極的に乗ったのは、正力松太郎《しょうりきまつたろう》率いる「読売新聞」であった。次項で詳述するように、昭和十四年元日より「読売新聞」夕刊で吉川英治《よしかわえいじ》『太閤記』の連載が開始された。同年一月二十五日には座談会「太閤を語る」が開催され、その内容は翌月に複数回に分けて「読売新聞」夕刊へ掲載された。二月二十五日からは東京日本橋《にほんばし》の白木屋《しろきや》で読売新聞社主催の「大陸進出の英雄　豊太閤展覧会」が開催された。

座談会は、『近世日本国民史』の徳富蘇峰、歴史学者の渡辺世祐《わたなべよすけ》、『太閤記』連載中の吉川英治ら七人の著名人によって行われた。読売新聞社の柴田《しばた》編輯《へんしゅう》局長が最初に「英雄待望時代の現下のわが国民が挙《こぞ》って崇敬《すいけい》して措《お》かない我国不出世の大英傑『太閤』に関し平素の御研究並びに御所懐の一端を披瀝《ひれき》して頂けるということは、実に願ってもない仕合わせな事でありますと挨拶《あいさつ》しており（「読売新聞」昭和十四年二月十二日夕刊）、時局を強く意識した企画であることがうかがわれる。

この座談会で、在野の歴史家である白柳秀湖《しらやなぎしゅうこ》は、朝鮮出兵の動機をめぐる論争について、「子供を亡くした鬱憤を散ずるためであるとか、あるいは諸大名の過剰勢力を外国に転ずるためであるとかいうことをいう人もありますけれども、そんなことは問題にならぬ」と一蹴《いっしゅう》する。そういう批判は、日中戦争が軍部の「専濫驕欲」によって生じたかのように邪推する「批評家の陰口」と同じだという。何やら『絵本太閤記』が貝原益軒を糾弾した論調を想起させる。

白柳は「あの頃の太閤の気持ちというものは、皇室を中心とする近代民族国家——日本を建設しようということで一ぱいであったと見てよろしい」と説く。「支那の付庸国であるか、独立国であるか分からんような国民生活をしておった日本人を、支那を主盟とするアジアの封建的経済ブロックから解放さして、皇室の御稜威《みいつ》の下に立派な独立民族としての自覚を与え、それを基礎として日本国を統一していこう」と秀吉は考えていたのであり、征夷《せいい》大将軍を捨てて関白・太政《だじょう》大臣を取ったのも、このためであると白柳は主張している（「読売新聞」昭和十四年二月十八日夕刊）。当時は、秀吉の朝鮮出兵に対する絶賛と、日中戦争の正当化が分かちがたく結びついていたことが知られる。

陸軍少将で予備役に編入し、以後は戦史家として名を馳《は》せた伊藤政之助《いとうまさのすけ》も負けてはいない。

伊藤によれば、豊臣秀吉は織田信長より偉い、徳川家康より偉いといった次元で論評すべき人物ではなく、「世界の大英雄」だという。伊藤は同座談会で秀吉とナポレオンの軍略を比較しているが、秀吉は桶狭間《おけはざま》の戦いに参謀として参加しているはずだと述べるなど、史料的根拠を掲げないまま秀吉を強引に持ち上げている（「読売新聞」昭和十四年二月二十二日夕刊）。

現代から見ると、「もし世界に武将としての太閤に匹敵するものあらば、ナポレオンよりなし」という伊藤政之助の主張は夜郎自大の極みである。しかし当の伊藤にとっては、武人秀吉の顕彰は切実な課題であった。日本が世界に誇れるものは、万葉集や源氏物語など文化面に偏っている、と軍人の伊藤は考えていた。日本が東洋の覇者にならんとして諸外国の注目を集めている現状を鑑《かんが》みると、「文化ばかりでなく日本にもこういう偉い者があったということを出してみたい」のである。したがって、是が非でも豊臣秀吉を世界的英雄にする必要があったのだ。

言うまでもないが、読売新聞社主催の「大陸進出の英雄　豊太閤展覧会」も、豊臣秀吉の朝鮮出兵を顕彰する性格を強く持っていた。「読売新聞」昭和十四年二月二十六日朝刊で、展覧会の趣旨・概要が説明されているが、本展覧会の目玉である「パノラマ山崎合戦」の紹介を除けば、ほとんどが「朝鮮征伐」の解説である。

右の解説では、文禄の役で制海権を確保できなかったことこそ軽く触れられてはいるが、日本軍の連戦連勝が強調されている。そして、文禄の役後の明との講和交渉において、明の国書に「日本国王に任じる」という一節が見えたので、豊臣秀吉は激怒したと説く。「秀吉は『日本には万世一系の天皇陛下がいらせられる。何をもって臣である秀吉を国王とするというのか』と大いに怒り、第二回の朝鮮征伐軍を進めました。こんどは海陸とも相当の成績を収めましたが、惜しや総大将の秀吉は戦い中ばになくなりました。もし生きていたらきっと支那はそのとき既に日本のものとなっていたでしょう。その死はいまにして実に惜しまれます」と記す。

右の朝鮮出兵観は吉田松陰のそれとほとんど異なるところがなく、歴史的事実と懸け離れているが、秀吉顕彰者たちは史実か否かに拘泥しなかったのだろう。彼らにとって重要なのは、国威発揚、戦意高揚、時局への迎合だったのである。

吉川英治の『太閤記』

先述の通り、昭和十四年（一九三九）元日、「読売新聞」夕刊にて吉川英治の歴史小説『太閤記』の連載が始まった（昭和十六年の単行本化の際に『新書太閤記』と名づけられた、四六・一〇五頁を参照）。前年十一月五日の「読売新聞」朝刊に、『太閤記』連載の予告が出ている。そこには「今事変を契機として、日本が大陸経営の聖業に就かんとする折柄、〝英雄〟秀吉を偲《しの》ぶや切なるものがあります。ここにわが大衆文芸陣の第一人者吉川英治氏は奮然起《た》って地下の英雄を起こし、今の世にその全貌を伝えんとするのであります」と趣旨が記されている。「今事変」とは支那事変、今でいう日中戦争のことである。『太閤記』の連載が、時局を強く意識して企画されたことがうかがわれる。

この社告では、「下賤より身を起こして天下に号令し、さらに大明をも皇威の下に置かんとした豊臣秀吉は日本の生んだ最大の偉傑であります」とも述べられている。朝鮮出兵を「勤王家」秀吉の偉業として讃《たた》える意図は明白である。

同社告では吉川英治の「作者の言葉」も掲載されている。吉川は「今ほど国民の気持ちが大陸的に強固な意思を持ち出した時代はないと思う。かつての史上に共通した時代を求めると、それは豊臣秀吉を生んだ永禄《えいろく》、元亀《げんき》、天正《てんしょう》の頃しかないと思う」と述べ、連載依頼を受けて最初に考えたことは、「今日の作家として太閤記をどう扱うかという問題であった」と告白する。

吉川英治は、今さら「絵本太閤記式の再現」をしても仕方ないと思い、「新時代の太閤記」を書けるかどうか大いに悩んだという。はたして吉川の言う「新時代の太閤記」とは、どのようなものか。吉川は従軍作家として大陸に渡り、戦場生活を経験したことで創作の自信が湧いたというから、「新時代の太閤記」は、豊臣秀吉の勤王・外征を強調する作品を意味するのだろう。吉川は、冒頭から日吉《ひよし》(のちの秀吉)の幼なじみとして、中国人の母を持つ於福《おふく》を登場させ(吉川の創作)、日吉の大陸への強い関心を描いている。

吉川英治の「絵本太閤記式の再現」うんぬんは、暗に矢田挿雲の『太閤記』を批判しているように思われる。近年の国文学研究では、『絵本太閤記』に勤王の要素が含まれていることが指摘されているものの、同書の基調はやはり痛快な立身出世譚《たん》である。矢田の『太閤記』は、『絵本太閤記』を土台として、豊臣秀吉の立身出世をユーモラスに描いている。それに比べると、吉川の『太閤記』は決して堅苦しい話にはなっていないが、織田信長・豊臣秀吉らの勤王を前面に押し出している。

吉川英治の『太閤記』は、当初の予定では、青年期の「藤吉郎《とうきちろう》時代」、壮年期の「秀吉時代」、大成期の「太閤時代」の三部作を三ヶ年にわたって連載することになっていた。けれども構想が膨らみ、壮年期の「秀吉編」が完結したのは昭和十七年七月、休載を挟んで大成期の「豊臣編」の連載開始が昭和十八年一月、昭和二十年八月十四日の時点で、織田信雄《のぶかつ》(信長の次男)が親秀吉派の三家老を処刑し、いよいよ小牧《こまき》・長久手《ながくて》の戦いが始まる、というところまでしか話が進んでいない。『太閤記』は八月二十三日連載分をもって中断された。

戦時下の吉川英治は、朝鮮出兵をどのように叙述するつもりだったのだろうか。吉川は、織田信長がまだ存命の天正《てんしょう》九年(一五八一)に、豊臣秀吉が九鬼《くき》水軍の武士と語り合った話を創作している。彼らは九鬼嘉隆《よしたか》に服属する前は倭寇《わこう》であったことに引け目を感じていたが、秀吉は意に介さず、「秀吉なども、もし、十六、七歳の頃に、その方どもと巡り会うていたら、かならず汝《なんじ》らの手下に属して、南海西蛮大明高麗、ひとわたりはぜひ見物しておいたろうに、残念に思う」と語る（「読売新聞」昭和十七年三月十一日夕刊）。そして秀吉は、逆賊足《あし》利《かが》氏に従うことを潔しとしなかった南朝方の武士が海に活路を求めて倭寇になったのだと説き、「国を愛するがために血をながした一族のわかれが、一帆万里をこえて、国外に武を振うとき、どうしてその生命の光焔に、護国のたましいが発しられないわけがあろう。国を愛する念の出ない理由があろう」と、いにしえの倭寇に敬意を示す（「読売新聞」昭和十七年三月十二日夕刊）。

現代人から見ると突飛な歴史観に映るが、南朝の忠臣が倭寇になったという見解は吉川英治の独創ではなく、西村真次《にしむらしんじ》の『日本海外発展史』（一九四二年）や村田《むらた》四《し》郎《ろう》の倭寇通史『八幡船史』（一九四三年）など、当時はしばしば唱えられていた。いずれにせよ、南朝の忠臣＝倭寇の遺志を継いで勤王精神に基づき朝鮮出兵を敢行する、というのが吉川の構想だったと思われる。しかし、朝鮮出兵に筆を進める前に、日本は太平洋戦争に敗れてしまった。秀吉の外征を勇ましく描き、国民を鼓舞する意味は、もはや失われてしまったのである。

その後、吉川英治は地方紙に『続太閤記』を発表するが、結局、小牧・長久手の戦いが終わった辺りまでで擱筆《かくひつ》し、実質的に未完に終わった。敗戦によって当初の構想が破綻《はたん》した以上、途中で終わらせるしかなかったのだろう。

戦後の秀吉小説

敗戦によって豊臣秀吉のイメージは覆った。中でも、朝鮮出兵への評価は一八〇度転換した。

文豪の志賀直哉《しがなおや》は終戦直後、「銅像」というエッセイを発表している（昭和二十年十一月二十七日脱稿、「改造」昭和二十一年一月号に掲載）。志賀は、幕末に欧米列国との外交を担当した幕臣の川路聖謨《かわじとしあきら》が「太閤様程の人でも、あれだけの犠牲を払いながら、掌《てのひら》程の土地も得ていないではないか」と言って、外国との衝突を避けたという逸話を引いている。続けて「われわれの子供らしい英雄崇拝は、秀吉が明まで攻略しようとした、その雄志を賛美し、多くの犠牲を払いながら遂に掌程の土地も得られなかった愚挙をこれまで愚挙として考えなかったのは何という変な事だろう。われわれは学校の歴史でそう教えられなかったのだ」と憤る。

さらに、志賀直哉は「われわれは秀吉の愚挙を漫然壮図と考えたのだから、西はインド、南はオーストラリアまで攻め寄せた戦争を、その結果を忘れて、自慢の種にする時が来ないとは言えない気がする。自慢の種にするだけなら差し支えないが、第二の東條英機《とうじょうひでき》に出られるような事は絶対に防がねばならぬ」と説く。その防止策として「今、われわれが彼に感じている卑小なる東條英機を如実に表現した銅像」を建て、後世に東條が英雄視されないようにすべきであると主張している。戦前日本の大陸進出の過程で豊臣秀吉は美化されていったので、その野望が潰《つい》えたならば、秀吉が落ちた偶像となるのは必然である。

かくして戦後の秀吉小説は、朝鮮出兵を否定的に描くようになる。川口松太郎《かわぐちまつたろう》が昭和二十九年（一九五四）から三十五年にかけて「週刊サンケイ」で連載した『俺は藤吉郎』（四七頁を参照）は、「朝鮮に関するかぎりは秀吉の目算が悉《ことごと》く違って、あれほど読みの深い彼が、第一回出征以後の五年間は浪費と無駄と痴夢に終始して晩年の大汚点を作り上げてしまった」と評す。川口は「後世の史家は秀吉を勤王大名に作り上げているが、それは明治以後の皇室御用学者の捏造《ねつぞう》で秀吉の本心とは関係ない。明の冊封《さくほう》が日本国王にするとある文句に激怒して朝鮮再征を企てたというのも作り事で秀吉は天皇にも国王にもなりたかったらしい」とも語っており、日本社会の価値観の急変を感じさせる。

山岡荘八《やまおかそうはち》が昭和三十五年から四十四年にかけて「小説倶楽部《くらぶ》」で連載した『異本太閤記』は、蜂須賀小六《はちすかころく》を南朝の忠臣の末裔《まつえい》に造形するなど、戦前の勤王史観を引きずっている。けれども、朝鮮出兵の失敗をはっきり認めている点は『俺は藤吉郎』と同じである。山岡は

「大明国相手の戦のつもりが、朝鮮相手の戦になった。そしてその朝鮮にも負けだした。大東亜戦争の、攻めるつもりが、いつの間にか攻防ところを変えていって、必死で防がねばならぬ戦に変わっていたのとよく似ている」と評している。

海音寺潮五郎《かいおんじちょうごろう》が昭和三十八年から四十一年にかけて「オール讀物《よみもの》」に連載した『新太閤記』も、やはり朝鮮出兵と太平洋戦争を重ね、豊臣秀吉の愚かさを痛烈に批判している。そして、豊臣秀頼の誕生を記したところで「ここから以後のことを叙述するのは、忍びないものがある。秀吉が古今をむなしくする大英雄であるだけに、一層そうだ。略述することを、ゆるしていただきたい」と述べる。

戦後の秀吉小説の難しさがここにある。今となっては朝鮮出兵を「壮図」と賛美することはできない。かといって、主人公である豊臣秀吉がただただ老醜をさらすだけでは、読者が共感できない。川口松太郎・山岡荘八は、衰えたりとはいえ、なお魅力を残した人物として秀吉を描くことに苦心している。海音寺潮五郎は右記の通り、晩年の秀吉を略述するに留《とど》めた。

これに対し、割り切って豊臣秀吉の天下取りの途中で筆を擱《お》いたのが、司馬遼太郎《しばりょうたろう》である。「小説新潮」で昭和四十一年から四十三年にかけて連載された『新史太閤記』は、秀吉が徳川家康を臣従させたところで終わっている。吉川英治の『新書太閤記』は、秀吉が家康を臣従させようと交渉をしている最中に、唐突に幕を閉じる。司馬は、おそらくは『新書太閤記』を参考に、実質的に秀吉の天下が確定した家康上洛を良い区切りとみなし、意識的にそこを大団円としたのだろう。

物語の終着点は似ているものの、司馬遼太郎の描く豊臣秀吉は、吉川英治のそれとは大きく異なる。『新史太閤記』では、のちに秀吉となる「小僧」は百姓になるのを嫌い、己の才覚でいくらでも銭を増やせる商人になろうとするが、やがて商人よりも武士の方が遥かに才覚の渡世であると知り、武士を目指す。秀吉は織田信長の家臣になってからも、その商人的気質を活《い》かして立身出世していく。司馬は、徳川家康の本質は「三河《みかわ》の百姓」であり、秀吉の本質は「尾張《おわり》の商人」であると評している。司馬によれば、秀吉の天下統一は、「太古以来の各国各郷各村による自給自足経済」を解体し、「日本中の経済を一つに」することを目的としていたという。

高度経済成長期の豊臣秀吉像は、ナポレオンに比肩する武人という戦前のそれとは対照的に、経済人の相貌《そうぼう》を色濃く帯びていった。そのイメージは、今も健在と言えよう。

秀吉は人たらしだったのか？

勤王家豊臣秀吉。大陸進出の英雄、豊臣秀吉。これらの豊臣秀吉像は、敗戦と共に雲散霧消した。残ったのは、江戸時代以来の「人たらし」の秀吉である。山路愛山は、秀吉は「一たび触接したる人に何とやらん離れがたき感情を起こさしめ生涯これを味方にする」ことができたと評し、秀吉の「英雄を引着する魔術」を賞賛する。この点では、織田信長は秀吉に遠く及ばないと論じる。

徳富蘇峰も「信長は、敵を退治するの道に通じた。秀吉は、敵を味方とするの道を解した。信長は人を畏服せしめた。秀吉は人を悦服せしめた」と説き、秀吉の人心掌握術を「催眠術」と評する。秀吉が裸一貫から天下を取れたのは、彼が「人間学の大博士」であったことに負うところが大きいと、蘇峰は示唆する。

こうした「人たらし」としての豊臣秀吉像は、戦後の秀吉作品（小説・映像作品など）にも引き継がれ、世間に広く定着した。だが実のところ、秀吉の「人たらし」エピソードのほとんどは後世の創作であり、本当に秀吉が人間的魅力にあふれた人物だったかは分からない。

まず、蜂須賀小六が野盗の親分という話は『甫庵太閤記』の創作である。そして矢矧《やはぎ》川の出逢《であ》いは『絵本太閤記』の創作である。当時の矢矧川には橋が架かっていなかったので、小六が少年時代の秀吉に橋のたもとで遭遇することはできない、と戦前に渡辺世祐（一五一頁を参照）が指摘している。したがって、幼少の日吉丸が、その才気によって一癖も二癖もある野盗の親玉を感服させたという事実もない。そもそも秀吉の勧誘で織田家に仕えたかも定かではない。

加えて、隠棲《いんせい》していた名軍師・竹中半兵衛《たけなかはんべえ》の屋敷を木下藤吉郎が訪れて出盧《しゅつろ》を乞うたという話も『絵本太閤記』の創作である。おそらく、『三国志』の三顧の礼を意識したものだろう。ちなみに『絵本太閤記』によれば、この時、半兵衛は藤吉郎に「信長へ降り計策を献ずるにあらず。汝を教導せん」と語ったというが、半兵衛が秀吉の家臣になったかどうかも疑わしい。現在の歴史学界では、半兵衛は織田信長の直臣になり、信長の命を受けて秀吉の与力になったと考えられている。

美濃斎藤《みのさいとう》氏の重臣である稲葉良通《いなばよしみち》（一鉄《いってつ》）・安藤守就《あんどうもりなり》・氏家直元《うじいえなおもと》の三人（美濃三人衆）を木下藤吉郎が調略したという話も、『絵本太閤記』の創作である。太田牛一《おおたぎゅういち》の『信長公記《しんちょうこうき》』は、三人衆の側から信長に臣従を申し入れたと記している。

徳富蘇峰は、「秀吉は直《ただ》ちに我が赤心を以《もっ》て、他の赤心に触れたのだ。かくのごとくして海千、山千、天下無双の食えぬ代物たる家康さえも、遂に随喜せざるを得なかった」と語る。徳川家康を籠絡《ろうらく》したというのは、臣従のために上洛した家康との秘密会談を指すのだろう。

家康の大坂城登城の前夜、家康が宿泊する豊臣秀長《ひでなが》邸に、前触れもなく豊臣秀吉が訪れ、両者は私的に会見した。この時、秀吉は「明日の会見では、なるべく慇懃《いんぎん》に礼儀をなしてほしい。あなたが私を敬ってくれれば、諸大名も私に心服するだろう」と頼み、家康は了承したという。蘇峰は「かくまで思い切って、打ち明け話を持ちかけられては、流石《さすが》の家康も、首を横にふるわけには参るまい」と、その「人たらし」の見事さを讃えている。司馬遼太郎の『新史太閤記』も、前夜の密会と当日の謁見で掉尾《ちょうび》を飾っている。

正式な会見の前夜に豊臣秀吉が徳川家康を訪問したことは事実だが（『家忠日記《いえただにっき》』、二五五頁を参照）、両者の密談の内容など、第三者に分かるはずもない。翌日の謁見の打ち合せを行ったという挿話は、江戸初期に成立した『三河後風土記』（徳川家康とその家臣団の事跡を記した歴史書）に見える。この話はもともと、秀吉が家康に一目置いていた、特別扱いしていた、と喧伝《けんでん》するために創作されたものと思われる。しかし近代になると、「奥もなく底もなく赤裸々の心事を打ち明け、いやの成らぬ様にする」（山路愛山）といった、秀吉の人心収攬《しゅうらん》術を示す逸話として読み替えられていった。

現実の豊臣秀吉が人情の機微に通じていたことを示す、確たる史料はない。叩《たた》き上げの人間が弱者に冷淡であることは珍しくない。江戸時代、秀吉が「庶民のヒーロー」として美化される過程で、様々な伝説が作られたにすぎないのだ。秀吉は織田家臣時代の中国攻めで別《べっ》所長治《しょながはる》・小寺政職《こでらまさもと》らの離反を招いており、むしろ人望が薄かった可能性すらある。

豊臣秀吉が真心をぶつけることによって敵を味方にしたという事例は、信頼できる史料によって裏付けられない。頼山陽が『日本外史』で喝破したように、秀吉の調略は基本的に利益で釣るものであった。日本統一によって武士たちに新たに与える土地がなくなり、新領土獲得のために外征したという江戸時代以来の古典的見解は、あながち外れていないのではないか。

山田風太郎《やまだふうたろう》の怪作『妖説太閤記』（一九六七年）は、「人たらし」の明るい豊臣秀吉像を反転させ、サイコパス的な秀吉像を提示している。秀吉の人当たりの良さは全て計算された演技であるという解釈をとり、己の欲望のために権謀術数を駆使する様が描かれる。山田風太郎は、晩年に耄碌して醜悪になったという通俗的なイメージを拒否し、元から邪悪だったという『徳川実紀』的な設定を用いたのである。さすがに筆者は、明智光秀の謀反を秀吉が仕組んだとは思わないが、案外、秀吉の実像を捉えているかもしれない。

第五章　石田三成――君側の奸だったのか？

第一節　近世の石田三成像

江戸時代は「奸臣」イメージ

現在の石田三成《いしだみつなり》像は、相反する二つのイメージによって引き裂かれている。すなわち、「君側の奸《かん》」と「豊臣家の忠臣」である。後者の忠臣像を広く世間に流布させたのは、司馬《しば》遼太郎《りょうたろう》の小説『関ケ原《せきがはら》』である、と考えている人は多いだろう。

では、司馬遼太郎が初めて石田三成を忠義の人として描いたのかというと、実はそうではない。三成の忠臣像は、江戸時代から少しずつ形成されてきた。

とはいえ、江戸時代の石田三成評価の基調は「奸臣」であった。豊臣秀吉の威光を笠《かさ》に着て横暴に振る舞った悪人、というイメージだ。これは当然のことである。江戸幕府の創設者は徳川家康であり、三成は家康の天下取りを阻止しようとした人物だから、家康が正義で三成は悪という評価にならざるを得ない。

石田三成の奸臣イメージを初めて世に広めたのは、本書でおなじみ、『甫庵太閤記』（一六二六年成立、一七・一二三頁を参照）である。『甫庵太閤記』は、文禄《ぶんろく》の役《えき》（豊臣秀吉の最初の朝鮮出兵）における黒田官兵衛《くろだかんべえ》（如水《じょすい》）・浅野長吉《あさのながよし》（長政《ながまさ》）と三成との確執を描く。文禄二年（一五九三）、黒田と浅野が囲碁に熱中して石田三成・増田長盛《ましたながもり》・大谷吉継《おおたによしつぐ》にまともに応対しなかったため、これを恨んだ三成らが秀吉に讒言《ざんげん》したという。

加えて『甫庵太閤記』は、文禄四年の豊臣秀次《ひでつぐ》事件の原因も石田三成の讒言に求める。同事件に対する現代のイメージは、豊臣秀頼《ひでより》誕生により、秀吉が実子秀頼に天下を譲るために秀次へ謀反の罪を着せた、といったものだろう。しかし『甫庵太閤記』は、「秀次公在世し給わば、増田・石田の身の上あしかりなんと遠慮し、いよいよ讒言止む期なし」と記す。秀次を排除するために増田長盛・石田三成が秀次の悪行をあることないこと秀吉に吹き込んだというのだ。

少し時代が下って、軍学者の山鹿素行《やまがそこう》が記した歴史書『武家事紀』（一六七三年、五〇・一三二頁を参照）は、石田三成の評伝を次のように記す。「口才弁佞《べんねい》にして時宜に通ず……（中略）……天下の大小事を口入し、五奉行の一員たり。朝鮮在陣中、加藤清正《かとうきよまさ》及び嘉明《よしあき》、黒田長政《ながまさ》、浅野幸長《よしなが》等と大いに不和なり。かつまた折々譖詐《しんさ》をかまう」と。やはり、秀吉に告げ口をして他人を陥れる人物という理解である。

「奸臣」イメージの確立

石田三成の奸臣イメージを確立させたのが『武徳大成記』（二五三頁を参照）である。同書は幕府の命を受けて林鳳岡《はやしほうこう》（信篤。羅山の孫）・木下順庵《きのしたじゅんあん》らが編纂《へんさん》した歴史書で、貞享《じょうきょう》三年（一六八六）に完成した。松平《まつだいら》氏の由緒から徳川家康の天下統一までを記す。幕府公式の歴史観を示す同書は、言うまでもなく家康による天下簒奪《さんだつ》を正当化する性格を持つ。現在の通説では、それこそ司馬遼太郎の『関ケ原』がそうであるように、関ヶ原合戦に至るまでの政治過程において家康が様々な陰謀を企て、権力闘争を仕掛けたと考えられている。しかし『武徳大成記』はそうは書けないので、石田三成が加害者で、徳川家康は被害者であるという図式を提示する。

まず、『武徳大成記』は、石田三成と増田長盛の謀略を描く。彼らは次のように考えた。五大老の両巨頭である徳川家康と前田《まえだ》利家《としいえ》が手を組んで政治を行うことになれば、三成らは彼らの下でこき使われるだけである。三成らが権力を握るには、家康と利家を仲違いさせなくてはならない。そこで「石田・増田頻《しき》りに姦計《かんけい》を構えて、神君と利家と不和の謀《はかりごと》をな

落合（歌川）芳幾「太平記英勇伝　岸田光成」太田記念美術館蔵
石田三成の名前を「岸田光成」と変えている。

し」たという。

拙著『陰謀の日本中世史』で指摘したように、徳川家康と前田利家の不和の原因は、家康の私婚問題にある。生前の豊臣秀吉は諸大名に対し、豊臣政権の許可なく婚姻関係を結ぶこと（政略結婚）を禁止していた。ところが秀吉が亡くなると、徳川家康は蜂須賀《はちすか》家政《いえまさ》・黒田長政・加藤清正・伊達政宗・福島正則《ふくしままさのり》らと婚姻関係を結んでいった。これは私党形成の動きであり、家康に野心ありとみなした前田利家や石田三成らは家康を強く非難した。ところが『武徳大成記』は、家康私婚問題に触れるものの、不和の根本要因は三成の離間策であると説き、家康の行動を正当化している。

周知のように、石田三成は、前田利家の死の直後に発生した七将襲撃事件によって失脚する。だが『武徳大成記』によれば、その後も三成は陰謀をめぐらす。「三成、姦才ありて邪《じゃ》智《ち》多し。佐和山《さわやま》に蟄居《ちっきょ》してより以来、密《ひそか》に国家を覆さん事を謀り、増田・長束《なつか》をして前田利《とし》長《なが》・浅野長政を神君に譏す」というのである。これは、俗に言う「加賀《かが》征伐」を指す。増田長盛・長束正家《まさいえ》が前田利長・浅野長政らによる徳川家康暗殺計画の噂《うわさ》を通報したのだ。これを聞いた家康は加賀にいる前田利長を討つべく、動員令を発したという。利長は母芳春院《ほうしゅんいん》を江戸へ人質として送り、家康に屈服した。

この「加賀征伐」は一次史料によって裏付けることができず、近年、歴史学者の大西泰正《おおにしやすまさ》氏が、軍事動員の事実はなかったという新説を唱えている。だが、その大西氏も、徳川・前田両氏が緊張関係にあったこと、芳春院の江戸下向によって和睦《わぼく》したことは認めている。家康が自ら密《ひそ》かに噂を流したかどうかはともかく、家康が自身の権勢拡大のために、この噂を最大限に利用したことは明白である。

前田利長謀反の噂は徳川家康を利した。したがって、石田三成が増田長盛・長束正家を動かして前田利長を陥れるはずがない。『武徳大成記』は、利長に謀反の罪を着せた（おそらく冤罪《えんざい》）責任を三成に転嫁したのである。

さらに、『武徳大成記』は大谷吉継の諫《いさ》めをきかず、無謀な挙兵に踏み切る石田三成を批判的に描写している。同書で吉継は、七将襲撃事件で家康に命を救われた恩を忘れるべきではない、と諫めている。要は吉継の口を借りて三成を忘恩の徒と非難しているのだ。

なお、『武徳大成記』と同時期に成立した福岡藩黒田家の歴史書『黒田家譜』も、石田三成が「罪なき内府《だいふ》公（家康）をほろぼし奉らんとて、天下を乱したる」と批判する。三成の讒言によって黒田官兵衛が窮地に陥った逸話も収録している。

「奸臣」イメージの肥大化

石田三成を主人公とした近世軍記でも、やはり三成は悪役であった。天和《てんな》三年（一六八三）頃に成立した『石田治部少輔《じぶのしょう》三成記』はそこまで悪し様に描いていないが、元禄《げんろく》十一年（一六九八）成立の『石田軍記』は大悪人として描く。

『石田軍記』は「石田治部少輔三成、密にして遠き慮《おもんぱかり》を、秀吉公の他界の後に廻《めぐ》らして、天下を奪わんと謀りけるは、冷《すさま》じくぞ聞えける。ここに以後の大病となるべき者は、関白秀次公と、東君内府公とに帰せり。何卒《なにとぞ》して二公を失い奉りて、事を遂げんとのみ日夜巧みける。文禄四年乙未《きのとひつじ》の春の頃より方便《てだて》を作《な》して、秀次公謀反の街談をば流して、児女に謡わしむ」と叙述する。つまり、石田三成は豊臣秀吉死後に天下を取るという野心を持っており、その障害となる豊臣秀次に謀反の疑いをかけて排除したというのである。

　そして首尾良く秀次を葬ると、石田三成はさらに家康排除の陰謀を思案する。三成は上杉《うえすぎ》景勝《かげかつ》側近の直江《なおえ》兼続《かねつぐ》と接触し、秀吉死後の天下取りの計画を話し合う。二人は上杉景勝と徳川家康を争わせて漁夫の利を得ることを画策し、その下準備として家康寄りの蒲生《がもう》氏郷《うじさと》を毒殺した。そして三成は氏郷死後、旧蒲生領の会津《あいづ》に上杉景勝を入国させた。

　豊臣秀吉が亡くなると、直江兼続は主君上杉景勝に城普請を勧め、徳川家康の会津征伐を誘発した。家康出陣の隙を突いて石田三成が挙兵するという流れである。『石田軍記』は家康私婚問題や七将襲撃事件に全く言及せず、石田三成の陰謀を強調している。関ヶ原合戦が起こったのは、全て三成のせいだと言いたいのだろう。

近江《おうみ》佐和山二〇万石を領するにすぎない石田三成が天下をうかがうなど、非現実的である。蒲生氏郷の暗殺に至っては荒唐無稽《むけい》と言う他ない。だが、正徳《しょうとく》年間（一七一一～一六）に成立したとされる『氏郷記』も、三成の讒言に基づき豊臣秀吉が蒲生氏郷を毒殺したと記している。

備前《びぜん》岡山藩主池田《いけだ》氏に仕えた徂徠《そらい》学派の儒学者・湯浅常山《ゆあさじょうざん》が記した逸話集『常山紀談』（一七三九年に原型成立、一七七〇年完成）も、豊臣秀次事件の黒幕は石田三成であるという逸話や、三成が直江兼続と共謀して蒲生氏郷を毒殺したという話を載せる。さらに同書は、三成の決断力のなさを島左近《しまさこん》（清興《きよおき》）が嘆いた、関ヶ原の戦い前夜に家康本陣に夜襲をかけるという宇喜多秀家《うきたひでいえ》の提案を三成が却下したなどの逸話も収録し、三成の戦下手を強調している。

三成に好意的な逸話も

もっとも、石田三成に好意的な逸話が存在しなかったわけではない。最近、関ヶ原軍記の嚆矢濫觴《こうしらんしょう》として注目を集めている『慶長軍記《けいちょう》』を見てみよう。同書は軍学者の植木悦《うえきえつ》が著したもので、寛文《かんぶん》三年（一六六三）の自序を持つ。豊臣秀吉の死から戦後処理まで全てを叙述し、しかも関ヶ原合戦の前後に日本全国で行われた東軍と西軍の主要な合戦を網羅している。

この『慶長軍記』も基本的には石田三成を批判している。三成は、秀吉存命中は主君の寵《ちょう》愛《あい》をいいことに権勢をふるい、秀吉死後は徳川家康と前田利家との離間を謀った。大谷吉継の諫めもきかず、挙兵を決断する。関ヶ原合戦の前日、赤坂《あかさか》の家康本陣を夜襲しようと島津《しまづ》義弘《よしひろ》が献策したのに、三成は「明日の勝利は疑いないので夜討ちは必要ない」と一蹴《いっしゅう》し、諸将は「まことに愚将なるかな」と呆《あき》れる。

しかも、小早川秀秋《こばやかわひであき》が東軍に寝返るという情報を得ても、石田三成は「徳川家康が流した偽情報だ」と否定し、秀秋が誓詞を提出すると、あっさり信じてしまう。このように、『慶長軍記』は様々な挿話を通じて、三成が大将の器でないことを印象づけている。

だが、敗北後の石田三成に対しては、『慶長軍記』は意外に好意的である。同書によれば、関ヶ原合戦に敗れた三成は、母の実家がある近江国古橋村《ふるはし》（現在の滋賀県長浜市木之本町古橋《ながはまきのもとちょう》）に逃れ、与次郎《よじろう》なる男に匿《かくま》われたという。けれども東軍の捜索が近辺にまで及び、もはや逃れられないと観念した石田三成は、自分を差し出すよう与次郎を説得する。自分を匿ったと発覚したら、与次郎のみならず親類縁者にも累が及ぶからである。このように、『慶長軍記』は三成を、百姓の身を案ずる優しい人物、死を恐れない勇ましい人物として造形している。

捕らえられた石田三成は大坂に護送された。福島正則・池田輝政《てるまさ》・浅野幸長・細川忠興《ほそかわただおき》・

藤堂高虎《とうどうたかとら》ら東軍諸将は、「利口で知られた三成が何とみっともない。縄目の恥辱を受けるよりは関ヶ原で潔く戦死すべきだった」と嘲笑《あざわら》った。これに対して三成は、死に急ぐのは匹夫の勇であり、大将たる者は命を粗末にせず再起を期すべきだと説く。『慶長軍記』は、死を前にしても堂々と持論を述べる三成を魅力的に描いている。最後まで勝利を諦《あきら》めない三成像は、『関ケ原合戦誌記』（一六八七年）・『関原軍記大成』（一七一三年）などに踏襲されていく。

国文学者の井上泰至《いのうえやすし》氏は、『石田軍記』など刊行された軍記は石田三成を「奸臣」としてのみ描くが、『慶長軍記』など未刊行（写本のみ）の軍記では三成の美徳に触れていると指摘している。江戸幕府による検閲という要素に注目した重要な指摘である。

逸話集でも、石田三成に好意的な挿話は散見される。処刑直前、三成が白湯《さゆ》を所望したところ、白湯がないので干し柿を勧められたが、「痰《たん》の毒」であると断った話は良く知られていよう（『茗話記《めいわき》』『続明良洪範《めいりょうこうはん》』）。これまた、大志を抱く者は人生の最後まで命を大事にすべし、という信念を持った三成を賞賛する逸話である。

儒学者の熊沢淡庵《くまざわたんあん》が正徳六年（一七一六）に刊行した『武将感状記』（五八・五九頁を参照）には、有名な「三杯の茶」の逸話が載っている。歴史学者の中野等《なかのひとし》氏は「三成の出自を寺の童子として貶《おとし》めたものとも見なしうるし、また、如才なさを武器に主君に取り入って、成り上がっていく鼻持ちならない人物とも評しうる」と解釈する。けれども、史料を素直に読んで、三成の才気を称賛する逸話とみなして良いのではないだろうか。

逸話集『備前老人物語』には、退出する時に塵《ちり》を見つけて拾った小姓を織田信長が褒めるという話が見える。また、信長が切った爪を集めた小姓が「爪が一つ足りないようです」と言い、信長が袖《そで》を払うと切った爪が一つ落ちたので、感心して褒美を与えたという話も載っている。また各種『太閤記』は、豊臣秀吉が機転の良さによって信長にかわいがられ、卑賤《ひせん》の身から立身出世していく様を肯定的に描いている。このように、主君のために細かいことにまで気を払うことは、武士にとって重要な心構えである、と平和な江戸時代には考えられていた。「三杯の茶」も、三成の気配りを評価する逸話と考えられよう。

前掲の『常山紀談』にも、石田三成を賞賛する逸話が見える。同書は、三成が豊臣秀吉から近江水口《みなくち》四万石を賜った際、半分の二万石を割いて名将島左近を招いた逸話を載せている。加えて、捕らえられた三成が徳川家康の前に引き出され、「こうなったのも天運。早々に首を刎《は》ねられよ」と言うと、家康は「さすがに大将の器量なりける」と、その潔さに感服したという逸話も収録されている。

石田三成「忠臣」論の登場

以上で紹介した諸書は、石田三成が「奸臣」であることを前提として、三成の美点を挙げている。けれども次第に、三成を「忠臣」と評価する言説も現れてくる。

第一章・第三章で紹介した水戸光圀の言行録『西山遺事《せいざんいじ》』（一七〇一年、一四・八七頁を参照）には、「石田治部少輔三成は、にくからざるものなり。人おのおの其主《そのしゅ》の為にすという義にて、心をたて事を行う者、敵なりとも、にくむべからず。君臣ともに心得べき事なり」とある。石田三成は徳川家康に敵対したが、それは主家である豊臣家を思っての行動なので、憎むべきではないというのだ。

宝暦《ほうれき》三年（一七五三）に成立した『国事昌披《しょうひ》問答』も興味深い。この本は、邑巷軒蒙鳩子《ゆうこうけんもうきゅうし》（丹羽《にわ》四郎左衛門《しろうざえもん》）という人物が加賀藩に関する故事逸話などを問答形式で記したものである。問答の一つに、石田三成の評価がある。捕らえられた三成が徳川家康の前に引き出されても堂々たる態度をとり、家康が「良将なり」と感心したという逸話を引き（『常山紀談』などを参照したか）、「太閤恩下の諸将数多の中に、一人棟梁として大軍を興す事、もっとも忠士というべきか」と問う。「答えて云わく、是なり」とする。豊臣秀吉の恩を忘れず打倒家康の大軍を起こした三成は忠義の士である、という評価である。

続いて『尾州《びしゅう》贈答』も注目される。同書は、尾張《おわり》藩の軍学者である近松茂矩《ちかまつしげのり》が遠隔地の軍学者とやりとりした往復書簡集である。その中に、安永《あんえい》二年（一七七三）十月に浜田市之進《いちのしん》に宛てた書簡が含まれている。同書簡によると、茂矩は関ヶ原軍記を執筆していたが、石田三成を「逆臣」ではなく「忠臣」と記したため、あちこちから批判されたという。これに対して茂矩は、「ただし、是も私一人の了簡のみならず候。水戸西山公の遊ばされ候御書の内に、忠臣三成と御書き遊ばされ候」と反論している。三成忠臣論は自分だけの見解ではなく、水戸光圀も述べている、というのだ。茂矩は「三成を忠臣と申すは恐れながら西山公と私一人と自負仕り候」と、自身の慧眼《けいがん》を誇っている。もっとも、逆に言えば三成忠臣論者は江戸時代には少数派だったことになる。

石田三成「好敵手」論

さらに、石田三成は愚将ではなく名将であるという意見も登場した。関ヶ原合戦から五代将軍徳川綱吉《つなよし》の治世までに断絶した武家の歴史を記した『古今武家盛衰記』(一八世紀に成立か)は、巻一に「石田治部少輔三成」を配す。巻一の巻末には、三成の処刑を見物した人々が語り合った体裁をとって三成評が載せられている。そのうちの一人は「武士たらん者は、石田殿を守護神とも仰ぐべし。その故は、太閤薨御《こうぎょ》後、天下は内府公とは、犬打童も察識す。いわんや国々の諸侯、背くべき人なき中に、この時わずかに佐和山の一城主として、諸侯を語らい合せ、大乱を興す。不運にして本懐を達せざるは天なり」と三成を称賛している。

豊臣秀吉死後、次の天下人は徳川家康であると、誰もが思っていた。諸大名がみな家康に服従する中、佐和山城主にすぎない石田三成が敢然と立ち上がって打倒家康の旗を掲げたのはあっぱれであり、負けたのは不運にすぎない、というのだ。神君家康に立ち向かった勇気を評価しているのである。

三成賛美がより甚だしいのは、堀麦水《ほりばくすい》の『慶長中外伝《けいちょうちゅうがいでん》』である。同書は、金沢の俳人である著者が宝暦年間（一七五一～六四）に慶長年間の合戦を叙述した実録である。幕府の検閲を恐れてか刊行されず、写本の形でしか流通しなかったようである。

同書の初編巻一には「発言慶長三傑」という章段がある。忘湖《ぼうこ》先生（麦水が設定した架空の人物）が戦国時代の英雄を論じる時に、「慶長の三傑」という言葉を盛んに用いたそうだ。聞き慣れない言葉なので、ある人が「三傑とは誰か」と尋ねると、豊臣秀吉・徳川家康・石田三成だと答えたという。三成は秀吉・家康と並ぶ英雄だと主張しているわけだから、大絶賛である。

忘湖先生、つまり堀麦水によると、当時は前田利家・島津義弘・毛利輝元《もうりてるもと》・上杉景勝・蒲生氏郷・黒田長政などの勇将がいたが、石田三成は彼らより頭一つ抜けていたという。しかし三成は、天に選ばれた秀吉・家康と異なり、己の才覚のみを頼りにのし上がったので、滅びてしまったと説く。

堀麦水は言う。豊臣秀吉があと五年長く生きられれば、石田三成が内約の通り、九州二国の探題になっていただろう（越前《えちぜん》に転封《てんぽう》となった小早川秀秋の旧領である筑前《ちくぜん》・筑後《ちくご》を三成に与える計画を指す）。そうなれば三成の権威は上昇し、秀吉の死後は秀頼後見人の一人として豊臣家の天下を盤石なものにできただろう。そうならずに徳川の天下となったのは、天運によるものである、と。

さらに、佐和山二〇万石の石田三成が三〇〇万石以上（実際には二五〇万石ほど）を領する徳川家康と対戦し、あと一歩で勝つところまで行ったことを『慶長中外伝』は称賛する。すなわち、徳川家康を向こうに回して堂々と戦った石田三成を〝好敵手〟として評価しているのである。

刊行されない本とはいえ、江戸時代にここまで石田三成を褒め称《たた》えて大丈夫なのか。そう心配される方もいるかもしれないが、ご安心あれ。堀麦水はちゃんと逃げ道を用意している。『慶長中外伝』は「この敵手たるもの小人にして、天下の諸侯、是に何者か属せんや。三成を強いていやしめば、かえって徳川家の武を汚す大罪なるべし」と主張する。石田三成が小人物だったら、諸大名が彼に味方するはずがない。徳川家康の好敵手であった三成をいたずらに誹謗《ひぼう》することは、かえって家康を貶めることになる、というのである。

もっとも、この種の石田三成賛美は、やはり江戸時代においては例外に属する。徳山《とくやま》藩出身の国学者である飯田《いいだ》忠彦《ただひこ》は著作『野史』の列伝で、三成を「姦臣」と批判している（ちなみに、主君を殺した明智光秀《あけちみつひで》は「逆臣」である）。飯田忠彦は安政《あんせい》の大獄に連座して拘禁された人物で、決して徳川寄りではない。そんな彼も三成を「姦臣」とみなしたのだから、三成の評判がいかに悪かったかが分かる。

第二節　明治・大正期の石田三成像

「徳川史観」からの脱却

石田三成への評価は、明治維新によって一変する。江戸幕府が滅びたことで、徳川家康に刃向かった三成を公然と称賛することができるようになったのである。

明治二十三年（一八九〇）、「史学会雑誌」第二号に小倉秀貫《おぐらひでつら》の論考「関原始末　石田三成事績考」が掲載された。当時、明治政府は『六国史』に続く正史を編纂すべく、帝国大学（現在の東京大学）に臨時編年史編纂掛を設置していた。小倉は同編纂掛の編纂員の一人だった。

小倉秀貫は、これまでの石田三成論は三成の欠点ばかりを言挙げし、美点を無視しているので公平でない、と批判する。小倉は「名望権威の赫灼《かくしゃく》たる家康に向って大事を企て、日本半国の諸侯を糾合して兵を起せしは、決して凡庸の徒にあらず」と説く。家康と互角に渡り合った三成が小人物であるはずはない、という〝好敵手〟論である。

にもかかわらず、諸書が石田三成の悪いところばかりを取り上げたのは、それらの書が「徳川時代に著撰《ちょせん》せしもの」だからだと小倉秀貫は指摘する。また、江戸時代の諸書は豊臣秀次・蒲生氏郷・加藤清正らを三成が讒言したと記すが、同時代史料からは確認できないため、後世の創作であると論じている。近代的な実証史学によって「徳川史観」が批判され、三成の名誉回復が図られたのだ。

明治二十六年に参謀本部によって刊行された『日本戦史　関原役』も重要である。石田三成と加藤清正・福島正則・浅野幸長らとの衝突は、行政事務に長じ淀殿《よどどの》に接近した三成ら奉行衆と、北政所《きたのまんどころ》と親しい清正ら「勲旧諸将」との党派対立に起因すると説いている。佞臣《ねいしん》の三成が諸将を讒言したから軋轢《あつれき》が生じたといった江戸時代の勧善懲悪史観を排し、豊臣政権内部の権力闘争の帰結として関ヶ原合戦を捉《とら》えたのである。現在でも良く用いられる「武断派」と「文治派」、北政所派と淀殿派という対立構図の原点は同書にある（ただし、後者の女の争いについては既に『絵本太閤記』に見られる）。ちなみに、北政所と淀殿の確執という通説は近年の研究では否定されている。

明治三十三年には、関ヶ原合戦三〇〇周年を記念して関ヶ原で戦没者を供養する法要が営まれた。この時に石田三成の肖像画が祭壇に掲げられた。現在、彦根《ひこね》市の龍潭寺《りょうたんじ》が所蔵する同肖像画は通常非公開だが、写真などを見たことがある人は多いのではないか。頭巾《ずきん》をかぶっている肖像画である。その端整な顔立ちは「奸臣」とは程遠く、「忠臣」イメージを具現化したものに思える。

明治三十五年には水主増吉《すいしゅますきち》が『千古之冤魂《せんこのえんこん》　石田三成及其時代之形勢』を発表する。序文によると、友人の小泉策太郎《こいずみさくたろう》（明智光秀の伝記を書いた政治家、三二頁を参照）から、「三成は千古の奸漢、当代の俊髦《しゅんぼう》」であるにもかかわらず長く世間から誤解されてきたので三成の伝記を書くべきだ、と勧められたのが執筆の動機だという。同書は、「奸臣」と誤解されてきた石田三成を「忠臣」として再評価している。加えて「十万の大軍を引率して、千古の大傑物たる家康に対抗し、古来未曾有の大活劇を演じたる」ようなことを佞臣・小人にできるはずがないと論じており、〝好敵手〟論の影響も見られる。

さて、本書ではおなじみであるが、明治四十年に言論雑誌「日本及日本人」四七一号が「余の好める及び好まざる史的人物」という特集を組み、アンケート調査をしている（一四二頁を参照）。石田三成は「好める」で七票、「好まざる」で二票を獲得しており、江戸時代と比べると評価が逆転している。

好む理由としては、「天下の諸侯を連衡して、鹿を中原に争う。事の破れたるは戦の罪にあらず」（前田曙山《まえだしょざん》）、「乾坤一擲《けんこんいってき》の壮挙を演じて、いささか故主の知遇に酬《むく》う。好漢愛すべし」（笹川種郎《ささかわたねお》）、「彼が当代無双の家康に対して天下を争うの謀主たる、その智その勇甚だ面白し」（久津見蕨村《くつみけっそん》）など、圧倒的な強者である家康に真っ向勝負を挑んだ勇気、構想の壮大さを挙げる者が多い。「末路最も英雄の心事を見る」（花井卓蔵《はないたくぞう》）のように潔い最期を賞賛する者、「三成が果たして天下を統治するの器量ありしや否やは疑問なれども、憎しと思う家康に喧嘩《けんか》を吹きかけたところ、何とも痛快である」（香川魁菴《かがわかいあん》）と判官贔屓《ほうがんびいき》的に応援する者もいる。嫌いな理由としては、主家である豊臣家を結果的に窮地に陥れたこと（三島中《みしまちゅう》洲《しゅう》）が挙げられている。

第二章で引いた、明治四十四年刊行の近藤羗村・物集梧水編『東西修養逸話』（六四頁を参照）に、石田三成も登場する。「関ヶ原の戦は日本開闢《かいびゃく》以来唯一なる天下分目の争いなり。石田三成たとい失敗したりとはいえ、大賭博《おおばくち》に乗るか反るかの二つに一つ、思うだに男子一生の面目にあらずや」と賞賛し、敗れてなお誇りを失わず堂々と死を迎えた様を活写している。

渡辺世祐と山路愛山の石田三成論

少し時を戻して、明治四十年（一九〇七）に刊行された『稿本　石田三成』を見てみよう。三井《みつい》四天王の一人である実業家の朝吹英二《あさぶきえいじ》は、江戸時代に不当に貶められた石田三成の復権のため、石田三成伝の刊行を計画した。朝吹は当初、東京帝国大学文科大学教授の三上参次《みかみさんじ》（二六五頁を参照）に三成伝の執筆を依頼したようだが、三上は多忙だったのか、序文のみを執筆した（本編の校閲も行っている）。本編を執筆したのは、同大学講師の渡辺世祐《わたなべよすけ》（一五一・一六二頁を参照）である。ただ短期間の編纂だったため、渡辺は書名に「稿本」と冠し、未定稿とした。

同書の特徴として、同時代史料によって江戸時代の俗書の記述を否定する実証的態度が挙げられる。渡辺世祐は、豊臣秀次事件が石田三成の讒言に端を発するという記述は『伊達貞《てい》山《ざん》公治家記録』や『武家事紀』など江戸時代の史料のみに見え、同時代史料からは確認できないことを指摘する。そして、秀次を排除したい豊臣秀吉の意向を受けて三成が秀次の乱行を報告したことはあるかもしれないが、三成が主体的・積極的に陥れたわけではないと説いている。蒲生氏郷を毒殺したという俗説についても、氏郷の病気を診断した医師である曲直《ま》瀬《な》《せ》玄朔《げんさく》の手記『医学天正記』の記述から「毒殺にあらざる事実、明白なるべし」と否定している。直江兼続との事前提携説に対しても批判を加えている。

加えて同書は、三成が秀吉存命中から天下取りの野望を持っていたという江戸時代の俗説に対し、三成ほどの智謀の士がそのような現実的でない野心を持つはずがないと一蹴している。三成は「家康を除かざれば、豊臣氏安穏なること能《あた》わず」と考えたにすぎないと結論づけた。

渡辺世祐は石田三成の忠義を称賛する。「三成は佐和山にありと雖《いえど》も、家康を除き、秀頼を擁護し、太閤の遺命を完《まっと》うせんとの念は瞬時も忘れざりき。是において、苦心惨憺《さんたん》、画策縦横、同志を糾合し家康と雌雄を一戦に決せんとし、有史以来の大戦闘なる関ヶ原の戦は、かくて開かれたるなり」と記す。三成は「武士道を全う」した忠臣であり、「これ（三成）を奸物と呼び、佞人と唱えしめたるは、全く徳川氏が自家防衛の政略と、天下の衆愚、また、これに和したるとによるなり」と、徳川家康の天下簒奪を正当化するために江戸幕府が石田三成に奸臣の汚名を着せたことを強調する。

渡辺世祐の主張は、現在の歴史学から見ても概《おおむ》ね首肯し得るものである。しかし、「三杯の茶」や干し柿を「痰の毒」として断った話など、石田三成に好意的な逸話はそのまま採用している。三成に否定的な逸話は後世の創作として排除しているのに、好意的な逸話は創作の可能性があっても採用している点は、バランスを欠くと言わざるを得ない。三成の名誉回復を目的とした本なので、実証的な態度を貫けなかったのだろう。

ただし、同書は石田三成賛美一辺倒ではない。己の才能を恃《たの》むあまり尊大で他人に対して峻厳《しゅんげん》であるため、敵を作りやすかったという三成の欠点も指摘している。

続いて、たびたび紹介してきた山路愛山《やまじあいざん》の『豊太閤』（一九〇九年、三四・三五・一四三頁を参照）も確認する。愛山も基本的に石田三成に好意的だが、明治になってからの三成絶賛には違和感を持っていたようだ。「人間には判官びいきという弱点あり」と述べ、「石田なども徳川時代にこそうかと褒めたらば謀反人の卵ぐらいに睨《にら》まれようもしれぬゆえ、物の道理の分かる人も世間のいうままに小人奸物で通したるものの、今日はその反動の必ず来たるべき時代なれば、当節の石田にとっては割のよすぎるものなるやもしれずと我等などは恐るるくらいなり」と注意を喚起している。こうした態度は、愛山が徳川家康を極めて高く評価していたことに起因する（第七章で詳述）。

　山路愛山は、石田三成に対する残忍、陰険との評言に対し、「清廉潔白だった」と反論するのではなく、「残忍、陰険はその頃の人情なり」と擁護する。明智光秀に対してもそうだったが（三五頁を参照）、愛山は謀略渦巻く戦国乱世を生きた人物を儒教的倫理観で断罪することに否定的である。蒲生氏郷の毒殺は虚伝だろうが、氏郷死後に蒲生家を転封し、会津に上杉景勝を移したのは三成の仕業である、と愛山は見る。しかし、それは「徳川家の羽翼を殺《そ》ぎて、その異心の発生を抑えんがため」だという。

　また、秀次事件の黒幕も石田三成であると説く。だが「関白秀次を殺したるは、秀頼の生まれたる以上は、豊臣家二流に分かれては天下の統一を保ち難しとしたるがためなり」と擁護する。三成は確かに陰謀家であったが、そうした策謀を用いた目的は「事権を太閤に集中して天下の泰平を期せんとするに非《あら》ざるはなく、これ皆豊臣家の利益にして石田の一身にとりては直ちに利害の及ぶものに非ず」というのだ。

とはいえ山路愛山は、石田三成挙兵の動機が豊臣家への忠義だけとは考えていない。徳川家を滅ぼして天下を差配したいという野心もあったと推測する。この点で愛山は、渡辺世祐よりも客観的に三成を評価していると言えよう。

三上参次と福本日南の石田三成論

先述の通り、『稿本　石田三成』には歴史学者の三上参次が序文を寄せている。三上は、石田三成への高評価が徳川家康への低評価につながってはならないと警鐘を鳴らす。「三成を賞揚すると同時に、これに対して優勝者の地位にある家康は、その声価依然として高きを見るべし」と説く。

加えて、三成は徳川家康の挑発に乗って「未曾有の大戦」を起こし、結果として家康の天下取りに貢献してしまったと指摘している。三上によれば、石田三成と大野《おおの》治長《はるなが》（豊臣秀頼の側近で大坂の陣の総大将、二一三・二六〇頁を参照）は結果的に「共に豊臣氏を亡ぼしたる者」だという。その後に三成の忠義を「武士道の精髄」と賞賛しているが、最後は命を惜しんだと指摘している。

この評価に猛然と反論したのが、「九州日報」の主筆兼社長として活躍していたジャーナリスト・史論家の福本日南《ふくもとにちなん》であった。『稿本　石田三成』刊行の翌年である明治四十一年（一九〇八）の三月、日南は「九州日報」に三日間にわたって「石田三成」という論考を発表した（後に福本日南の著作『直江山城守《やましろのかみ》』に収録）。

福本日南は言う。豊臣秀吉の遺言に背き、秀吉との約束を破って天下を奪った「姦賊」の徳川家康と、豊臣家への忠義を貫いた「烈士」の石田三成を比較して、両者に高低なしと唱える歴史家は正義の観念を有していない、と。「もし世に正義の観念を欠如するの史家あらば、これ日本国人の風上にも置くべからざるところの者なり」と日南は論じる。

石田三成が徳川家康の挑発に乗って挙兵したせいで、かえって豊臣氏の立場を一層悪くしたという三上参次の指摘に対しては、福本日南は「無知・無識・無眼・無覚」と罵倒《ばとう》する。日南は言う。豊臣秀吉が死ぬや否や、早くも諸大名は徳川家康になびきつつあった。この状況を座視していれば、一〇年を待たずして家康が天下を掌握しただろう。これを阻止するには、多少なりとも諸大名に秀吉への義理の気持ちが残っている間に挙兵するしかなかった。実際、三成は西軍を組織し、家康と互角に渡り合える態勢を整えたではないか。小早川秀秋の裏切りさえなければ、勝敗は逆転していたはずだ、と。三上の見解は「時務を知らざる儒生・俗士の見」にすぎない、と日南は切り捨てている。世間知らずの学者の空論、といったところか。筆者も作家などから同じような批判を受けているので、妙な親近感が湧く。

後者の反論はともかく、前者、石田三成は忠臣だから徳川家康よりもずっと立派な人物であるという福本日南の反論は、明らかに儒教的倫理観に基づくもので、いささか古くさく感じられる。前述の山路愛山、後述の徳富蘇峰《とくとみそほう》に見られるように、この時期には在野の歴史家も道徳的な人物評から卒業しつつあった。けれども、儒教的な大義名分論も根強く残っていたのである。

大森金五郎の挙兵正当論

石田三成の挙兵を正しい判断と評価した人物は福本日南だけではなく、アカデミズムの世界にもいた。学習院大学教授などを務めた歴史学者の大森金五郎《おおもりきんごろう》は大正十年（一九二一）、「坂東次郎《ばんどうじろう》」の筆名で「石田三成の評論」という論考を「中央史談」に発表している。

なぜ大森金五郎がペンネームを用いたのか不明だが、徳川家康が江戸幕府を開いた結果、「二百六十余年の太平を来たし、文物典章から百工技芸の発達を促進したことは、実に国家の幸福であったというべきである」と書いたくだりが、世論を刺激すると思ったのかもしれない。杞憂《きゆう》に終わったのか、同論考は、大森が大正十四年に実名で発表した著書『随感随録史伝史話』に収録されている。

関ヶ原合戦が「大坂にとって非常なる不利益を及ぼした」と唱え、石田三成を責める意見に対して、大森金五郎は反論している。大森によれば、豊臣秀吉死後、豊臣家の家臣たちの考えは三つに分かれたという。第一は、早く徳川家康を亡き者にするのが得策であるという早決策派で、石田三成・小西行長《こにしゆきなが》らの考えである。第二は、当面は律儀者と言われる家康を頼り、徳川家と事を構えるのは老年の家康が亡くなるのを待ってからにすべきという永遠策派で、片桐且元《かたぎりかつもと》らの考えである。第三は、長いものには巻かれろ式の時勢順応主義者で、これが多数派である。福島正則・加藤清正（一五〇頁を参照）などは秀吉の恩誼《おんぎ》を忘れたわけではなく、秀頼の将来も心配していたが、最大の実力者である家康に従うのが身のためであり、豊臣家存続にもつながると考えていたという。

また大森は、第二・第三の人々は、仮に徳川の天下になっても止むを得ない、豊臣家が残れば良いと考えていた、と説く。これは穏当な考えに見え、彼らの方が石田三成たちより「思慮ある分別者」に思われたが、「大坂の役後の処置によって裏切られた」という。徳川家康には豊臣家の存続を許す気がなかった。徳川家に天下を譲り豊臣家を存続させるという策は最初から成り立たなかったのであり、であるならば「石田三成らのとった早決策は、むしろ先見の明があった」ということになる。

大森金五郎の所論は、福本日南のそれと基本的に同じである。座して滅亡を待つくらいなら、戦うべきだ、という主張だ。これは、徳川家康が悪辣《あくらつ》な陰謀家であるという理解を前提にしている。この家康像の妥当性については、第七章で論じるので今は措《お》く。大森の分析はそれなりに現実的・合理的に見えるが、「戦争の結果は敗北に帰したけれども、豊公の恩誼に報ゆる男児の本懐は充分に尽くし遂《おお》せたものと思われる」という感傷的な一節からは、江戸時代以来の忠臣論からなお脱していないことが認められる。

リアリスト徳富蘇峰の「野望説」

徳富蘇峰も石田三成論を展開している。大正十二年（一九二三）正月に『近世日本国民史家康時代上巻　関原役』が刊行された。

本人が自ら語っているように、この書の戦闘経過については参謀本部『日本戦史　関原役』に多くを負っている。実のところ、戦闘経過だけでなく政治過程についても同書をかなり参照している。拙著『陰謀の日本中世史』でも触れたが、七将襲撃事件の際に石田三成が徳川家康に助けを求めたという説は、蘇峰が『日本戦史　関原役』（あるいは渡辺世祐『稿本石田三成』）を誤読したことが発端になっている。

徳富蘇峰の石田三成への評価を最も直截《ちょくせつ》に示しているのは、下の一節であろう。

家康と真に雌雄を決せんと大賭博を打ったのは、ただ石田三成だ。石田三成は、決して家康の敵ではない。この両人は横綱と前頭との立合で、到底互角の相撲になるべきでなかった。三成にして真に家康の相手とならんと欲せば、その準備が必要であった。然《しか》るに三成は秀吉を、百年も生存するものと思うて、格別にその準備をしておかなかったようだ。彼は家康を向うに回して、喧嘩をするには、今少しく人望を繋《つな》ぎ置く工夫があるべき筈《はず》だ……（中略）……しかるに彼は虎《とら》の威を借る狐《きつね》で秀吉の口真似《くちまね》をして、これがためにその味方たるべき仲間に、多大の敵を製造していた。吾人《ごじん》は三成に全く準備が無かったとはいわぬ。その身代の全部を挙げて、士を養うていただけでも、彼が志の小でなかったことがわかる。しかも彼は秀吉の在世の時代に、余りに調子に乗りすぎた。……（中略）……しかしながら、何というても三成だ。関原役の西軍は、謀将雲のごとく、健卒雨のごとくあったが、しかも真に家康を相手として、天下を争わんとしたる気迫ある者は、ただ石田三成のみであった……（中略）……関原の一戦は、三成に取りて、決して恥辱の一戦でなく、名誉の一戦だ。彼がごとき取組を、家康としたのは、たとい負けても、手柄といわねばならぬ。

一読して分かるように、この石田三成論は、江戸時代の〝好敵手〟イメージを全面展開したものである。司馬遼太郎『関ケ原』の石田三成像の源泉が同書にあることは、容易に了解されよう。

一方、徳富蘇峰は石田三成忠臣論には懐疑的である。蘇峰は「先代の時に、威福をたくましゅうしたる使用人が、次代になりて、惨めなる状態に陥るは、世間普通の事だ」と述べ、秀吉死後に一大活躍をしなければ三成は自ら死地に陥るのは必然であると説く。すなわち、「関原役は、石田にとりては、積極的の自己防御というが適当だ」というのだ。

徳富蘇峰は言う。「彼は決して豊臣氏の忠臣というべきものではなかった」と。関ヶ原合戦で石田三成が勝利したとしても、豊臣秀頼が天下人になれたかどうかは怪しいと語り、「徳川方が勝つも、石田方が勝つも、その結果は五十歩、百歩」と突き放す。それは、「元《げん》亀《き》・天正《てんしょう》から、慶長・元和《げんな》の頃には、いわゆる朱子学流の忠孝論は、未《いま》だ深く人心を陶冶していなかった」からである。「いかに秀吉の恩誼は深厚であったとするも、それがために家を滅ぼし、身を殺すを甘んずる者が、一人でもいたらば、それはむしろ不思議というべきであろう」と蘇峰は語っている。いわば「野望説」である。

山路愛山と同様に、徳富蘇峰は弱肉強食の帝国主義を肯定するリアリストであり、忠不忠という儒教的価値観とは距離を置いていた。蘇峰が石田三成を評価したのは、彼が忠臣だからではなく、強大な敵に立ち向かったからである。今まで見てきた通り、これは蘇峰に限ったことではなく、明治末期以降の三成論では家康の〝好敵手〟という評価が目立つ。この辺り、日清・日露の両戦役で小国の日本が大国の清・ロシアを打ち破ったことを念頭に置いての評価かもしれない。

第三節　戦前・戦後の石田三成像

戦前の歴史小説における石田三成

徳富蘇峰の『近世日本国民史』における石田三成論を受けて、昭和期には石田三成を主人公とする多くの歴史小説が生まれた。代表的なものとしては、直木《なおき》三十五《さんじゅうご》『関ケ原』（一九三一年）、鷲尾《わしお》雨工《うこう》『関ケ原　序篇』（一九三八年）、同『関ケ原　本篇』（一九三九年）、尾崎《おざき》士郎《しろう》『石田三成』（一九三八年）、同『篝火《かがりび》』（一九三九〜四一年連載）、同『雲悠々』（一九四四〜四五年連載）などが挙げられる。いずれの作家も、豊臣秀吉の晩年から書き始めている。

さて、直木三十五と鷲尾雨工は、七将の襲撃を受けた石田三成が徳川家康に保護を求めるという奇策を用いた様を描いている。尾崎士郎も、襲撃事件を直接は描いていないが、『雲悠々』で敗軍の将として捕らえられた三成に対し、家康が「その方、過ぐる年、亡き太閤の恩に感ずる七人の将に追われて、予が屋敷へ逃げ込み命を乞うたことを覚えているか？」と尋ねる場面を作っている。

先に触れた通り、江戸時代の諸書にはこの話は見えない。徳富蘇峰が『近世日本国民史』で佐竹義宣《さたけよしのぶ》が三成を護衛して伏見《ふしみ》に行き、家康に託したと叙述したのが最初である。蘇峰は「彼(三成)は実に死中活を求めたのだ。彼は家康が容易に彼を殺さぬことを知っていたゆえに、家康に投じたのであった」と解説している。直木・鷲尾・尾崎はこの説を踏襲しており、『近世日本国民史』の影響力の大きさを感じさせる。

しかし、彼らは徳富蘇峰の石田三成野心家説は採用していない。彼らが描いたのは、江戸時代以来の「忠臣」三成である。

直木三十五は作中で石田三成にこう語らせている。「太閤の恩に報いる事も、——あまりに、大名共は恩を知らなすぎる。もし知っているとしたなら、この上無しの意気地なしだ。武を以《もっ》て立つ、彼奴《きゃっ》らが、男らしいか、算筆の人間の、自分が、武士らしいか、これを世の中へ示す事だけでも愉快だ」と。大谷吉継から挙兵の無謀を諫められると、三成は「事の成否を、わしは今考えていぬ。ただ一死、故殿下に報おうと、それだけじゃ」と語り、決意の固さを示す。

直木三十五は「石田三成」という随筆も執筆している。三成を好きな歴史上の人物として挙げ、その理由として、破格の高禄《こうろく》をもって島左近を抱えたこと、大谷吉継・真田《さなだ》昌幸《まさゆき》・直江兼続ら傑物と行動を共にしていることを述べる。この二事から三成の器量の大きさが分かる、というのだ。加えて、小大名でありながら毛利・宇喜多・島津らの大名を糾合して徳川家康に対抗したのだから、三成は「家康を除くと、天下第一の人物だった」と論じる。「凡庸の人物の下にこれだけの人がつく理由はない」という〝好敵手〟論である。

さらに、佐和山城が荒壁のままであったことを指摘し、「一銭をも己のために費やさず」豊臣家にひたすら尽くした石田三成の忠義を讃《たた》える。佐和山城が質素だったという逸話は、平戸《ひらど》藩九代藩主松浦《まつら》静山《せいざん》の随筆集『甲子夜話《かっしやわ》』（一八二一～四一年）の正編巻四四に見える。ただし江戸時代なので、静山は「三成は天下を狙っており、佐和山城を仮の住まいと考えていたからだろう」と解釈している。これに対し直木は、三成が私利私欲に走らず清廉潔白だった証拠とみなしたのである。

直木三十五は、徳川家康になびいた加藤清正（一九一頁を参照）を批判し、「こんな人物が、忠臣だなんぞと、一般化されているから、世の中の甘さは度が知れない」と憤慨する。清正と対照する形で石田三成の忠義を賞賛しているのである。この点、「加藤清正と、石田三成とが、豊臣氏の忠臣としての優劣論のごときは、おそらくは一種の水掛け論にすぎまい」と述べる徳富蘇峰とは意見を異にする。

鷲尾雨工の『関ケ原』も同様である。武士も民衆も徳川の天下を望んでいると大谷吉継が諫めると、石田三成は「この三成だけは、お身が何と説こうと、そしてたとい天下のすべての人間が、徳川の天下を喜ぼうともじゃ、秀頼公の滅亡を見てはおれんぞ」と語る。勝算を度外視して豊臣家のために命を投げだそうというのである。吉継は「この豊臣の純臣を、自分は見殺しにしてよかろうか？」と思い、挙兵に同意する。三成が「豊臣氏に対して、純忠の臣であったか、否かは、すこぶる疑わしくある」と述べた徳富蘇峰とは対照的だ。やはり小説である以上、三成を「豊臣の忠臣」として人物造形し、読者の共感を集める必要があるということだろう。

尾崎士郎の『石田三成』は家康私婚問題で幕を閉じており、唐突な印象を受ける。これは、尾崎が従軍作家として召集されたことが影響しているようだ。同『篝火』はいわば続篇で、慶長五年（一六〇〇）九月十五日に勃発《ぼっぱつ》した関ヶ原合戦の直前から筆を起こし、関ヶ原での西軍壊滅までを描いている。『雲悠々』は三成の敗走、捕縛、処刑を描く。三作とも三成の忠義を殊更に強調してはいないが、三成を「豊臣の忠臣」として位置づけていることは明白である。

戦時下の石田三成顕彰

昭和十六年（一九四一）十月、石田三成の郷里である滋賀県坂田《さかた》郡北郷里《きたごうり》村大字石田（現在の滋賀県長浜市石田町《いしだちょう》）において、「石田三成公事蹟顕彰会」が結成された。翌十一月六日（三成の命日）、「石田治部少輔出生地」と刻まれた巨大な顕彰碑の除幕式が行われている。除幕式には、文部大臣代理や滋賀県知事、作家の吉川英治《よしかわえいじ》らが参列した。石碑裏面の碑文には「三成が旧恩を念《おも》うこと深く、主家に報ゆるに勇なりしのみならず、為政者としてもまた高邁《こうまい》なる識見を有し、治績大いに見るべきものあり」との一節が見える（文章は渡辺世祐によるもの）。

除幕式の列席者の一人である文部参与官の池崎忠孝《いけざきただたか》は、その前日に、石田三成公事蹟顕彰会の依頼を受けて大津《おおつ》市で石田三成に関する講演を行っている。池崎がこの講演記録を基に加筆訂正して翌年に発表した本が、『概説　石田三成』である。池崎は序文で、渡辺世祐の『稿本　石田三成』が三成の名誉回復を行った功績を多としつつ、問題点も指摘する。『稿本石田三成』は三成が「奸臣」でないことを明らかにするという「消極的な方面」に力を注いだため、「武人の大節に生死し、以て日本精神史の上に一個の光彩を点じた人物」であるという積極的な評価が不十分であると説くのだ。

池崎忠孝は言う。「我が国の武人は、名と大節とに生きる。――それが今いう武士道であります。もし一人の石田三成がおらず、したがって関原の役が起こっていなかったならば……（中略）……日本国中一人の義士なきかといって嗟嘆《さたん》しなければならないわけであった。

幸いに一人の三成があったため、それでやっと気のついた武士もあり、西国の大小名三十余人が、ともかくも日本武士道のために、大いに気を吐くことができたのであります」と。三成の挙兵は、日本精神史の上でまことに喜ぶべきことだという。この大仰な表現は、時局を強く意識したものと言えるだろう。

さらに彼は、石田三成が「文官風の軟弱漢」で非常時には役に立たないという見方を、誤解であると退けている。「彼といえども弓矢の家に生まれ、しかも元亀・天正の空気を吸って大きくなった人間」であり、「攻城野戦の方面における三成の功績」も決して少なくなかったと主張する。関ヶ原合戦でも黒田長政隊に対し奮戦したと述べる。『武家事紀』から『近世日本国民史』に至るまで一貫して提示されてきた三成文官像の否定も、軍国主義の風潮に呼応したものであろう。

池崎忠孝は、石田三成は傲慢《ごうまん》であるとの批判に対し「何人にも欠点というものはある。三成ほどの抜群な長所をもっている人間であれば、もちろん短所もそれ相応にあったに相違ない。殊に、天才肌の人間になればなるほど、およそ謙遜《けんそん》という美徳からは離れがちなものです。遠い昔の人々を並べ立てるまでもなく、近い例がヒトラーやムッソリーニなどはどうでありますか。誰も彼らを指して謙遜な人物だとは言わないでしょう」と擁護している。当時の日本ではヒトラーやムッソリーニが英雄視されていたことがうかがわれる。もっとも池崎は、現在の人物に喩《たと》えるなら、三成はイギリスのウィンストン・チャーチルだろうとも語っている。この時期はまだ、反英感情はさほど強くなかったのだろう。

司馬遼太郎の『関ケ原』

戦後も石田三成の評価は大きく変わらなかった。戦時中のように、三成を武人として無理矢理持ち上げることはなくなったという程度である。

昭和三十六年（一九六一）、歴史学者の今井林太郎《いまいりんたろう》が伝記『石田三成』を執筆している。今井は「はしがき」で、江戸時代に三成が不当に貶められたことを指摘する。そして「三成の歪《ゆが》められた評価に対して、正確な史料を漁《あさ》り、正しい三成の人物像を描くことに努められたものに、渡辺世祐博士の『稿本石田三成』がある……（中略）……今日まで三成のまとまった伝記としては、唯一のものである。この小著も渡辺博士の著書に負うところが多く、ここに記して謝意を表したい」と述べている。

これはあながち謙遜ではなく、実際、今井林太郎の『石田三成』は、『稿本　石田三成』で示された三成像をなぞっているように思える。渡辺世祐と同様に、三成に否定的な逸話は排除しているものの好意的な逸話は採用しているからである。

昭和三十九年から四十一年にかけて「週刊サンケイ」で連載されたのが、司馬遼太郎の

『関ケ原』である。既に見てきたように、戦前から多くの作家が「豊臣の忠臣」石田三成を主人公とした歴史小説を執筆している。忠臣三成像は決して司馬の独創ではない。

むしろ司馬遼太郎の『関ケ原』の特徴は、石田三成の性格的欠陥を強調している点にある。むろん多くの史家が三成の狷介《けんかい》を指摘してきた。しかし、三成を主人公とした歴史小説には、そうした描写は従来あまり見られなかった。三成を正義と位置づける以上、彼の欠点に触れることをなるべく避けた方が良いと判断したのだろう。

ところが、司馬遼太郎はあえて石田三成の性格の難を赤裸々に暴くことで、かえって三成の人間味を出すことに成功している。作中、三成の問題点は主に島左近によって指摘される。左近は「殿のように豊家の恩だけで天下がうごくとおもわれるのはあまい」と諫め、「(殿は) 人間に期待しすぎるようですな。武家はこうあるべし、大名はこうあるべし、恩を受けた者はこうあるべし、などと期待するところが手きびしい」とたしなめる。司馬は左近を通して、三成の過剰な正義感と理想主義を再三指摘し、清濁併せ呑《の》み容易に本心を明かさぬ老獪《ろうかい》な徳川家康との対比を際立たせている。それと同時に、家臣の左近に直言を許す三成の度量の大きさも描いている。

実のところ、石田三成が徹頭徹尾、豊臣家への忠義の念で動いていたかどうかは疑わしい。山路愛山や徳富蘇峰が説くように、三成にも野心があったと見るのが自然であろう。けれども、三成を主人公にした歴史小説を書くという観点に立てば、理想主義と現実主義との争いという司馬遼太郎が示した構図が〝正解〟なのだろう。

石田三成の意外な側面

ところで、石田三成の実像は「奸臣」だったのだろうか、それとも「忠臣」だったのだろうか。既述の通り、三成が讒言によって人を陥れたという事実は同時代史料からは確認できず、後世の創作と考えられる。しかし逆に、秀吉存命中の三成が「忠臣」だったかどうかも判然としない。晩年の秀吉には秀次事件など悪政が目立つ。もし、三成が秀吉に忠言せず、主君に迎合していただけだとしたら、本当の意味での忠臣とは言えないだろう。けれども、秀吉の暴政を三成がどう受け止めていたかを示す史料はほとんどない。

唯一の例外は、慶長元年（一五九六）十二月の二十六聖人殉教事件であろう。豊臣秀吉は、スペイン系のカトリック布教団体であるフランシスコ会がバテレン追放令を軽視して活発に布教を行っていることを問題視し、京都奉行の石田三成に命じて、京都に住むフランシスコ会員とキリシタン（キリスト教徒）全員を捕縛して死刑にするよう命じた。

キリシタンの名簿を作成する任に当たったのは長谷川《はせがわ》守知《もりとも》だが、長谷川は馬鹿正直にキリシタンを網羅した名簿を作ろうとした。三成は長谷川を叱責《しっせき》し、名簿に載る人間の数を最小限に留《とど》めた。ポルトガル系の布教団体であるイエズス会になるべく累が及ばないよう努力もしている。また、死刑から追放刑への減刑を秀吉に働きかけている。結果的に、フランシスコ会の宣教師・信徒計二一人、日本人イエズス会士三人、道中で加わった信徒二人の計二六人が、各地を引き回された後、長崎の浦上《うらかみ》で殺された。

歴史学者の谷徹也《たにてつや》氏は、「三成には秀吉の怒りを和らげようと弁明を引き受けつつ、現場において穏便な解決の道を探る一面もあった」が、関ヶ原合戦後は往時の権勢の大きさもあって、そうした姿は忘れ去られ、秀吉の命令に従って厳罰を行う酷吏の印象が増幅され、様々な陰謀の主体であったという憶測を呼ぶことになった、と指摘している。

石田三成は豊臣秀吉の命令に唯々諾々と従うのではなく、時に諫言《かんげん》することもあった。こうした側面は、奸臣論においても、忠臣論においても見落とされてきたように思われる。今後、三成のイメージが更新されていくことに期待したい。

第六章　真田信繁——名軍師だったのか？

第一節　近世の真田信繁像

江戸初期は有名ではなかった

NHK大河ドラマ『真田丸《さなだまる》』で示されたように、一般に真田幸村《ゆきむら》と呼ばれてきた男の本名は「真田信繁《のぶしげ》」である。『真田丸』では、大坂入城後の信繁が「幸村」と名乗ったように描かれていたが、大坂冬の陣後に親族に送った手紙でも彼は「信繁」と名乗っている。彼が生前に幸村と名乗ったという歴史的事実はない。それなのに、彼は江戸時代からごく最近まで、専ら「真田幸村」として認識されてきた。

本名すら正確に把握されていないにもかかわらず、「真田幸村」は江戸時代から現代まで一貫して人気が高い。実像が明らかにされないまま虚像が異常に膨れ上がってしまった真田信繁は、実像と虚像が最も乖離《かいり》した歴史上の人物と言えるだろう。

しかしながら、真田信繁も江戸初期にはそれほど有名ではなかったようである。大坂の陣（一六一四～一五年）を描いた軍記物語のうち、古いものとして『大坂《おざか》物語』がある。この軍記物は上下二巻本で、上巻が大坂冬の陣、下巻が大坂夏の陣を描いている。種々の写本の中には上巻しか存在しないものがあり、しかもそれには上巻の表示がないため、もともとは上巻のみで、下巻部分は後に書き継がれたと思われる。

上巻は「いよいよ天下太平、国土安穏、めでたき事にぞなりにける」と夏の陣の勃発《ぼつぱつ》を予期させない形で幕を閉じているので、冬の陣直後に執筆、出版されたのだろう。冬の陣で和睦《わぼく》が成立し、めでたしめでたし平和になったと思ったら、夏の陣が起こってしまったので、慌てて下巻を書き足した、というわけである。ほぼリアルタイムで成立したニュース出版物なので、信頼性は高い。

ただし『大坂物語』は、大坂冬の陣・夏の陣ともに、大坂方（豊臣方）が徳川家康に敵対的であったために勃発したと記している。また、夏の陣終結による天下泰平を言祝《ことほ》いでいる。つまり関東方（徳川方）の視点で執筆しているのであり、その点に注意を払う必要がある。

この『大坂物語』は、大坂城に入った牢人《ろうにん》衆を「まず信濃国《しなののくに》の住人真田安房守《あわのかみ》が次男真田左衛門佐《さえもんのすけ》、長宗我部《ちょうそかべ》土佐守《とさのかみ》（盛親）、毛利《もうり》豊前守《ぶぜんのかみ》（吉政《よしまさ》）、明石《あかし》掃部《かもん》（全登《てるずみ》）、仙石宗也《せんごくそうや》、後藤《ごとう》又兵衛《またべえ》（基次《もとつぐ》）をはじめとして……」と記しており、真田信繁を大坂方の主要な武将とみなしている。ただ全体の叙述としては、後藤又兵衛を牢人衆の代表と捉《とら》えているように感じる。大坂の陣における真田信繁の活躍としては、冬の陣における「真田丸の戦い」と、夏の陣における「天王寺口《てんのうじぐち》の戦い」が有名であるが、『大坂物語』は信繁の奮戦をほとんど記していない。真田丸の戦いの描写は淡泊で、信繁が敵を挑発して誘い込む様を印象的に描く程度である。そもそも「真田丸」という表現もなく、「真田左衛門佐がたて籠る取出《とりで》」と記す。

真田丸の戦いの直後、徳川家康は信繁を寝返らせようと調略を試みている（「金沢本多《ほんだ》家所蔵文書」）。したがって、信繁が真田丸の戦いで関東方を大いに打ち破ったことは確実だが、『大坂物語』は控えめな描写に留《とど》めている。

天王寺口の戦いは、真田信繁が徳川家康をあと一歩のところまで追いつめた戦いとして知られる。この事実は同時代史料からも裏付けられる。薩摩《さつま》藩主の島津《しまづ》家久《いえひさ》と思われる人物が大坂落城後に国元に送った書状によると、信繁は家康の本陣に三度突撃したという。同書状は「真田日本一《ひのもといち》の兵《つわもの》、古《いにしえ》よりの物語にもこれなき由、惣別《そうべつ》これのみ申す事に候」と信繁の勇戦を讃《たた》えている（「島津家文書」）。また『イエズス会日本年報』によれば、家康は戦死を覚悟して切腹しようとしたという。家康に仕えた老臣大久保《おおくぼ》忠教《ただたか》（彦左衛門《ひこざえもん》）が著した『三河《みかわ》物語』（二四七頁を参照）でさえ、一時は家康本陣が崩壊して、家康を守る騎馬武者が小栗忠《おぐりちゅう》左衛門尉《ざえもんのじょう》（久次《ひさつぐ》）一人になったことを認めている。

それなのに、『大坂物語』は天王寺口の戦いについても、関東方の苦戦を記すものの総じて淡々とした叙述である。信繁についても「真田は、味方うち負けたりと見ければ、誰が陣ともいわず駆け入り駆け入りて戦いけるが、越前《えちぜん》少将（松平忠直《まつだいらただなお》、家康の孫）の手にて、大音あげて名乗りけるは……（中略）……鉄砲に胸板を射ぬかれ、馬よりまっ逆さまに落つる所に……（中略）……首をぞ取ったりける」と記すのみである。我こそは真田左衛門佐なりと名乗りをあげて突撃するが、鉄砲に胸板を射貫《いぬ》かれ、馬から真っ逆さまに落ちたところを松平忠直の家臣に討ち取られた、というわけだ。実にあっけない最期である。

やはり徳川家が天下を取った以上、真田信繁が徳川家康を散々苦しめた、と記すのは難しかったのだろう。『大坂物語』の叙述は徳川家に配慮したものであり、信繁に冷淡であったと言える。

「徳川史観」における真田信繁

大坂の陣から半世紀を経て、同陣を記した史料に、『大坂御陣覚書』

月岡芳年「真田幸村巡見図」明治期の作品、上田市立博物館蔵
大坂の陣で大久保彦左衛門とともに身を隠す徳川家康（左下）と、それを捜す幸村。史実ではなく虚構の場面である。225頁を参照。

（一六七七年成立）がある。越後《えちご》流軍学を講じた軍学者である宇佐美定祐《うさみさだすけ》（大関佐助《おおぜきさすけ》）が執筆したものである。

宇佐美定祐の父である勝興《かつおき》は、上杉謙信の軍師だった宇佐美定行《さだゆき》の孫を称し、定行が創始した越後流軍学の継承者という触れ込みで紀伊《きい》徳川家への仕官に成功した。定祐も紀州《きしゅう》藩に仕え、藩主徳川頼宣《よりのぶ》（家康十男）の戦国合戦研究を補佐した。そして頼宣の死後、大坂の陣研究の成果を『大坂御陣覚書』としてまとめたのである。

宇佐美定祐自身は大坂の陣を経験していないが、大坂の陣に参戦した多数の武士たちの証言や大坂の陣関係の史料に基づいて執筆している。定祐の大坂の陣研究は、主君徳川頼宣の後押しを受けた公務であったため、証言や史料の蒐集《しゅうしゅう》は容易であった。

したがって、『大坂御陣覚書』の実録性は高い。しかしながら、紀伊徳川家に仕える人間が執筆したものだから、あくまで「徳川家から見た大坂の陣」である点に注意を要する。どうしても大坂方の武将に対する評価は辛くなってしまう。

同書には、『大坂物語』と異なり、「真田丸」の呼称が見える。「今日寄せ手の手負・死人、その数を知らず。大御所様（徳川家康）のお怒りはなはだしき」と記し、真田丸の戦いで関東方が大損害を受けたことを強調している。けれども、関東方の諸大名が功を焦って突撃したことが敗因という書きぶりであり、信繁の軍略を称賛しているわけではない。

大坂夏の陣の道明寺《どうみょうじ》の戦いについて、『大坂御陣覚書』は詳述する。この戦いは、後藤又兵衛らが戦死したことで有名である。同書は、真田信繁軍の戦場への到着が遅れたことに触れ、「真田は時節を取り損じ遅く、又兵衛（後藤基次）・隼人《はやと》（薄田兼相《すすきだかねすけ》）討死と聞き、この上は手立ても入らずと存じ、申し訳のため一戦仕《つかまつ》り候、何事も拍子違いに候事、秀頼《ひでより》公の御運の尽き候ゆえと悔み申し候」と記す。

真田隊が遅れた結果、後藤又兵衛らが敵中に孤立して戦死したと知り、真田信繁は衝撃を受けた。あまりにも申し訳ないので、勝ち目はないがこのまま戦って死のうと信繁は考えたという。このように軍の連携が乱れたのは、秀頼公の武運が尽きたということだろう、もう豊臣家はおしまいだ、と自暴自棄になってしまった。そこに大野修理（治長《はるなが》、大坂方の総大将、一八八・二六〇頁を参照）の使いが来た結果、大坂方は退却するという流れになる。

近年の研究では、真田隊は後藤隊の後方に到着しており、後藤隊が崩れた時には支援に向かったと考えられている。しかし、『大坂御陣覚書』は真田信繁の失態を喧伝《けんでん》したのだ。

天王寺口の戦いに関しても同様である。徳川勢の苦戦が記されるものの、真田信繁の活躍は描かれない。「越前勢一万余、吉田《よしだ》修理《しゆり》先懸にて黒烟《くろけむり》を立て、茶臼山《ちやうすやま》へ一文字に押し来たる。その勢に驚き、茶臼山より庚申堂《こうしんどう》まで備えたる真田が勢、一刃も合わず押し立てられ右往左往に崩れ行き、真田左衛門踏み止《とど》まり防がんとすれどもかなわず。安居《やすい》の天神まで押し立てられ、城へかけ入らんとしけるを越前勢追い懸け、真田ついに西尾仁右《ママ》衛門に討たれ候」となっている。信繁が陣を布《し》いている茶臼山の方に松平忠直隊が攻撃を仕掛け、真田隊は抵抗できずに崩れていき、信繁は何とか立て直そうとするが失敗し、最後には忠直の家臣である西尾《にしお》仁左衛門《にざえもん》に討たれてしまう。信繁は徳川軍に圧倒されるだけで、良いところがまるでない。

既述の通り、大坂の陣で真田信繁が武名を轟《とどろ》かせたことは一次史料から明らかである。『大坂御陣覚書』は信繁を意図的に過小評価している。それは、家康を神格化する「徳川史されたのである。

観」の影響によるものだろう。徳川の世にあっては、神君家康が苦戦したと記すことは忌避

真田信繁伝説の形成

前項で紹介したように、江戸幕府の公式見解では、「真田信繁は大したことがない」ということになっていた。しかし、実際には信繁は相当活躍したのであり、「徳川史観」に対する反発もあり、民間では真田信繁伝説が作られていった。

以前も簡単に触れたことがあるが（二〇頁）、『武辺咄聞書《ぶへんばなしききがき》』という逸話集がある。延宝《えんぽう》八年（一六八〇）に、近江《おうみ》の浪人である国枝清軒《くにえだせいけん》が武将の武功話を編纂《へんさん》したものだ。この本に、真田信繁の逸話が見える。

ちなみに同書には、真田信繁ではなく「信賀」と見える。江戸時代の史料では、他にも「信賀」としているものが散見される。実は、「繁」という字と「賀」という字は、崩して書くと結構似ている。特に信繁は、「繁」という字の下半分と花押（サイン）を重ねて書くので、「繁」という字が読みにくい。ゆえに「賀」と読み誤る人がしばしばいたのだろう。江戸時代の史料の中には「信仍」と記すものもあるが、これも読み間違いだろう。煩雑になるので、以下では「信繁」とする。

良く知られているように、関ヶ原《せきがはら》合戦後、真田昌幸《まさゆき》・信繁父子は九度山《くどやま》に幽閉されていた（信繁の父である昌幸は大坂の陣前に病没）。信繁が大坂の陣に参戦するには、九度山を脱出しなければならない。

同書によると、当時紀伊を治めていた浅野《あさの》家は信繁の脱出を警戒し、九度山周辺の百姓たちに信繁を監視するよう命じていた。ところが、信繁は九度山の百姓たちを宴会に招いて、酔い潰《つぶ》したところで九度山を脱出したという。

真田信繁は徳川方の目をくらますために山伏に変装しており、山伏の姿のまま大坂の大野《おおの》修理（治長）の館を訪ねた。信繁は玄関で案内を乞《こ》うたが、本名を名乗らず、茶目っ気を出して「御祈禱《ごきとう》の巻数（願主の依頼で読誦《どくじゅ》した経文の題目・巻数などを書き上げた目録）を持ってまいりました」と述べた。このため応対した治長の家臣は本当の山伏だと思い、「殿はご登城してお留守じゃ」と言って番所の脇で信繁を待たせた。

そこへ若侍たちが集まってきて、山伏に似つかわしくない立派そうな刀を信繁が差していることに気づいて、刀を見せろと言う。信繁が「どうぞどうぞ、大した刀ではございませんが」と差し出し、若侍が抜いてみると名刀である。若侍たちが驚いて、ただの山伏ではないと怪しんでいるところに大野修理が帰ってきて、「これはこれは真田殿、よくぞいらして下さった」と感謝する、という逸話である。

どう見ても、右の逸話は後世の創作だ。人の裏をかく策士として真田信繁を描いており、信繁を英雄視する雰囲気が感じられる。『武辺咄聞書』は徳川家康が信濃一国を与えるという条件で真田信繁の調略を試みる逸話も収録しており、信繁がいかに高く評価されていたかを強調している。

「真田幸村」の誕生

前掲の『大坂御陣覚書』や『武辺咄聞書』と同時代に成立した大坂の陣の実録（実際に起きた社会的事件を題材に虚構を交えて叙述した読み物）に、『難波《なにわ》戦記』がある。同書は、京都所司代板倉《いたくら》家の門客であった万年頼方《まんねんよりかた》と下野国壬生《しもつけのくにみぶ》藩主阿部忠秋《あべただあき》の家臣である二階堂行憲《にかいどうゆきのり》の共著である。その後、清範忠《せいのりただ》らが増補した。増補版で最も流布した本は、寛文《かんぶん》十二年（一六七二）の三宅可参《みやけかさん》（衝雪斎《しょうせつさい》）の序文を持つものである。したがって、万年頼方・二階堂行憲が執筆した原本は寛文十二年以前に成立したことが分かる。

体制側の人間が執筆しているので、『難波戦記』は基本的に徳川家康を礼賛している。そのことは次章で述べようと思うので（二五八頁を参照）、今は措《お》く。同書は徳川の立場から大坂の陣を描き、淀殿《よどどの》・大野治長らを批判するが、真田信繁ら牢人衆には好意的である。

同書で真田信繁は、「信州上田の城主真田安房守昌幸が次男左衛門佐幸村」として登場する。現在確認されている限りでは、「真田幸村」の名前が見える初出史料である。同書は軍学講釈や講談、芝居などで参照されたため、幸村の名が世間に広まることになった。

さて『難波戦記』によれば、大坂城に入った真田幸村は後藤又兵衛と共に、宇治《うじ》・勢多《せた》まで侵出する積極策を唱えるが、徳川家に内通している小幡景憲《おばたかげのり》が反対したため、大野治長は幸村の策を採用しなかったという。「真田幸村が献策したにもかかわらず、淀殿・大野治長の無理解によって採用されなかったため、大坂方は敗れた」という大坂の陣に対する通俗的なイメージの原点は、この『難波戦記』にあると言えよう。なお、この逸話は後世さらに尾ひれがつき、『武将感状記』（一七一六年刊行、五九・一七五頁を参照）などでは、積極攻勢策は、大坂の陣勃発を予測した真田昌幸の遺言によるものとされている。

『難波戦記』は真田丸の戦いでの幸村の活躍を特筆する。「真田は元来、籌《はかりごと》を帷幄《いあく》の内にめぐらして勝ちを千里の外に決する陳丞相《ちんじようしよう》（陳平《ちんぺい》）・張留侯《ちようりゆうこう》（張良《ちようりよう》）が肺肝の間より流出するごとき者」と絶賛している。陳平・張良は漢帝国を打ち立てた劉邦《りゆうほう》を補佐した参謀で、中国を代表する軍師である。真田幸村は智将《ちしよう》、名軍師である、というイメージが形成されたのだ。なお右の一節は、『太平記』で楠《くすのき》（楠木）正成《まさしげ》を称賛する際に使われた表現を流用したものである。

『大坂御陣覚書』が真田信繁の失策と評した道明寺の戦いにおいても、『難波戦記』は「真田幸村」を称賛している。『難波戦記』は幸村の到着が遅れたとは記しておらず、後藤又兵衛の戦死後に真田隊が伊達政宗隊と激闘を繰り広げ、伊達隊を撃退した様子を叙述する。豊臣勢は大坂城に退却することにしたが、この際、幸村が殿《しんがり》（後退する部隊の中で最後尾を担当する部隊）を買って出て、見事に撤退を成功させる。同書は「東国勢の評し申しけるは、真田左衛門が殿しての退口《のきぐち》、誠に思い切ったる有様、抜群勝れたる勇将かなと、人々感じ合いけり」と称賛している。

ちなみに、右の逸話にもだんだん潤色が加わっていく。『北川《きたがわ》覚書（若江《わかえ》道明寺《どうみようじ》矢尾《やお》合戦之覚書）』には、撤退する真田幸村が、「関東勢百万も候え、男は一人もなく候」と放言したと書かれている。徳川軍は一〇〇万の大軍なのに追撃してくる勇敢な男は一人もいないのか、と嘲笑《あざわら》ったのである。いかにも芝居がかったセリフで、明らかに後世の創作だ。

真田幸村の息子、大助《だいすけ》がクローズアップされるのも、『難波戦記』からである。天王寺口の戦いで幸村は奮戦するも、肝心の豊臣秀頼が大坂城から出陣してこない。もはやこれまでと覚悟した幸村は、嫡男大助に大坂城に戻って秀頼公を守るよう命じる。父と共に死ぬ事を願う大助に対して幸村は「桜井《さくらい》の別れ（楠木正成が敗北必至である湊川《みなとがわ》の戦いの前に嫡男正行《まさつら》を故郷に帰したという『太平記』の逸話）」を引き合いに出して説得している。真田幸村と悲劇の名将・楠木正成を重ね合わせる作者の意図は明白である。以後の作品では、幸村は正成に並ぶ忠義に篤《あつ》い智将として讃えられていく。

現実には、真田信繁が大助を大坂城に戻したのは、豊臣秀頼を最後まで守らせるためというより、『大坂御陣覚書』が記すように秀頼の出馬を乞うためだったと思われる。しかし『難波戦記』の真田幸村は、大坂方の敗北を見通し、大助に秀頼への忠義を全うするよう訴えた智将・忠臣として描かれている。

真田幸村の超人化

『難波戦記』の真田幸村は、脚色・誇張はあるものの、その活躍は概《おおむ》ね歴史的事実に則《のっと》ったものである。しかし時代が下るにつれて、幸村伝説は肥大化していく。

真田幸村に天才的・超人的な軍師というイメージを与えた作品として有名なものは、『真田三代記』である。成立年代は不明だが、一八世紀中後期には成立していたと思われる。作者も不明である。幸村が徳川家康を何度も追いつめるという話なので、作者が大っぴらには表に出られなかったのだろう。同書は木版刷りで刊行されず、手で書き写した写本の形でのみ流通したが、これも幕府の検閲を恐れてのことと推測される。実際、前掲の『難波戦記』も含め、幸村関係の物語は基本的には手書き写本である。

さて『真田三代記』の三代とは、昌幸・幸村・大助の三代のことである。しかし、昌幸が真田家当主だった時代から幸村は活躍している。

たとえば、同書には次のような話が記されている。天正《てんしょう》十年(一五八二)、真田昌幸は天《てん》目山《もくざん》に逃れた武田勝頼《かつより》を救出すべく四〇〇の兵を率いて出陣するが、勝頼の死を途中で知り、上田《うえだ》城に引き返そうとする。ところが、北条氏政《ほうじょううじまさ》勢四万五〇〇〇が接近しているとの報に接し絶望する。しかし幸村の献策に従い、無紋の旗六流に北条方の松田尾張守《まつだおわりのかみ》の紋所である永《えい》楽通宝《らくつうほう》を描いて夜襲をかけると北条勢は「松田の謀反か」と驚き、同士討ちの末に退却した。昌幸は「与三郎《よざぶろう》(幸村)、初陣にわずか四百余人にて北条が四万五千を破りし事、前代未聞の功なれば、今よりこの吉縁にちなみて我家の紋所は持ち出《いだ》せし六流の永楽銭をかたどり、これまでの定紋なる雁金《かりがね》の外に六連銭《むつれんせん》に改めん」と激賞する。

要するに、『真田三代記』は真田の旗である六文銭《ろくもんせん》の由来を語っているわけだが、幸村の奇策によって北条氏の大軍を撃退したことになっている。同書の設定では、真田幸村はこの時、一四歳である(真田信繁の生年については諸説ある)。一四歳で北条の大軍を破ったのなら大天才と言う他ないが、もちろん創作である。そもそも武田滅亡時に、真田氏が北条氏と戦った事実は確認できない。

上田城に戻った真田一族であったが、上田城は織田・徳川・北条の大軍に包囲されてしまう。これまた架空の合戦である。実際に上田城攻防戦があったのは、天正十年ではなくて天正十三年である。しかも織田・徳川・北条連合軍と戦ったのではなく、敵は徳川だけだ。それはともかく、この虚構の戦いで幸村は「地雷火」（いわゆる地雷のこと）を用いるなど数々の奇計によって織田方を翻弄《ほんろう》した。毛利攻めをしていた羽《は》柴秀吉《しばひでよし》が遠路はるばる上田城までやってきて、真田との和睦を交渉するという荒唐無《む》稽《けい》な話が展開される。なお、慶長《けいちょう》五年（一六〇〇）の第二次上田城合戦でも、幸村は「稲刈陣」（わざと刈らせた稲束の中に火薬を仕込み、敵陣中にて爆破させる）などの奇策で徳川秀忠《ひでただ》軍を苦しめている。

第二次上田城合戦で真田幸村が活躍した逸話は、本書で何度も取り上げた逸話集『常山紀談』（一七七〇年完成、一七三頁を参照）にも見える。同書は版本として刊行され、江戸時代から広く読まれたので、『真田三代記』は同書を参考にしたのかもしれない。

『真田三代記』のハイライトは、もちろん大坂の陣である。真田幸村は数々の奇計で関東方をたびたび打ち破り、大坂方の「軍師」として重んじられた。真田丸の戦いでは小幡景憲が徳川に内通していることを看破し、これを逆用して徳川勢を撃破した。

興味深いのは、煮えたぎった白粥《しらかゆ》や二重塀など『太平記』の楠木正成を彷彿《ほうふつ》とさせる計略が多い点である。また、大坂夏の陣では「飛龍火」という爆弾を開発し、徳川家康を殺害しようとした。『真田三代記』は「真田は謀略の凡ならざる中にも火技にすこぶる妙を得て常にこれを用いて強敵をおりひしぎたり」と解説している。

加えて、同書の真田幸村は徳川家康からの和議持ちかけ（二五九頁を参照）を罠《わな》と見破り、和睦に反対している。『難波戦記』での幸村は和睦に賛成しているので、『難波戦記』以上に幸村の智謀が強調されていると言えよう。

いや、知略に優れているどころではない。同書の真田幸村は、天文、星の運行を見て、翌日の合戦で徳川の武将が二人死ぬ、といった予言まで行う。こうした人物造形は、『三国志演義』の諸葛孔明《しょかつこうめい》を意識したものだろう。火計を好む点も両者共通する。『三国志演義』の翻訳である『通俗三国志』が元禄《げんろく》初年には刊行され、これを種本とした講談も広まったので、名軍師孔明の名を知らぬ者はいなかった。幸村は孔明に匹敵する、人智を超えた神秘的な軍師として描かれたのである。これは『真田三代記』の画期性の第一である。

真田十勇士と幸村生存説

第二に、『真田三代記』で重要なのは、「真田十勇士」の原型が成立した点である。三好清海入道《みよしせいかいにゅうどう》、三好為三《いさ》入道、穴山小助《あなやまこすけ》、由利鎌之助《ゆりかまのすけ》、海野六郎《うんのろくろう》、根津甚八《ねづじんぱち》、望月主水《もちづきもんど》（六郎）、霧隠鹿右衛門《きりがくれしかえもん》（のちの霧隠才蔵《さいぞう》の原型）、筧十兵衛《かけいじゅうべえ》（のちの筧十蔵《じゅうぞう》の原型）が幸村家臣として活躍している。ただし、十勇士で最も有名な猿飛佐助《さるとびさすけ》は登場しない。

第三の重要点は、真田幸村生存説が唱えられたことである。同書によれば、大坂夏の陣で戦死したのは、真田幸村の影武者である穴山小助であり、幸村は後藤又兵衛らと共に豊臣秀頼を連れて大坂城を脱出、島津氏を頼って薩摩に逃れたという。そして幸村と秀頼は大坂夏の陣の翌年に薩摩で病死した、と同書は語る。

豊臣秀頼生存説については、大坂落城後に「花のようなる秀頼さまを　鬼のようなる真田がつれて　退《の》きも退いたよ　加護島《かごしま》へ」という童歌が流行《はや》ったという逸話が知られている。この逸話が事実なら、大坂の陣終結直後から秀頼が真田信繁と共に薩摩へ逃れたという噂《うわさ》が流れていたことになる。しかし、この話の出典は天保《てんぽう》十四年（一八四三）に成立した信繁の伝記「左衛門佐君伝記稿」なので、むしろ『真田三代記』などの影響を受けて生成された逸話だろう。

国文学者の高橋圭一《たかはしけいいち》氏の研究によれば、『真田三代記』の大坂の陣部分の記事は、明和《めいわ》年間（一七六四〜七二）以前に成立した大坂の陣の実録『厭蝕太平楽記《えんしょくたいへいらくき》』に基づいて増補したものだという。「軍師」真田幸村の超人的活躍や真田十勇士の原型、幸村生存説などは『厭蝕太平楽記』に既に見える。しかし『真田三代記』は明治期に活字化されたため、近代以降広く普及することになる（二二五頁を参照）。

従来の大坂軍記は、脚色を交えつつも概ね史実に即していた。ところが、『厭蝕太平楽記』

や『真田三代記』は創作の要素が非常に大きい。真田幸村が連戦連勝し、徳川家康や秀忠が何度も逃げ回る、という現実と懸け離れた話が展開される。にもかかわらずというべきか、それゆえにというべきか、これらの書は以降の軍記・実録（『本朝盛衰記』『真田三代実記』など）や講談（『難波《なんば》戦記』、実録の『難波《なにわ》戦記』と異なり完全に豊臣びいき）に決定的な影響を与えた。

「徳川史観」における真田幸村

ところで、民間での真田幸村人気は「徳川史観」に影響を与えたのだろうか。一例として『武徳編年集成』を見てみよう。同書は徳川家康の伝記で、著者は幕臣の木村高敦《きむらたかあつ》である。元文《げんぶん》五年（一七四〇）に成立し、寛保《かんぽう》元年（一七四一）に将軍徳川吉宗《よしむね》に献上された（二五九頁を参照）。以上から分かるように、完全に徳川家の立場から家康を顕彰した伝記である。

高敦は『三河後風土記』（第四章の章末を参照）などの誤りを正すことを編纂の動機に挙げている。ところが、同書は「真田左衛門佐幸村」と記している。先述のように、「幸村」という名前には根拠がない。妄説排除と言いつつ、軍記・実録・講談などで広まった「幸村」に引きずられてしまったのだろう。

けれども、真田幸村に対する同書の評価は、民間のそれと大きく異なる。幸村は家康の和議持ちかけの真意に気づかず、態勢を立て直す時間稼ぎのために和睦に賛成したと記し、「神君御調略的当して、一統の功業、ここに遂げんとす」と徳川家康を称賛している（二六〇頁を参照）。家康の知略は幸村のそれを上回っていた、という書き方なのである。

もっとも同書によれば、真田幸村は冬の陣と夏の陣との間の休戦期間を無為に過ごしたわけではない。幸村は和睦が成立すると、油断しているだろう関東方への夜襲を計画した。だが密偵を放ったところ、関東方の陣が警戒を怠っていないことが分かり、断念したという。ここでも、徳川家康の方が一枚上手であることを示唆している。真田信繁だけではなく「真田幸村」も、「徳川史観」においては家康の引き立て役にすぎなかったのである。

民間で広がる幸村人気

しかしながら、「徳川史観」における低評価をよそに、民間での真田幸村人気は過熱する一方であった。講談だけでなく、浄瑠璃・歌舞伎などの芝居でも幸村はヒーローだった。幸村が徳川家康を追い回す姿を見て、庶民は溜飲《りゅういん》を下げたのである。

とはいえ、徳川家が登場する芝居の上演は禁じられていた。そこで、赤穂《あこう》事件に取材した『仮名手本忠臣蔵』が『太平記』の設定を借りたように、大坂の陣を芝居に掛ける場合は、舞台となる時代を移して上演した。

その早い例は、享保《きょうほう》四年（一七一九）に初演された浄瑠璃『義経新高館《よしつねしんたかだち》』である。同作では豊臣秀頼を源義経に、徳川家康を源頼朝に、真田幸村を和泉三郎《いずみのさぶろう》（藤原忠衡《ふじわらのただひら》）に仮託している。要するに、『義経記《ぎけいき》』の世界観を借用している。和泉三郎こと真田幸村は影武者を駆使して敵を翻弄する。

宝暦《ほうれき》十一年（一七六一）初演の浄瑠璃『古戦場鐘懸《かねかけ》の松』も『義経記』の舞台を利用している。こちらは義経が蝦夷地《えぞち》に渡ったという伝説を取り込む形で、真田幸村生存説を展開している。

明和六年（一七六九）には、浄瑠璃『近江源氏先陣館《おうみげんじせんじんやかた》』が大坂で初演された。大坂冬の陣を題材としたもので、やはり鎌倉時代に舞台を移している。これが好評を博したため、夏の陣を題材とした『太平頭鍪飾《たいへいかぶとのかざり》』が翌年に大坂で初演された。しかし、あまりに大坂の陣に似すぎていたため、大坂奉行所から上演禁止を命じられた。このため、改作・改題した『鎌倉《かまくら》三代記』が天明《てんめい》元年（一七八一）に江戸で上演された。これが現在上演される『鎌倉三代記』の元になっている。

両作は豊臣秀頼を源頼家《よりいえ》に、徳川家康を北条時政《ときまさ》に、真田信幸を佐々木盛綱《ささきもりつな》に、真田幸村を佐々木高綱《たかつな》に仮託している。佐々木高綱は近江源氏佐々木氏で、『平家物語』に見える宇《う》治川《じがわ》の先陣争いで有名な武士である。両作で佐々木高綱、すなわち真田幸村は、やはり影武者を使うなどの奇策で敵を翻弄する名軍師として造形されている。なお両作については、『厭蝕太平楽記』の影響が大きいという国文学者の久堀裕朗《くぼりひろあき》氏の指摘がある。

さて、『鎌倉三代記』の最終段では、佐々木高綱（真田幸村）は密《ひそ》かに源頼家（豊臣秀頼）を城から脱出させ、琉球《りゅうきゅう》に逃す。豊臣秀頼・真田幸村生存説を採用しているのである。高綱は「運は北条に負けるとも、忠臣智謀は三国に一人のこの高綱、鎌倉の蝿虫《はいむし》ども、百千の弓鉄砲、我が身に立たばしとめて見よ」と大見得を切っている。忠義の智将という幸村のイメージは、浄瑠璃・歌舞伎などをも通じて広まっていった。

第二節　明治・大正期の真田信繁像

明治期の真田幸村

明治維新によって徳川関係のタブーは消滅した。真田幸村が大活躍する物語を堂々と出版できるようになり、また芝居も掛けられるようになった（二〇八・二〇九頁の絵を参照）。明治十年代以降、各社が『真田三代記』を刊行し、幸村の知名度はますます上がっていった。明治十一年（一八七八）生まれの物理学者・随筆家である寺田《てらだ》寅彦《とらひこ》は、少年時代に読んだ印象深い作品の一つとして『真田三代記』を挙げている（「世界文学講座」、一九三三年）。

真田幸村を主人公とした講談も人気だった。三代目神田伯龍《かんだはくりゆう》が『難波戦記』『難波戦記冬合戦』『難波戦記夏合戦』『難波戦記後日談』『難波戦記後日談　真田大助』を語り、好評を博した。これらは明治三十年代に講談速記本として刊行されている。『夏合戦』では『真田三代記』と同様に、幸村は豊臣秀頼らと共に鹿児島に渡っている。『後日談』『後日談　真田大助』では、幸村・大助父子らが秀頼生存を知った徳川方による数々の謀略をはねのけて豊臣家再興を目指すが、幸村と秀頼は鹿児島で病没してしまう。

明治三十年に刊行された参謀本部編『日本戦史　大阪役』は、さすがに真田幸村生存説のような荒唐無稽な話は採用していない。けれども、宇治・勢多まで進出する積極攻勢策を唱えたり、徳川家康からの和議持ちかけを罠と感じて反対したりと、「真田幸村が献策したにもかかわらず、淀殿・大野治長の無理解によって採用されなかったため、大坂方は敗れた」という江戸時代の幸村伝説のパターンを踏襲する。幸村は豊臣秀頼の出馬を乞うも実現せず、徳川家康の本陣に突撃して奮戦するものの、最後には戦死する。

本書ではおなじみであるが、明治四十年に言論雑誌「日本及日本人」四七一号が「余の好める及び好まざる史的人物」という特集を組み、アンケート調査をしている（一八三頁を参照）。真田幸村は「好める」で二票と、意外に少ない。大衆のヒーローである幸村は、知識人にはあまり受けなかったのかもしれない。

真田幸村を好む理由として、ジャーナリスト・衆議院議員の鈴木天眼《すずきてんがん》は「日本の半分はイヤ、全部なら家康と和して秀頼に奉るという心意気」と語っている。これの元ネタは『真田三代記』などに見える逸話で、信濃一国という条件で寝返りを働きかけた徳川方に対し、幸村が「日本全国六十余州をいただきたい。さすれば直ちに豊臣秀頼公に献ずる」と言い放ったというものである。また実録『難波戦記』では、幸村は「たとえ日本の半分をもらっても裏切らない」と拒絶している。むろん、いずれも後世の創作である。鈴木天眼ほどの知識人が真に受けるぐらいだから、よほど人口に膾炙《かいしゃ》していたのだろう。それにしても、智謀ではなく忠義に注目する点は興味深い。

『名将言行録』と『通俗日本全史』

明治四十三年から翌四十四年にかけて、いわゆる「大逆事件」が発生し、幸徳秋水《こうとくしゅうすい》ら社会主義者・無政府主義者が逮捕・処刑された。幸徳秋水は秘密裁判の法廷で「いまの天子は、南朝から皇位をうばいとった北朝の天子の子孫ではないか」と発言し、これが外部に漏れたことを契機に南北朝正閏《せいじゅん》問題が発生した。文部省編纂の国定教科書『尋常小学校日本歴史』が南北朝を並立させていることを「読売新聞」が問題視し、議会に代議士が質問を出そうとした。政府は事前に質問を撤回させたが、その議員が辞任したことで逆に広く問題が知られることになったのだ。

結局、政府は明治天皇の勅裁を仰いで南朝を正統と決めることによって、事態を収拾する。教科書を執筆した編修官の喜田貞吉《きたさだきち》は休職処分となった。「南北朝」という呼称は廃止され、「吉野の朝廷」に変わった。

南北朝正閏問題の底流には、軍記や講談のエピソードを虚構として否定する、近代歴史学の実証主義に対する反発があった。明治四十二年には、戦国武将の逸話集の決定版とも言える岡谷繁実《おかのやしげざね》編『名将言行録』の完全版が刊行されている。同書には、九度山脱出、山伏の名刀、大坂冬の陣での積極攻勢策の提案、「たとえ日本の半分をもらっても裏切らない」の発言など、真田幸村の著名な逸話が網羅されている。

軍記復権の気運を象徴するものとして、明治四十五年から大正二年（一九一三）にかけて刊行された早稲田大学出版部発行の『通俗日本全史』シリーズが挙げられる。同シリーズは『源平盛衰記』『前太平記』『太平記』『後太平記』『織田軍記』『太閤記』など、近代歴史学では信頼性に乏しいとして軽視されてきた軍記物を収録している。

同シリーズ第一巻の「緒言」は、「過去の経験は、これを移して以《もっ》て将来の鑑戒《かんかい》となすべし」という一節から始まる。歴史を学ぶのは、そこから教訓を得るためだというのだ。ここで特に重視されているのは道徳教育で、「史上の精華たる忠臣義士の美談、英雄豪傑の壮挙は、知らずしらずの間に読者を薫化して、正義を尊び勇武を重んぜしむ」というわけだ。極論すれば、道徳教育に役立つなら、たとえウソでも美談名言を積極的に紹介すべきだ、ということだろう。

この「緒言」では、近頃のアカデミズム史学の発展を認めつつも、史書に載る著名な逸話も、真偽が疑わしいとして排除され、淡々と事実を記す無味乾燥なものに傾きがちであることを指摘する。「正史」（国家が編纂する公式の歴史書）は正確な考証を第一とすべきであるが、それとは別に「野史」、すなわち軍記物語の役割も重要であると説く。事件の大筋は史実に即しつつも、枝葉では脚色を行い、活《い》き活きと人物描写をすることで、読者の興味を惹《ひ》き教化を行うべきである、というのである。野史とは「健全なる娯楽機関、趣味ある教化機関として、また広く史的知識を普及するの要具」なのである。

さらに「緒言」は、『源平盛衰記』や『太平記』を「俗書」として退ける実証史学を批判する。「考証的価値の薄弱なるを理由として、史上における一切の潤色を去らば、史籍はことごとく妙味を失いて、読むに堪えざるに至るべし」「一切の野史を排斥し、多数国民をして読史趣味を失わしめ、国史の本幹をも知り得ざるに至らしめば、その利害はたしていかん。これ豈《あに》、角を矯めて牛を殺すものに非《あら》ずや」というのである。

こうした方針に基づき、『通俗日本全史』には、実録『難波《なにわ》戦記』が収録されている。真田幸村生存説を採る『厭蝕太平楽記』や『真田三代記』を収録しなかったのは、さすがに史実との乖離が大きすぎると判断したからだろうか。『通俗日本全史』の編集方針からすれば、幸村の機略縦横よりも忠誠心を紹介する方が重要なので、幸村が忠義のために従容として死地に赴く『難波戦記』の方が教材として適切ではある。

福本日南の真田幸村論

さて、第五章で登場したジャーナリスト・史論家の福本日南《ふくもとにちなん》（一八八九頁を参照）は、真田幸村論も展開している。日南は大正七年（一九一八）に『大阪陣　前篇』を発表している（二六四頁を参照）。その序文には、次のようにある。江戸時代の大坂軍記は、どれも徳川が正しく豊臣が悪いと書いている。王政復古により江戸幕府が消滅し、ようやく大坂の陣を客観的に評価できるようになったのに、江戸時代の徳川びいきの説がいまだに横行している。これを正すために同書を刊行したのである、と。

そんな福本日南は当然、真田幸村を絶賛する。江戸時代の軍記・実録・逸話集の逸話を積極的に活用し、幸村を英雄視している。これまで見てきたように、江戸時代の諸書・芝居には幸村ら大坂方の諸将に好意的なものが少なくない。それらを活用する日南が、「江戸を是とし、大阪を非とせざるなし」と指弾するのは矛盾しているようにも思える。日南は出典を明記し諸書の記述を比較するなど、それなりに考証的態度を示しているものの、彼の真田幸村論は近世のそれと大差ない。

結局、『大阪陣　後篇』は刊行されなかったようだが、福本日南の遺著である大正十年の『大阪城の七将星』でも、真田幸村は大坂方七将の一人として賞揚されている。大筋としては、幸村は奮闘したが淀殿や大野治長に足を引っ張られて敗れた、という実録『難波《なにわ》戦記』以来の筋書きの焼き直しである。さすがに、幸村薩摩逃亡説については俗説として一蹴《いっしゅう》しているが。

強いて福本日南の真田幸村論と近世のそれとの違いを探すなら、日南が幸村の忠義を重視している点であろう。そもそも日南が『大阪城の七将星』を執筆した動機は、ロシア・ドイツ・オーストリア・中国で帝政が覆るという国際情勢の中、主君に忠義を尽くす、日本人の伝統的な「国民的性情」を賞揚することにあったという。

大正十二年に徳富蘇峰《とくとみそほう》は『近世日本国民史　家康時代中巻　大阪役』を発表している。詳細は第七章に譲るが、家康は卑劣な謀略を用いたと非難している（二七七頁を参照）。蘇峰は「日本武士の花ともいうべき態度は、徳川方でなくして、かえって無援孤立の浪人者どもの集団たる大阪方にあった」と語っている。「忠義」という理念にあまり思い入れのない蘇峰をしてここまで言わせるのだから、当時、大坂方の忠義がいかに称賛されていたかが分かる。

日本の政財界では革命思想の浸透に対する警戒感が広まっており、「忠君愛国」という国民道徳を強化する必要が語られていた。明治末年以降に知識人の間で広がった幸村を忠臣として捉える見方は、以上の政治的・社会的状況を背景としていた。

立川文庫と真田十勇士

けれども庶民から見れば、真田幸村の最大の魅力は、忠義ではなく智謀である。幸村の大衆的人気を不動のものにしたのは、立川《たつかわ》文庫だろう。

立川文庫は、大阪の立川文明堂《ぶんめいどう》(創業者は立川熊次郎《くまじろう》)が明治四十四年(一九一一)から大正十五年(一九二六)にかけて刊行した約二〇〇篇の少年向け小説群の総称である。旅回りの上方講談師玉田玉秀斎《たまだぎょくしゅうさい》とその妻である山田敬《やまだけい》、その連れ子である阿鉄《おてつ》らが集団制作した。語られる講談を速記者が聞き取って書く従来の講談速記と異なり、講談の筋に従って新たに書き下ろした「書き講談」である点に特色がある。爆発的な人気を得て一世を風靡《ふうび》したが、玉秀斎の死や粗製濫造、他社の類似本刊行により衰退した。

立川文庫第五編『智謀　真田幸村』(一九一一年)は、概ね『真田三代記』などを踏襲している。真田幸村は「唐土《もろこし》の孔明・張良、また我が国にては、楠正成にも優るべき御仁」との名声を得ており、「軍師」として大坂入城する。奇策を駆使して徳川勢を散々苦しめ、最後は薩摩に逃れる。

そして、「真田家の郎党にて、しのびの達人猿飛佐助」が登場する。猿飛佐助の初出は江戸中期の『厭蝕太平楽記』であり、以降の大坂軍記にも佐助は散見される。真田幸村の超人的活躍を支えたのは佐助ら真田の忍びである、という認識は江戸後期には成立していた。しかし、私たちが抱く猿飛佐助の人物像を創造したのは玉田玉秀斎である。

猿飛佐助が本格的に活躍するのは、立川文庫第一八編『真田幸村諸国漫遊記』（一九一一年）からである。同作は、玉田玉秀斎講演・山田酔神《すいじん》速記で中川玉成堂《なかがわぎよくせいどう》から出版された『真田幸村諸国漫遊記』（一九〇三年）・『佐渡ヶ島《さどがしま》大仇討』（一九〇六年）・『真田幸村北国漫遊記』（一九〇七年）・『真田幸村九州漫遊記』（一九〇九年）をまとめたものである。ストーリーは玉田玉秀斎のオリジナルと思われる。

ちなみに、立川文庫には諸国漫遊記が非常に多い。一休禅師《いつきゆうぜんじ》・水戸黄門《みとこうもん》・大久保彦左衛門《おおくぼひこざえもん》・北条時頼《ときより》らの諸国漫遊記が刊行されている。続篇を作りやすく、また名所案内的な需要にも応《こた》えられたからだろう。

あらすじを紹介しよう。真田昌幸の死後、幸村は「猿飛佐助という忍術の名人と、筧十造」を引き連れて九度山を出て、豊臣・徳川の決戦に備えて全国を渡り歩いて諸大名を味方につけようとする。その諸国漫遊の途中、佐助の忍術によって悪党をこらしめたり、徳川方に命を狙われて撃退したりする。大坂の陣の前日譚《ぜんじつたん》という体裁をとっており、一から十まで作り話である。

脇役だった猿飛佐助を主人公にしたのが立川文庫第四〇編の『忍術大名人　猿飛佐助』(一九一三年)である。これが大ヒットして、大正期に忍術ブームを巻き起こす。佐助が真田幸村の下で活躍するのは物語の序盤だけで、その後、佐助と三好清海入道は幸村から三年の暇をもらい、全国の大名の動静を探る旅に出る。諸国漫遊の途中、様々な豪傑と出会い、戦ったり仲間になったりする。現在の少年漫画の元祖と言えるかもしれない。

猿飛佐助の来歴も明らかにされた。佐助は信州の郷士鷲尾佐太夫《わしおさだゆう》の子で、鳥居峠《とりいとうげ》で一人武術の稽古をしていたところ、一一歳の時に戸沢白雲斎《とざわはくうんさい》に見出《みいだ》されて、三年間甲賀《こうか》流忍術の修行を受ける。そして一五歳の時に真田幸村と出逢《であ》い、その家臣となったという。

従来の実録・講談でも忍びはしばしば登場したが、盗賊・密偵など後ろ暗いイメージがつきまとった。これに対して、立川文庫の猿飛佐助は明朗快活な正義の忍びである。国文学者の吉丸雄哉《よしまるかつや》氏が指摘するように、玉田玉秀斎は忍者像を大きく転換したのである。

以後、真田十勇士の活躍を描いた小説・映画が次々に作られた。彼らはある意味、真田幸村以上に有名になったのだ。

第三節　戦前・戦後の真田信繁像

戦時下の真田幸村

日中戦争の頃は『エノケンの猿飛佐助』や大谷日出夫《おおたにひでお》主演の『忍術霧隠才蔵』など真田十勇士の映画も封切られたが、太平洋戦争が始まると娯楽映画の製作は激減し、真田十勇士は姿を消す。戦時下に入ったことで、武士道精神が鼓吹されるようになり、その影響は児童にまで及んだ。いわゆる「少国民」教育である。

一例として、昭和十六年（一九四一）に刊行された大木雄二《おおきゆうじ》の児童向け読み物『日本武将物語』（金の星社）を見てみよう。紹介されている武将は、源義家《よしいえ》から始まり徳川家康までである。家康が入っているのは奇異な印象も受けるが、幼年〜若年の苦難の時代と関ヶ原合戦に焦点を絞っている。

著者は「あとがき」で、「武士道はすなわち日本精神の源であります。私心をすて、身をなげうち、ただただ主のため国のために尽くした武士の心こそ、日本人のほんとうの心であり、ほんとうの生き方であります。忠義はここに出発します。忠義とは、崇高な日本精神です。孝行も友愛も、忠義を源として生まれる心です」と語る。続けて「私たちは、この武将の心を学びましょう。負けないように努力しましょう。そして国の恩にこたえようではありませんか」と呼びかける。時局を強く意識していることがうかがえる。

同書には、真田幸村も取り上げられている。児童向けであるので、幸村の痛快無比な活躍も描くが、それ以上に忠義が強調される。大野治長から大坂入城を頼まれた幸村の心境を、著者は次のように記す。「勢いのよい徳川氏と、だんだんおとろえていく豊臣氏とをくらべて考えると、どうしても豊臣方が勝とうとは思えません。けれども幸村は、勝っても負けても、そんなことはかまいませんでした。豊臣家のために——幸村はこう考えたのでした」と。

そして著者は、真田幸村と息子大助との別れを感動的に描く。さらに、大助を大坂城に戻した後の幸村の胸中を代弁する。「戦えるだけ戦ったのです。何にも思いのこすことはありません。ただこの上は、りっぱな武士らしい死に方をしたいと考えるばかりでありました」と。幸村は徳川家康の本陣に斬り込み、潔い最期を遂げる。

この種の児童向けの愛国読み物は、当時盛んに刊行された。戦時中に出版された『我等の偉人』シリーズ（金の星社）は、「はしがき」で「私たちは、日本に生まれたこのよろこびと、この光栄とを、この上とも高く熾《さか》んにして、万世一系の天皇を仰ぎ、臣子の大道を歩いてゆかねばなりません」と訴える。そのためには、日本の歴史上の偉人から「忠君愛国の精神」を学ぶ必要があるという。同シリーズは真田幸村を取り上げ、「豊臣家代々の家臣というではないのに、節義のために一身をなげうった幸村の最期こそ、武士道の権化というべきでしょう」と、その忠義を賞賛している。

「読売新聞」の昭和十九年八月五日の朝刊には、学童疎開への協力を呼びかけるコラムがある。「学童疎開を阻むものは、当局の物的準備の不足もさることながら、第一に愛児を送る父母側の感傷である」と説く。「親として不安がるのも無理はないが、ここでグッと感傷を耐え笑って子を送り出すのが国家のためでもあり、また愛児のためでもある」と語り、桜井の別れを引き合いに出す。続けて「大阪方の名将真田幸村が今日を最後と覚悟を定めた元和元年五月六日、父と共に死を願う子大助幸昌《ゆきまさ》を大阪城内に送り還《かえ》し、秀頼の最期を見届けさせ、その悲壮さにおいて『桜井の決別と双璧なり』といわれたのも、小さい愛情を殺して大義に生きんことを期したからである」と主張している。国民を戦争に全面協力させるため、忠臣幸村像を前面に押し出しているのである。

戦後の娯楽作品における真田幸村

敗戦後、娯楽に飢えた国民の前に真田十勇士が再び姿を現した。織田作之助《おださくのすけ》『猿飛佐助』（一九四五年）、富田常雄《とみたつねお》『忍者 猿飛佐助』（一九四八年）、林芙美子《はやしふみこ》『絵本猿飛佐助』（一九五〇年）など、猿飛佐助人気は健在であった。佐助は漫画でも大活躍した。

真田十勇士ものではなく、真田幸村を主人公にした史実寄りの作品としては、尾崎士郎《おざきしろう》『春や昔大阪城』（一九五〇年）が挙げられる。戦前の幸村作品と比較した場合、本作の特徴は、幸村を忠義の士として描いていない点にある。

真田昌幸・信幸《のぶゆき》・幸村の親子兄弟が、石田三成の西軍につくか徳川家康の東軍につくかを議論し、昌幸・幸村が西軍に、信幸が東軍につくと決した、「犬伏《いぬぶし》の別れ」という有名な逸話がある。福本日南『大阪城の七将星』における幸村は、豊臣家から受けた恩義に報いるべきと説いており、まさに忠臣幸村である。九度山に入って後も、昌幸・幸村父子は打倒徳川の好機を密かに待ち、大野治長が幸村に出廬《しゅつろ》を乞うや快諾したと記す。

これに対し、尾崎士郎の『春や昔大阪城』はずいぶん趣を異にする。犬伏の別れで幸村は、「今や、六連銭の旗、風になびくところ、百万の大軍もたじろぐこと必定、それがしはいさぎよく戦い、いさぎよく死ぬことができれば、わが身の栄達これにまさるものなしと考えます」「それがしは、天下の権に任ずる内府にひと泡吹かせ、真田一門の弓矢の道はかくまでに、花やかなものであったかと思い知らせてやりたいだけのこと」と語っている。大野治長が出馬を要請してきた際も即答はしていない。尾崎は「豊家に果たすべき義理もなければ、報ゆるべき恩恵もかんじていない彼が何を求めて、淀の方の袖にかくれて勢威を張る戦国当世才子ともいうべき大野の懇請に従う必要があろう」と記している。

では、真田幸村が最終的に大坂に入城したのは何故か。尾崎士郎は次のように記す。「彼はおのれの力の流動にまかせて、われとわが心にみち足りた人生を終わりたかった」「一寸の虫にも五分の魂がある。六連銭の旗影うすしといえども、狸親爺に戦争とはかくのごときものだと教えてやるくらいのことはできるであろう……（中略）……ただ、真田左衛門佐《さえもんのすけ》の動くところ味方も勇み、敵も色めき、散る花のいさぎよさに滅びてゆく姿こそわが身が一生の念願ではないか」と。本作の幸村は、豊臣家への忠義ではなく、自身の武略を世に示すために起ち上がるのである。お涙頂戴の名場面になるはずの、息子大助との別れもあっさり描かれる。

尾崎士郎は『春や昔大阪城』の「あとがき」で以下のように語っている。「幸村のもつ近代的性格は主従の関係の上に生じた封建的鉄則を蹂躪《じゅうりん》して、戦うことそれ自体に情熱をささげつくしたところに無限の魅力がよびおこされる。彼を戦国のスポーツマンとして見る習慣は今日において、ほとんど一般化されているごとき観を呈してはいるが、しかし彼をしてかくのごとき自由奔放な動きに任ぜしめたものは性格の中にふかく根をおろした『虚無感』の然《しか》らしむるところである」と。

これまで見てきたように、江戸時代から敗戦に至るまで、真田幸村は基本的に忠臣と認識されてきた。幸村が「主従の関係の上に生じた封建的鉄則を蹂躪して、戦うことそれ自体に情熱をささげつくした」ように映るのは、戦後的価値観という色眼鏡を通しているからに他ならない。忠義や武士道といった既存の価値観が完全に崩壊し、焼け野原となった戦後日本を生きる尾崎士郎（戦争協力者として公職追放されている）には、幸村が刹那《せつな》的なニヒリストのように思えた、というだけのことである。

尾崎士郎は「彼にとっては一切が享楽であり、道義である」と語る。これは、坂口安吾《さかぐちあんご》の「織田信長」（一九四八年）が、「生きるとは、全的なる遊びである」と達観した信長を描いた（二一〇頁を参照）のと同じである。

池波正太郎の『真田太平記』

昭和三十年代の忍者小説ブームを受けて、真田十勇士ものが多く発表された。村山知義《むらやまともよし》『忍びの者』シリーズ（一九六〇年連載開始）、司馬遼太郎《しばりようたろう》『風神の門』（一九六一～六二年連載）、柴田錬三郎《しばたれんざぶろう》『柴錬立川文庫　猿飛佐助』（一九六二年連載）などが代表的である。その後も笹沢佐保《ささざわさほ》『真田十勇士』（一九七九年連載開始）、津本陽《つもとよう》『真田忍俠《にんきよう》記』（一九九六年）などが発表される。映画・大衆演劇でも好んで取り上げられた。

真田十勇士抜きで真田幸村が出てくる歴史小説は意外に少ない。井上靖《いのうえやすし》の連作短編集『真田軍記』（一九五五年連載、一九五七年刊行）くらいだろうか。同作は、「海野能登守自刃《うんののとのかみ》」

「本多忠勝《ほんだただかつ》の女《むすめ》」「むしろの差物」「真田影武者」の四編の短編から成る。厳密な史料考証で知られる作家だけに、「真武内伝《しんぶないでん》」（一七三一年に竹内軌定《たけうちのりさだ》が松代《まつしろ》藩主真田家歴代の系譜および事績をまとめたもの）などに依拠しており、「講談まがいの記述」を排除している。ただし、真田十勇士が登場しないだけでなく、真田幸村の影も薄い。真田昌幸・幸村・大助の周辺人物に焦点を絞っているからである。

井上靖が真田昌幸・幸村・大助の三代を側面から描いたことは、真田十勇士ブーム以後に真田幸村の小説を書くことの難しさを教えてくれる。真田十勇士を活躍させると、いかにも講談調の荒唐無稽な話に見えてしまう。かといって幸村の傍らに十勇士がいないと、何か物足りなく感じられる。読者は忍びや影武者の活躍を見たいのである。井上靖のように短編を書くのならともかく、昌幸・幸村を主人公に据えた長編で十勇士が出てこないのは、やはり寂しい。

前掲の尾崎士郎『春や昔大阪城』には真田十勇士が登場するものの、その活動は控えめである。真田十勇士をもっと活躍させたいと思ったのか、尾崎は講談風の『新説　真田幸村』（一九五二年）も執筆している。同作は犬伏の別れから筆を起こし、真田幸村の真田丸築城で幕を引いているが、歴史的事件の叙述よりも十勇士の獅子《しし》奮迅の働きを描くことに力を注いでいる。特に猿飛佐助と三好清海入道がコンビで任務に従事する点は、立川文庫の展開を踏襲している。表題は「真田幸村」だが、主役はどちらかというと猿飛佐助の方である。真田十勇士を登場させた上で、本格歴史小説として真田一族の戦いを書く。この両立に成功したのが、池波正太郎《いけなみしょうたろう》の『真田太平記』（一九七四～八二年、「週刊朝日」連載）だろう。説明は不要と思うが、同作は武田氏滅亡、本能寺《ほんのうじ》の変以後の信州争奪戦、豊臣秀吉の天下統一、関ヶ原の戦い、大坂の陣など戦乱相次ぐ激動の時代を懸命に生き抜いた真田昌幸・信幸・幸村の親子兄弟の絆《きずな》を活写した長編歴史小説である。

本作には甲賀や伊賀《いが》、そして真田の草の者（忍び）が多数登場し、歴史の裏面で蠢《うごめ》く。しかし猿飛佐助や霧隠才蔵といった、いわゆる「真田十勇士」の人物造形は、立川文庫とは大きく異なる。そもそも名前からして、向井《むかい》佐助・宮塚《みやのつか》才蔵などと、微妙に変えている。立川文庫の真田十勇士のままだとリアリティが損なわれるという判断があったのだろう。同作で最も活躍する真田忍びは十勇士ではなく、池波正太郎が創作した女忍びのお江《こう》である。

池波正太郎は等身大の真田幸村を描いている。昌幸存命中は当主の昌幸の存在感が大きく、幸村はそこまで目立っていない。犬伏の別れでも父である昌幸の判断に従うといった雰囲気で、自分の意志を強く出していない。歴史上に実在した真田信繁も、父や兄に対して己の意見を声高に述べたりはしなかっただろうから、『真田太平記』の筆致には現実味がある。池波はむしろ幸村の兄の信幸を大人物として描いており、講談の世界と一線を画そうとする作家一流の工夫が見て取れる。

真田信繁は軍師だったのか？

実録『難波戦記』は「軍師」という表現こそ用いないものの、明らかに真田幸村を軍師的存在として造形している。以後、軍記・実録・講談・小説・映画など、あらゆるメディアで軍師幸村像が拡大再生産された。

もちろん、真田幸村が奇想天外な計略を用いて関東方をたびたび打ち破ったという話は後世の創作である。そもそも戦国時代に「軍師」という職掌は実在しない。「軍師」という言葉すら同時代史料には見られない。

では、現実の真田信繁が作戦を立案したという歴史的事実はあるのだろうか。第一節で触れた、大坂冬の陣での宇治・勢多進出作戦の初出史料は、現在確認されている範囲では実録『難波戦記』である。史実とはみなしがたい。

徳川家康のブレーンである金地院崇伝《こんちいんすうでん》が細川忠興《ほそかわただおき》に送った書状には、「大坂城中には有楽《うらく》（織田有楽斎）・大野修理（治長）・津田左門《つださもん》（織田頼長《よりなが》、有楽斎の子）、かようの衆取持にて、牢人衆引き籠もり、籠城の用意と相聞え候」（『本光国師日記《ほんこうこくしにっき》』慶長十九年十月十九日条）とある。大坂方は最初から籠城《ろうじょう》の準備を進めている、というのが幕府の認識だった。

真田信繁が九度山を出たのは十月九日であり（「蓮華定院覚書《れんげじょういんおぼえがき》」など）、大坂入城は十日頃と考えられる。徳川家康は十月六日には本多忠政《ただまさ》（忠勝の嫡男、伊勢桑名藩《いせくわな》）ら近畿の大名に出陣を命じており、忠政らは十六日頃には伏見《ふしみ》に着陣している（「譜牒餘録《ふちょうよろく》」など）。

慶長五年（一六〇〇）七月、挙兵した石田三成ら西軍数万は、徳川家康の家臣である鳥居《とりい》元忠《もとただ》ら二〇〇〇人が籠《こ》もる伏見城を攻撃したが、一〇日以上かけてようやく攻略している。大坂冬の陣当時、伏見には家康が置いた城代（松平定勝《さだかつ》）がおり、本多忠政らの着陣前に真田信繁らが伏見城を落とすだけでも至難の業だろう。宇治・勢多進出案は時間的余裕を考えると現実的ではなく、豊臣家としては大坂城の防備強化に専念するしかなかったというのが実情ではないだろうか。

前掲の挿話は、真田幸村を軍師と位置づけるために生み出されたものと思われる。現実の真田信繁は現場指揮官の一人にすぎなかった。幸村を軍師にするには、大坂方の戦略・作戦を立案する場面を作る必要があったのである。

近世軍記の成立には軍学者が深く関わっていたと考えられている。軍学者たちは、戦国時代の名軍師の軍学を今に伝える人物として自らを売り込んだ。彼らは軍師の末裔《まつえい》を自称し、世が世ならば采配《さいはい》を握っていたとうそぶいた。やがて、軍学講釈は娯楽色を強め、講談になる。したがって軍記類、そして講談には軍師の存在が不可欠であった。

大坂の陣における大坂方の軍師として、軍学者たちが真田幸村を選んだのは何故だろうか。後藤又兵衛ではダメなのだろうか。大坂入城までの活動が良く分からないため創作の自由度が高かったこと、寡兵を以て徳川家康を苦しめた真田昌幸の息子であったことが理由と思われる。

さすがに今では、『真田三代記』や立川文庫の超人的な真田幸村像は過去のものとなった。けれども、「軍師」イメージを払拭《ふっしょく》しない限り、真田信繁の実像に迫ることはできないだろう。

第七章　徳川家康――狸親父だったのか？

第一節　近世の徳川家康像

人質時代の苦労は本当か

徳川家康に関しては、相反する二つのイメージがある。いわゆる「狸親父《たぬきおやじ》」と、「我慢の人」である。前者の「狸親父」については後で述べるとして、後者の「我慢の人」について説明しよう。

徳川家康の名言として人口に膾炙《かいしゃ》しているものに、「人の一生は重き荷を負うて遠き道を行くがごとし、急ぐべからず」がある。これは、実は家康の言葉ではない。旧幕臣の池田《いけだ》松之介《まつのすけ》が、水戸光圀の遺訓と伝わる『人のいましめ』を元に偽造したものだという。これを高橋泥舟《たかはしでいしゅう》らが日光東照宮《にっこうとうしょうぐう》など、各地の東照宮に収めたことで有名になったらしい。

右の言葉が有名になったのは、「徳川家康は苦労人である」という認識が世間に広まっており、そのイメージとぴったり合致したからだろう。では、なぜ家康は苦労人だと思われたのか。これは、幼少期の家康が人質として苦難の日々を送ったというエピソードに起因するところが大きい。

徳川家康が人質として苦労したという話は、江戸時代を通じて盛んに喧伝《けんでん》された。その端緒は、『三河物語《みかわものがたり》』だろう。徳川家康・秀忠《ひでただ》・家光《いえみつ》三代に仕えた譜代家臣である大久保彦左衛門忠教《おおくぼひこざえもんただたか》が、徳川家・大久保家の歴史を記したものである。元和《げんな》八年（一六二二）頃に原型が成立し、寛永《かんえい》三年（一六二六）頃に完成したと考えられている。

同書は、徳川家康の苦難を以下のように説明する。天文《てんぶん》十六年（一五四七）、岡崎《おかざき》城主松平広忠《まつだいらひろただ》の嫡男である竹千代《たけちよ》（家康の幼名）は六歳の時に今川義元《いまがわよしもと》の元に人質として送られることになった。しかし、途中で立ち寄った田原《たはら》城の城主戸田康光《とだやすみつ》の裏切りによって、竹千代は尾張《おわり》の織田信秀《おだのぶひで》（信長の父）の元に送られてしまう。

天文十八年、今川義元は織田信広《のぶひろ》（信長の庶兄）を捕らえ、人質交換によって竹千代を取り戻した。だが岡崎城に戻ることは許されず、そのまま義元の居城である駿府《すんぷ》城に移された。人質時代は、今川家臣の原見石主水《はらみいしもんど》（孕石元泰《はらみいしもとやす》）に見下されるなど、つらい日々を送ったという。

岡崎城には今川軍が進駐してきた。松平氏の領地は全て今川氏に奪われてしまい、松平氏の家臣たちは百姓同然に鎌や鍬《くわ》を手に田畑を耕して妻子を養うことになる。今川と織田が合戦する際には松平勢が毎回先陣を切らされ、多くの戦死者を出した。こうした『三河物語』の記述は、江戸幕府が編纂《へんさん》した徳川家康の伝記『東照宮御実紀』（二二九頁を参照）などに採用され、人質時代の家康主従の苦難は広く喧伝された。

けれども、『三河物語』が語る家康主従の悲哀はかなり誇張されたものである。同書は、今川義元が竹千代を岡崎城に帰さなかったことを批判的に記すが、今川氏の措置は必ずしも理不尽なものではない。

天文十八年に、竹千代の父である松平広忠が二四歳の若さで亡くなってしまう。『三河物語』は病死と記すが、家臣に斬られたとする史料もある。ともあれ、広忠が死んだことで、松平宗家《そうけ》の人間は竹千代一人になった（広忠には他に男子がいなかった）。今川氏から見れば岡崎城は対織田の最前線であり、竹千代を岡崎ではなく駿府に置くことは、竹千代を安全な場所で保護するという意味をも持っていた。

通常、今川氏に従った三河の国衆の人質は、三河にある吉田《よしだ》城に置かれた。竹千代が駿府城に送られたのは、西三河で随一の勢力を誇る松平氏への高い評価に基づく。

確かに今川義元は岡崎城に家臣を送り込んだが、領国支配は松平氏の譜代家臣によって担われたことが当時の古文書から裏付けられる。今川軍の進駐は織田氏の攻撃に備えるためのもので、松平氏領国の年貢を全て横取りしたという『三河物語』の説明は信用できない。

竹千代は天文二十四年に元服し、今川義元から「元」の一字を賜り、「元信《もとのぶ》」と名乗った。そして、弘治《こうじ》二年（一五五六）もしくは三年には今川一門の関口氏純《せきぐちうじずみ》の娘（築山殿《つきやまどの》）と結婚した。築山殿は義元の姪《めい》であり、この婚姻により松平元信は今川氏の親類衆になった（その後、「元康《もとやす》」に改名）。明らかに厚遇されている。

松平元康はその後も駿府に居住し、岡崎に戻ることはほとんどなかった。しかし、駿府常駐は同じ今川氏親類衆の葛山《かずらやま》氏にも見られるので、元康が「人質」としてことさら辛い生活を送っていたわけではない。

『三河物語』など、江戸時代の諸書が今川氏の横暴、家康主従の苦難を強調したのは、徳川家の〝裏切り〟を正当化するためだろう。永禄《えいろく》三年（一五六〇）五月の桶狭間《おけはざま》の戦いで今川義元が敗死すると、松平元康は翌年に織田信長と和睦《わぼく》し、今川方の城を攻撃した。『東武談叢』や『落穂集』など近世成立の諸書によれば、元康は今川氏真《うじざね》（義元の嫡男）に弔い合戦を進言したが、氏真が酒宴乱舞に興じて一向に戦う気を見せないので、元康は今川氏を見限ったという。家康が今川氏を裏切ることを合理化するための創作と思われる。

永禄六年には、今川義元からの偏諱《へんき》である「元」の字を嫌って元康から家康と名を改めた。

同九年には三河を平定し、徳川に改姓した。さらに、同十一年には武田信玄と同盟して今川領遠江《とおとうみ》に侵攻し、翌十二年には戦国大名今川氏を滅ぼした。

徳川家康の以上の行動は、客観的に見れば、「恩を仇《あだ》で返す」ものに他ならない。そこで「家康主従は今川氏から抑圧されていた」という話を創造し、裏切りを正当化したと考えられる。

「信康事件」の真相

徳川家康が忍耐の人であるというイメージを支える、もう一つの出来事は、いわゆる「信《のぶ》康《やす》事件」である。知らない人はいないと思うが、念のため説明すると、織田信長の命令によって、徳川家康が涙を飲んで嫡男信康を切腹させたと一般に言われる事件だ。

江戸時代の諸書は、信康事件をどのように叙述しているのだろうか。まずは『三河物語』を見てみよう。天正《てんしょう》七年（一五七九）、信康の正室徳姫《とくひめ》（織田信長の娘）が信康の不行状一二箇条を書状に記し、酒井《さかい》忠次《ただつぐ》に持たせて信長に送った。信長が忠次に問いただしたところ、一〇箇条につき「存知申す」と返答したため、信長は「腹を切らせ給え〔上〕」と家康に伝えよと命じた。家康は「我も大敵をかかえて、信長を後ろに当ててある故は、信長に背きてなりがたければ、是非に及ばず」と語る。武田勝頼《かつより》と戦っている現状で信長と敵対したら徳川は滅

「徳川家康三方ケ原戦役画像」（部分）徳川美術館所蔵

三方ケ原の戦いで武田家に敗れた姿を描かせ、慢心の戒めにしたと言われているが近年は疑問視されている。

亡してしまうので、命令に従うしかないというのだ。信康の傅役《もりやく》である平岩親吉《ひらいわちかよし》は、自分の首を切って信長に送れば信長の怒りも収まるはずと訴えるが、家康は「お前の命をもらっても信康は助けられないだろう。お前まで失っては恥の上塗りだ」と諭し、断腸の思いで信康を岡崎城から追放し、後に切腹させた。

興味深いことに、『三河物語』は織田信長を強く批判していない。むしろ、夫である信康を中傷した徳姫や、信長の尋問に対して弁明しなかった酒井忠次への憤りを記している。また、築山殿（信康の母）への言及もない。

他の史料も見てみよう。『三河物語』と同時代に成立した歴史書に『松平記』がある。徳川氏創業時代、すなわち家康の祖父松平清康《きよやす》の死から、築山殿および嫡男信康の死までを記している。『松平記』は、築山殿悪女説を採用している。徳姫は女子しか産まないため信康・築山殿に疎まれた。徳姫は信長に、信康が鷹狩《たかが》りの場で僧侶《そうりょ》をしばり殺す、築山殿が武田氏と内通しているなどの不行状を訴える。信長は酒井忠次・大久保忠世《ただよ》（忠教の兄）に尋ねて信康の不行跡を事実と確認、「か様の悪人にて家康の家をなにとして相続あらん。後には必ず家の大事と成らん」と激怒する。忠次らは信康と不仲だったため信康を擁護せず、「もっとも御意《ぎょい》の通り、悪逆人にて御座候《ござそうろう》」と応じた。家康は信長に「信康を自害させます」と述べ、信長は「処分は任せる」と返答した。

右の『松平記』は、信康・築山殿の非を記し、また弁明しなかった酒井忠次らに対しても批判的である。徳川家康が泣く泣く切腹させたという描写もない。織田信長が難癖をつけてきたという印象は薄い。

江戸幕府の公式歴史観が示された歴史書『武徳大成記』（一六八六年、一六八頁を参照）はどうか。同書によれば、築山殿は織田信長を殺し、信康を擁立することを企んだという。徳姫が一二箇条の書状を信長に送って、信長が酒井忠次に事実確認をした後、家康に信康を殺すように命じた。平岩親吉が身代わりになると訴えるが、家康は却下する。『三河物語』と『松平記』を混ぜたような内容だが、築山殿は有罪だが信康は冤罪《えんざい》という論調が見られる。

『武徳大成記』では、家康は先に築山殿を殺し、信康は追放・廃嫡に留《とど》めた。信康が謀反に直接関与しているという証拠はないので、築山殿を殺せば事態は収まると家康は考えたが、それでも信長の怒りがとけなかったので、仕方なく信康を殺した、という流れになっている。

信康事件の悲劇性は時代が下るにつれて増幅された。江戸後期成立の『東照宮御実紀』を確認しよう。『徳川実紀』（一一九・一二九頁を参照）は天保十三年（一八四二）に完成した。そのうち、家康の伝記である『東照宮御実紀』に関しては、天保《てんぽう》十～十一年頃に校閲が完了したと考えられている。

同書は、築山殿が武田氏との内通を疑われて殺害され、信康もこれに連座して切腹した、という立場を採っている。平岩親吉が嘆願するのは『三河物語』の踏襲だが、親吉と家康のやりとりが増補されている。家康は言う。現在、徳川は武田と戦っており、織田の援軍を失えば徳川は滅んでしまう。息子への愛情ゆえに徳川家を滅ぼしてしまうことになったら、徳川家を築いてきた祖先に申し訳が立たない。親心としては自分が子どもの代わりに死にたいくらいだけれども、それでは徳川家が滅んでしまう。自分が生き残るために罪なき子どもを殺すのではなく、家を残すために泣く泣く殺すのだ、と。

まさにお涙頂戴《ちょうだい》的な展開で、信康の冤罪が強調されている。しかし『東照宮御実紀』でさえ、徳川の側に何の非もないという書き方をしていない点は、注目される。信康はともかく、築山殿が武田勝頼と内通していたことは、同書も示唆しているのである。

歴史小説などでは、信康事件は信康の勇猛を恐れた織田信長による謀略として描かれることが多い。そういう説を唱えた江戸時代の史料が全然存在しないわけではないが、『三河物語』や『東照宮御実紀』など、「徳川史観」に基づく史料も徳川方の落ち度を基本的に認めているという事実は無視できない。本当に信長の処置が理不尽なものだったなら、徳川の天下であった江戸時代に、そのことが宣伝されないはずがない。また、信康事件が起こっていた時期は、荒木村重《あらきむらしげ》が信長に対して謀反を起こし抗戦している最中であり、わざわざ徳川氏と事を構える動機が信長にはない。

一次史料である『家忠日記《いえただ》』（家康家臣の松平家忠の日記）は信康事件に触れるが、同日記には織田信長からの命令をうかがわせる記述はない。八月八日堀秀政《ほりひでまさ》宛て徳川家康書状（「信光明寺文書」）も、信康の処分について信長に報告し、承認を得ようとする内容であり、事前に信長から命令を受けていた形跡は見られない。要するに同時代史料に従えば、信康の処分を主導したのは、あくまで家康なのである。

ちなみに、『三河物語』と同じ寛永年間に成立したとされる歴史書『当代記』も、信康の不行状について徳川家康から報告を受けた織田信長が「家康存分次第」にせよと返答した、と記す。太田牛一《おおたぎゅういち》の『安土日記《あづち》』（『信長公記《しんちょう》』の古態本）も、信康「逆心」の噂が立ったため、家康が信長に報告した上で信康を追放したと記す。家康が信康処分について信長に報告・相談しているのは、信康が信長の娘婿であることと、当時の家康は信長に従属する大名であったことによると思われる。

近年の研究は、織田信長から信康殺害指示が出ていたことに否定的である。信康事件の背景には、親織田路線を採る浜松《はままつ》城の家康派と親武田路線への転換を唱える岡崎城の信康派との派閥抗争があり、当主である家康が家中の混乱を収拾するために信康を追放、殺害した。これが事件の本質だろう。江戸時代、神君《しんくん》家康が我が子を殺したという不都合な真実を糊塗《こと》するために、信長から信康殺害を強要されたという物語が作られ、時代を経るにつれ悲劇性が強調されていったのである。

方広寺鐘銘事件はどう描かれたか

さて一方で、徳川家康の悪名を高めたのが大坂の陣である。方広寺《ほうこうじ》の鐘銘《しょうめい》を口実に豊臣家《とよとみ》を挑発して戦争に持ち込み、大坂城の内堀の埋め立てなどの謀略によって豊臣家を滅ぼしたという認識が「狸親父」イメージを決定づけた。

では、江戸時代、方広寺鐘銘事件はどう描かれたのだろうか。前章で取り上げた『大坂物語』（二〇六頁を参照）は、同事件に言及していない。「世上何となくささやく事共多かりければ」、徳川家康が豊臣家家老の片桐且元《かたぎりかつもと》を召喚し、事態の収拾を命じた。ところが豊臣秀《ひで》頼《より》が且元を放逐したため、大坂の陣が起こったという。「世上何となくささやく事」とは、豊臣と徳川の戦になるといった噂が流れたということだろう。

片桐且元は豊臣秀頼と徳川家康に両属するような立場であり、両家をつなぐパイプ役となっていた。その且元を秀頼が一方的に追放したことは、徳川家との断交を意味し、家康にとって開戦の口実となった。その点で豊臣側に落ち度があったことは間違いないが、そもそもの発端である方広寺鐘銘事件に触れず、豊臣家の非のみを指摘するのは公平とは言えない。『大坂物語』が徳川寄りと評される所以《ゆえん》である。

大久保彦左衛門忠教の『三河物語』も方広寺鐘銘事件には言及していない。豊臣家が牢人《ろうにん》を大勢雇い入れたことがきっかけで大坂の陣が起こったと語っており、徳川正当化の姿勢が顕著である。なお、『東照宮御実紀』も主に『三河物語』に依拠したようで、方広寺鐘銘事件に触れず、秀頼が讒言《ざんげん》を信じて牢人を集めたことが発端と説く（ただし秀忠の一代記『台徳《たいとく》院殿《いんでん》御実紀』は方広寺鐘銘事件に触れる）。

方広寺鐘銘事件が記されるのは、『駿府記』あたりからだろうか。同書は慶長《けいちょう》十六年（一六一一）八月一日から元和元年（一六一五）十二月二十九日までの記録であり、駿府で大御《おおご》所《しょ》政治を行う徳川家康の動静を中心に記述する。著者は後藤庄三郎光次《ごとうしょうざぶろうみつつぐ》、林羅山《はやしらざん》（六三・八六頁を参照）など家康側近と考えられており、江戸初期に成立した史料と言えよう。

慶長十九年春、京都方広寺の再建工事がほぼ完成し、四月には梵鐘《ぼんしょう》の鋳造も行われた。方広寺大仏開眼供養は八月三日、大仏殿供養は同十八日に行われる予定であった。ところが、七月下旬に入り鐘の銘文が問題視され、家康は供養の延期を命じた。良く知られているように、「国家安康《こっかあんこう》」「君臣豊楽《くんしんほうらく》」の二語が豊臣の繁栄を言祝《ことほ》ぐ一方で家康を呪詛《じゅそ》するものであるとして、家康が激怒したのだ。片桐且元は弁明のため駿府を訪れるが、家康には会えず、家康側近の金地院崇伝《こんちいんすうでん》・本多正純《ほんだまさずみ》に詰問される。大坂に戻った且元は三箇条（秀頼の在江戸、淀《よど》殿の在江戸、大坂城退去）のどれかを受け入れるべきと提案したため、豊臣秀頼・淀殿の怒りを買い、大坂城を去った。

これが寛文《かんぶん》十二年（一六七二）以前に成立した実録『難波《なにわ》戦記』になると、徳川家康の狡猾さが強調される。豊臣家は片桐且元だけでなく大蔵卿局《おおくらきょうのつぼね》（淀殿の乳母《めのと》）らも弁明の使者として派遣する。家康は且元には冷淡だったが、大蔵卿局は歓待する。大蔵卿局は、家康はそれほど怒っていないと思ってしまう。このため、帰坂した且元が三箇条を提案すると、且元が徳川への寝返りの手土産として勝手に言い出したことと判断し、淀殿に注進する。

貞享《じょうきょう》三年（一六八六）に完成した『武徳大成記』も同様である。先に述べたように、同書は幕府の命を受けて林鳳岡・木下順庵らが編纂した歴史書で、松平氏の由緒から徳川家康の天下統一までを記す（一六八頁を参照）。同書で家康は、釈明に訪れた大蔵卿局を歓待し、「秀頼は将軍家の婿なれば我が子と同じ」と語り、大蔵卿局を安心させる。一方、本多正純を通じて片桐且元を圧迫する。大坂城に戻った且元は三箇条を提案し、大蔵卿局は「且元が言う所は、大御所公の仰《おおせ》に子細にあらず。吾が君を売りて、自分の利をなすべしとの謀《はかりごと》ならん」と疑い、淀殿に「片桐市正《いちのかみ》反逆の志あり」と通報する。

明言こそしていないものの、これらの書は、大蔵卿局への対応と片桐且元への対応を意図的に変えることで大坂城内の分裂を煽《あお》った家康の狡知を印象づけている。両書とも、徳川の立場から大坂の陣を叙述しているにもかかわらず、家康の謀略に言及しているのである。

それどころか、『武徳編年集成』に至っては、家康の謀略を称賛している。第六章で紹介したように、同書は徳川家康の伝記で、著者は幕臣の木村高敦《きむらたかあつ》（二二三頁を参照）である。元文《げんぶん》五年（一七四〇）に成立し、寛保《かんぽう》元年（一七四一）に将軍徳川吉宗《よしむね》に献上された。家康顕彰を目的とした伝記であるにもかかわらず、家康が淀殿・大蔵卿局と片桐且元の離間を謀ったことを「神君の雄謀」と絶賛しているのである。

大坂城の内堀の埋め立ては良策？

徳川家康の策謀を隠蔽《いんぺい》するのではなく、むしろ積極的に喧伝する傾向は、大坂城の堀の埋め立て問題でも見られる。江戸初期に成立した『大坂物語』『駿府記』は、冬の陣の和睦後に徳川方が二の丸の堀まで埋めたことを記すが、豊臣方の抗議に関する記述はない。牢人問題（大坂城から牢人たちが退去しないこと）が契機で夏の陣が勃発《ぼっぱつ》したと説いている。

しかし『三河物語』によれば、惣構《そうがまえ》（城の外郭）を崩すという条件で豊臣方は和睦に応じたのに、徳川方は惣構の塀・矢倉《やぐら》を崩して外堀を埋めたばかりか、二の丸の塀・矢倉も崩して内堀も埋めてしまった。そのため、豊臣方が抗議すると、徳川方は「惣構を崩すとは、本丸以外全て崩すということだ」と強弁したと同書は記している。

この『三河物語』のエピソードは、江戸幕府の公式見解にも採り入れられた。『武徳大成記』には以下のように記されている。豊臣方は「惣堀（惣構の堀、外堀）」を埋めるという条件で和睦するも、徳川方は二の丸・三の丸の堀（内堀）も埋めてしまう。大野《おおの》治長《はるなが》（大蔵卿局の息子で豊臣方の総大将）が抗議するが、本多正純らに「惣堀とは全ての堀のことだ。二の丸・三の丸の堀を残そうとするのは再び籠城するためか」とはねつけられてしまった、と。

この話にはさらに尾ひれがついていく。肥前《ひぜん》平戸《ひらど》藩四代藩主の松浦《まつら》鎮信《しげのぶ》が編纂し、元禄《げんろく》九年（一六九六）頃に成立したとされる『武功雑記』は次のような逸話を載せる。豊臣秀吉《ひでよし》の生前、伏見《ふしみ》城が完成した時、徳川家康は「これほど堅固な城は、どう攻めても落とせないでしょう」と述べた。これに対し、秀吉は「このような城は力攻めでは落ちない。いったん和睦して、和睦の証《あかし》として堀を埋めて塀を破った上で再び攻めれば落とせる」と語った。家康は大坂の陣でこの策を用いたのだという。

『武徳編年集成』も、生前の豊臣秀吉が大坂城攻略法として、いったん偽りの和議を結べば良い、と語っていたという逸話を紹介している。同書は「神君御調略的当して、一統の功業、ここに遂げんとす」と家康の策略を称賛している（二二三頁を参照）。騙《だま》して内堀を埋めるのは卑怯《ひきょう》、という認識は見られない。

これは、「徳川史観」においては、関ヶ原《せきがはら》合戦の勝利によって徳川家康は天下人になった、と位置づけられていたからだろう。『三河物語』は以下のように語る。関ヶ原合戦後、豊臣秀頼に腹を切らせるべきという意見もあったのに、慈悲深い家康は秀頼の罪を許し、それどころか孫娘の千姫《せんひめ》と結婚させた。ところが、秀頼はその恩を忘れて謀反を起こした、と。こうした歴史認識は近世の諸書に散見され、江戸幕府の公式見解だったと思われる。

豊臣秀頼は謀反人だから、どんな手を使って討とうと卑怯ではない。むしろ実録『難波戦記』が語るように、力攻めではなく謀略を用いるのは、味方の被害を最小限に留めるという点で賞賛されるべきことなのである。

第二節　明治・大正期の徳川家康像

明治期の徳川家康評

明治維新によって徳川関係のタブーは消滅した。前章で紹介したように、江戸時代においても、『厭蝕太平楽記《えんしよくたいへいらくき》』『真田《さなだ》三代記』のような実録や、『近江源氏先陣館《おうみげんじせんじんやかた》』『鎌倉三代記』のような芝居は徳川家康を悪役に配したが、大っぴらに批判することはできなかった。だが明治時代になると、何の遠慮もいらなくなった。加えて、西洋から近代歴史学が導入され、徳川家康に関する実証的研究が生まれた。

帝国大学文科大学（のちの東京帝国大学文学部）教授の星野恒《ほしのひさし》は、明治二十九年（一八九六）に「三位中将《さんみちゆうじよう》 藤原《ふじわらの》 家康」という論文を発表している。慶長八年（一六〇三）、徳川家康は清和《せいわ》源氏系河内《かわち》源氏義国《よしくに》流（新田《にった》一族）得川《とくがわ》氏の末裔《まつえい》と称して征夷大将軍に任官した。しかし星野は、家康は永禄九年（一五六六）に従五《じゆご》位下《いのげ》に叙される際には藤原姓を名乗っていたこと、天正十四年（一五八六）にも「三位中将藤原家康」と名乗っていたことを指摘する。一方で「源家康」と記された史料もあるので、星野は「あるいは藤と称し、あるいは源と称す」「家康、藤・源両姓を兼ね称する」と結論づけている。

星野は明言していないが、徳川家康が源氏の血を引いているという徳川家の公式見解を疑っているようである。家康の出自を疑うことは江戸時代には不可能だったので、明治維新があって初めて生まれた研究と言える。

民間史学の世界では、もっと大胆な主張が提起された。明治三十五年、徳富蘇峰《とくとみそほう》が経営する民友社から、地方官吏であった村岡素一郎《むらおかもといちろう》（融軒《ゆうけん》）が『史疑　徳川家康事蹟』という書籍を出版した。これは、家康入れ替わり説の嚆矢《こうし》である。桶狭間の戦いの後、松平元康は織田信長を攻撃したが、尾張侵攻戦の最中に家臣に暗殺されてしまったという。元康嫡男の信康は幼少だったため、松平家臣団は元康の死を秘匿し、世良田《せらだ》二郎三郎元信《じろうさぶろうもとのぶ》を元康の影武者に仕立てた。元康になりすました元信は信長と同盟を結び、やがて家康と改名した。後に世良田二郎三郎元信は信康を殺し、徳川家を乗っ取った。以上が村岡の仮説である。

村岡によれば、世良田二郎三郎元信は新田氏の血を引くらしいとはいえ、願人坊主《がんにんぼうず》（卑賤《ひせん》視される僧形《そうぎょう》の芸人）だったという。いくら徳川の治世が終わっているとはいえ、あまりにも過激な説である。初版五〇〇部で絶版になったのは、徳川一族や旧幕臣が圧力をかけたからとも、貴族院議員就任を目指す徳富蘇峰が貴族院に影響力を持つ徳川関係者に配慮したからとも言われているが、これらの説は後述する南條範夫《なんじようのりお》の創作が発端で、根拠に乏しい。実際のところは、あまりに突飛すぎるので黙殺されただけなのではないか。ともあれ『史疑 徳川家康事蹟』の刊行は、徳川家康に対するタブーがなくなり、自由な議論が可能になったことを示す端的な事例である。

ちなみに、忘れられていた『史疑 徳川家康事蹟』は戦後になって突如脚光を浴びた。歴史小説家の南條範夫が、同書を東京神田の古書店で偶然に入手して家康入れ替わり説に興味を抱き、昭和三十三年（一九五八）、村岡説を下敷きにした短編小説「願人坊主家康」を「オール讀物」誌上に発表した。さらに昭和三十七年には、村岡素一郎が家康入れ替わり説にたどり着く経緯を小説化した『三百年のベール』を刊行した（主人公の名は平岡素一郎としている）。八切止夫《やぎりとめお》『徳川家康は二人いた』（一九七〇年）、隆慶一郎《りゆうけいいちろう》『影武者徳川家康』（一九八九年）など、その後も家康入れ替わり説は繰り返し提起されている。

さて、本書ではおなじみであるが、明治四十年（一九〇七）に言論雑誌「日本及日本人」

四七一号が「余の好める及び好まざる史的人物」という特集を組み、アンケート調査をしている（二二六頁を参照）。徳川家康は「好める」で三位、「好まざる」で一位となっている。ファンも多いが、それ以上にアンチが多いといったところか。まさに悪役の人気傾向である。

石田三成や真田信繁の忠義を高く評価するジャーナリストの福本日南《ふくもとにちなん》は、当然、徳川家康のことを嫌悪している。日南は「好まざる」理由を「陰険、猾賊。人の孤児寡婦《かふ》を欺きて天下を取りしに在り」と語っている。「孤児寡婦」とは豊臣秀頼と淀殿のことである。方広寺鐘銘事件や大坂城の内堀埋め立てなどが大きなマイナス点になったと思われる。

ちなみに、福本日南は『大阪陣　前篇』（一九一八年）で、徳川家康を「かの老獪《ろうかい》」と連呼し、方広寺鐘銘事件を開戦のための難癖と指弾する。また『大阪城の七将星』（一九二一年）で、大坂冬の陣後の講和について「全く老獪一時の詐術」と断じ、「一挙に大阪を攻め亡ぼすの底意より発したもの」と家康を非難している。

先述の通り、「徳川史観」に基づけば、大坂の陣は豊臣秀頼の「謀反」を徳川家康が鎮圧したにすぎない。よって、どんな卑怯な手段を用いても構わないことになる。しかし明治時代になると、「徳川史観」が通用しなくなる。関ヶ原合戦では、西軍・東軍双方が「秀頼公のため」という大義名分を掲げた。勝利した家康が直ちに天下人になったわけではなく、関ヶ原合戦直後に家康が秀頼に切腹を命じるなど不可能である。

「徳川史観」という色眼鏡を外して見れば、大坂の陣は、徳川家康がかつては主筋であった豊臣家を滅ぼした戦争に他ならない。家康が方広寺の鐘銘を口実に戦争に持ち込もうとし、外堀だけという約束を破って内堀も埋めてしまったのだとしたら、倫理的非難は避けられない。日南のような意見が出てくるのは当然だ。

一方、徳川家康を「好む」人は、どこを評価しているのだろうか。眼科医で台湾総督府医院長を務めた山口秀高《やまぐちひでたか》は「何事も手堅く、自重忍耐は性急の日本人にはめずらしき点なり。然《しか》れども時節到来のときは、電光奔雷の如きハナレ業をなすは英雄の本色」と述べている。やはり我慢の人、忍耐の人という点を好感しているようだ。

中村孝也の家康擁護

近代に入って徳川家康の評価は低下したが、擁護する声がなかったわけではない。大正四年（一九一五）は家康の三〇〇回忌にあたるので、同年に静岡県の久能山《くのうざん》東照宮（家康の遺体が埋葬されている）で三百年祭が行われた。前年の八月、東照宮三百年祭を記念して家康の伝記を出版しようと考えた静岡市教育会長の長島弘裕は、東京帝国大学文科大学教授の三《み》上参次《かみさんじ》（一八五頁）に相談した。

長島は、従来の家康の伝記は、神君家康を絶賛するものか、あるいは家康に悪意を持ち、ことさらに貶《おとし》めるものの両極端しかなく、家康の実像を伝えるものが少なく、その欠を補う必要があると感じていたという。とはいえ、全く客観中立公正な伝記を編むはずもなく、長島は郷土の英雄たる家康を顕彰する方に力点を置いていたと思われる。

三上は弟子の中村孝也《なかむらこうや》を執筆者として推薦した。当時の中村は江戸時代文化史を専攻する一大学院生にすぎなかったので、大任を託され名誉に感じたという。ただし、東京帝国大学史料編纂官である辻善之助《つじぜんのすけ》の指導と校閲も受けている。

中村は静岡市に赴き、関係者と協議して執筆方針を立てた。その一つに、「公の少壮時代の方を詳しくすること」とある。地元駿府での人質時代を詳細に記すのは理解できるが、家康は晩年も駿府で過ごしているので、史料が少ない少壮期を重視するのは不自然である。やはりこの方針は、「狸親父」として評判の悪い秀吉死後の家康を詳述することを避け、幼い頃、若い頃の苦労を叙述の中心に据えて読者の共感を得るためのものだろう。中村は大学院での研究と並行しての執筆活動に難儀したらしいが、大正四年正月には脱稿し、同年四月の三百年祭に合わせて『東照公伝』を刊行することができた。

少壮期の家康を中心にするとはいえ、家康の伝記で大坂の陣を省くわけにはいかない。そして出版の経緯からも分かるように、同書は家康を礼賛・顕彰するものである。したがって、大坂の陣を正当化する必要がある。

中村孝也は方広寺鐘銘事件や大坂城の内堀を埋めたことについて淡々と叙述するが、挑発だとか謀略だとか、そういった評価は加えていない。これは、執筆方針の一つである「事実の叙述を主とし、論評をなるべく少なくすること」に従っただけとも言えるが、家康に都合の悪い事実には細かく触れないという態度にも見える。そもそも論評を控えるという執筆方針じたい、「狸親父」イメージを薄めるための苦肉の策に思える。

中村は、大坂の陣勃発は豊臣側に責任があると説く。「天下の諸侯のことごとく徳川氏にひざまずくに及んでは、大阪にある豊臣秀頼もまた幕府治下の諸侯として、徳川氏統御の下に立つべきものなること理の当然なり」という。ところが時勢が読めない豊臣家は、「幕府政治統一の下に、大阪をして治外の独立国たるごとき地位を保留せん」とした。

寛大な家康は「無事の間に秀頼を屈従せしめんと希《こいねが》いて様々に心を砕き」「希《ねが》わくは来《きた》れよ、来って平和の間に服従せよと努力した」が、その気持ちは豊臣家には通じなかった。「隠忍十五年の歳月を費やし」た結果、平和的に豊臣家を屈服させることが不可能と悟った家康は、ついに武力に訴えたのである、と。

戦後、『徳川家康文書の研究』全四巻（一九五八～六一年）を編纂して徳川家康研究の第一人者と目されるに至った中村孝也は、昭和四十年（一九六五）に『徳川家康公伝』を発表している。『東照公伝』より遥かに大部になったが、叙述の基本的態度は同じである。同書は、日光東照宮における徳川家康公三百五十年祭の記念事業として出版されたので、当然、家康を顕彰している。中村は「あとがき」で「家康公は実に健全鞏固《きょうこ》なる性格を以て環境を制圧し、自己の人生を充実せしめた人である」と賞賛している。

中村は「大坂陣は、幕藩政治体制を完成する途上における余儀なき武力行使であった」と語る。『東照公伝』と同様の評価である。『徳川家康公伝』の特色を強いて挙げるならば、夏の陣勃発の理由として牢人問題をクローズアップしたところだろうか。冬の陣で活躍した牢人衆の発言権が増大し、豊臣譜代衆が牢人衆を制御できなかったことが最大の要因であると説く。「牢人団との悪縁の絆《きづな》」に束縛されて豊臣家は滅亡したのであり、「牢人団が壊滅したのは、それほど惜しいとは思われないけれど、豊臣家が滅亡したことは、真に千載の恨事である」という。

山路愛山の家康擁護

同じく大正四年(一九一五)、山路愛山《やまじあいざん》は独立評論社(一四四頁を参照)から家康の伝記『徳川家康』を刊行している(九四頁を参照)。これも家康三〇〇回忌を意識したものである。

山路愛山は幕臣の子として生まれ、愛山の父である一郎《いちろう》は彰義隊《しょうぎたい》に加わり、上野戦争に参加、その後も各地を転戦した(箱館《はこだて》で捕虜となり、のちに釈放される)。母も幕臣の娘で、愛山の述懐によれば、幼少期より外祖母から家康の偉大さを聞かされて育ったという。当然、愛山の『徳川家康』は、明治になって評判が悪くなった家康の名誉回復を目的としていた。

山路愛山は、徳川家康は関ヶ原合戦後も福島正則《ふくしままさのり》ら豊臣恩顧の大名に配慮して豊臣秀頼を尊重したが、事実上は「既に日本の独裁官」であったと断言する。関ヶ原合戦の三年後の慶長八年（一六〇三）に征夷大将軍に就任したことで、家康は名実ともに天下人となった。秀頼は「ただ前代の遺物として惰性的に国民の尊敬を受くるにすぎざるなり」という。愛山は徳川家康を天下人と認めないのは大坂城に拠《よ》る豊臣家だけだと述べ、豊臣秀吉も主家である織田家を押しのけて天下を取ったと指摘し、家康の天下簒奪《さんだつ》を肯定する。

さらに愛山は、徳川家康は「日本国の覇者たるべき権利を秀頼の手より自己の手に奪」ったが、豊臣家を滅ぼす気はなかったと説く。中村孝也と同様の見解である。むしろ孫娘の千姫を秀頼に嫁がせ、「秀頼を保全せんとしたり」という。豊臣家を滅ぼすつもりなら、もっと早く行動しているはずだと主張している。

では、なぜ大坂の陣は起こってしまったのか。「徳川党と豊臣党の間に存する誤解」だという。交通機関が発達した今日でさえ誤解より生じる政争は多い。まして、交通機関が未発達で戦国の気風が依然として残る時代である以上、「徳川氏の将士が豊臣氏の将士を疑いて、常に家康に謀反せんとするものなりとし、豊臣氏の将士が徳川氏の将士を疑いて、その心一日も秀頼を亡ぼすにあらざることなし」と考えたのは仕方ない、と述べる。

山路愛山は次のように論じる。豊臣家は徳川の天下を認めるべきであった。具体的には、徳川秀忠の将軍就任を祝うために、豊臣秀頼は伏見城に参上すべきだったのだ。しかし、秀頼は上洛しなかった。それでもなお、家康は辛抱強く豊臣家の翻心を待ち続けた。

徳川家康は慶長十四年(一六〇九)、西国諸大名の所有する五〇〇石以上の軍船を没収し、かつ建造を禁止して、豊臣家が西国大名と結んで海軍力を持つことを阻止した。こうした豊臣家弱体化策は、徳川に対抗する力を奪えば戦争にはならないという考えから生まれたものであり、豊臣家を潰《つぶ》すためではなく、むしろ豊臣家存続のための措置である。

ところが、徳川家に臣従することこそが生き残りの道という現実を豊臣家は直視せず、「どこまでも家康を以て秀頼に危害を加えんとする奸物《かんぶつ》なりと誤解」した。「大坂城に籠居《ろうきょ》して天下の形勢を解せず、常に極めて狭き門戸を通じて、わずかに世間に触るる淀殿母子は、かくして家康を疑い、かくして自家の位置を誤解し、豊臣氏の覇者たるべき運命はいまだ去らずと思い、依然として、その傲岸《ごうがん》なる態度を続け」た、と愛山は豊臣家を非難する。

方広寺鐘銘事件に関しても、山路愛山は徳川家康を擁護する。徳川と豊臣が互いに疑心暗鬼になっている状況では、「国家安康」が家康への呪詛であるという解釈は「必ずしも心にもなき言いがかり」とは言えない。家康がこの問題を政治利用したことは事実だが、いわゆる「三箇条」（二五七頁を参照）は秀頼の安全と豊臣家の存続を図る上で必須事項だった。豊臣家が淀殿を人質として江戸に出すことを飲めば、徳川と豊臣の衝突は当面避けられたはずだ、と。愛山はやはり、無謀な挙兵に踏み切った豊臣側を批判するのである。

大坂城の内堀埋め立てについても、愛山は同様の論理を展開する。天下の堅城たる大坂城があるから、牢人が集まり、豊臣家は抗戦を止めない。大坂城を無力化すれば、豊臣家は降伏せざるを得ず、秀頼を保護することが可能になる。けれども豊臣家は徳川家康の真意に気づかず、再度の大坂城攻撃を容易にするための奇計と邪推し、再び牢人を集めた。

これを知った家康は豊臣家に対し、大坂からの退去（国替え、移封）を要求したが、拒否された。この結果、大坂夏の陣が勃発し、淀殿・秀頼は自害した。

だが、このような結末は家康の望むところではなく、かえって家康は再三秀頼を救おうとした。にもかかわらず、「世の史家、多く事実によらずして憶測を事とし、家康を曲解して不徳、背信の人となす」と愛山は憤る。家康の〝冤罪〟を晴らすことが、執筆の動機の一つだったのである。その意気込みもあって、同書は愛山の史伝の代表作と目されている。

関ヶ原合戦の勝利後、徳川家康は実質的に天下人になっていたという山路愛山の捉《とら》え方は、江戸時代の「徳川史観」と概《おおむ》ね一致する。ただし、愛山は家康に豊臣家を滅ぼすつもりはなかったことを強調しており、この点は江戸時代の史書と見解を異にしている。方広寺鐘銘事件や内堀埋め立てなどの謀略は豊臣家を救うための策であると説き、家康の行為を正当化するのである。

ところで、推理小説家の井沢元彦《いざわもとひこ》氏は『逆説の日本史12 近世暁光編 天下泰平と家康の謎』(小学館、二〇〇五年)で「家康はもっと早く豊臣家を滅ぼそうと思えば滅ぼせた」のにそうしなかったのは、「何とかして豊臣家を存続させたいと思っていたから」であり、豊臣家は徳川家に臣従を誓うべきだったと論じている。『逆説』ファンは斬新《ざんしん》な意見に思ったかもしれないが、実は九〇年前に中村孝也や山路愛山が唱えた説と大差ないことが了解されよう。

大森金五郎の家康評

第五章で紹介したように、歴史学者の大森金五郎《おおもりきんごろう》は大正十年(一九二一)、「坂東次郎《ばんどうじろう》」の筆名で「石田三成の評論」という論考を「中央史談」に発表している(一九〇頁を参照)。ここで大森は、徳川家康は豊臣家を滅ぼすつもりだったという見解を披露している。

大森金五郎は言う。関ヶ原合戦後、徳川家康が事実上の天下人となった。加藤清正《かとうきよまさ》や福島正則ら豊臣恩顧の大名も、豊臣秀頼が成長したら家康に代わって天下人になるとは、考えていなかっただろう。徳川家に臣従する一大名として豊臣家が残れば良い、と思っていたはずだ。しかし、「家康なる者は世間で考えたような律義者ではなくて、なかなかの権謀家ないしは政略家であったのである。大阪の役たるや衆目の見る通り、これは家康が自分の存生中に、大阪の処分をつけておこうという筋書から割り出したので、家康の方から難題を言いかけて事を挑発したのである」と。徳川家康には豊臣家の存続を許す気がなかった、と主張するのである。

では、大森金五郎は徳川家康を評価していないかと言うと、決してそんなことはない。大森は語る。「秀頼の最期は気の毒であり、家康の老獪なる手段は悪《にく》むべきものであるが、さればとて徳川氏の主従が団結して江戸にいるのに、天下の政治を大阪に移して処理させようという事は到底できうることではあるまい。大阪にはそれ程の人物が揃っていないようである。天下は私物ではないから、たとい豊太閤《ほうたいこう》の遺言はどうあったにしたところで、豊臣氏に私《わたくし》するという事は天が許さぬであろう」と。泰平の世になったのだから、「徳川幕府が永続したのは、これは日本国の仕合わせというべきである」とまで述べている。

実力ある者が天下を治めるべき、というのは近代的な価値観であり、そうした観点から徳川家康の天下簒奪を肯定する声もあったことがうかがえる。徳川家康が豊臣家を滅亡に追い込んだ手口は悪辣《あくらつ》陰険であったが、結果的に天下泰平の世を創ったと評価する見解は、その後、司馬遼太郎《しばりょうたろう》（いわゆる「念仏平和主義」批判）に至るまで引き継がれることになる。

徳富蘇峰の家康批判

さて、司馬遼太郎はエッセイ「家康以前」(『この国のかたち』所収)で、徳川家康について次のように論評している。


……家康は関東八ヵ国という豊臣大名最大の封土をもっていた。

前歴も、重かった。かれは前政権である信長の弟分というべき同盟者だったのである。

その上、秀吉とも戦ったことがあり、しかも判定勝ちだった。しかし天下の大勢をみて秀吉との和に応じた。

そういう前歴と、大領土のぬしであることが家康を利し、秀吉死後の政局下で、ただ静まっていればよかった。

その上、かれは感情家でなく、驕慢《きょうまん》でなかった。このことがひとびとに安堵感をあたえた。当時、このような人を器量人とよんで、珍重する風《ふう》があった。

多くの器量人がそうであるように、家康は物の上手《じょうず》であっても独創家ではなかった。そのことも、ひとびとの好みに投じたろう。もはや世間は改革や奇想にあきあきしていた。

家康は世間のそういう気分に乗り、関ケ原合戦をへて天下を継承した。

かれは秀吉政権のとくに経済体制をよく継ぎ、それを精密にした。鎖国は家康の死後のことで、かれの知るところではない。

なるほど、さすが司馬遼太郎、と膝《ひざ》を打つ人も多いだろう。しかし実は、右の見解は司馬の独創ではなく、徳富蘇峰の受け売りである。

大正十二年（一九二三）十二月に蘇峰は『近世日本国民史　家康時代下巻　家康時代概観』を発表している。蘇峰は、この本で以下のように述べる。豊臣秀吉が天下統一できたのは徳川家康が協力してくれたからだ。よって「秀吉の死後は、寝ていても、天下は転げて家康の掌中に入るが当然だ。秀吉が天下を家康に譲らずして、秀頼に譲らんとしたのは、我が所有欲に制せられて、天下の大勢に逆行したものだ。いかに秀吉が、一生懸命の知恵を絞りても、到底その望みが遂げ得らるべきでない」という。

そして、家康の人間性については「喜怒哀楽のために動揺し、煩悶せずして、概して精神的中庸を保持した」「その鷹揚すぎたる風采と態度とが、家康にとりては、非常なる保護色であった」「彼は何人《なんぴと》からも安全なる人として、相手とせられた」と論じる。一方で、家康ほど創造力に乏しい英雄は珍しいと語り、「信長は非凡の英雄で、家康は平凡の英雄だ」「家康の本領は、偉大なる平凡人たるにあった」と評す。家康の長所は独創ではなく「応用、適合」だったというのだ。その上で、家康が天下を取った理由を次のように考察する。

当時の社会は、戦乱にあきあきしていた。当時の社会は、泰平に飢えていた。いやしくも泰平を与うるの力ある者は、天下を挙げてこれに謳歌《おうか》した。家康に天下人たる徳の有無は、問題外である。問題はその力の有無だ。家康の力は、天下鎮安の押石《おさえいし》たるにおいて不足なかった。ここにおいて天下は期せずして、家康の大傘下に集まりきたった。

蘇峰は言う。豊臣秀吉の征服欲は日本国内を統一する上では役に立ったが、「彼は自ら騎虎の勢に駆られて、極めて不人気にして、極めて不人望なる外征に従事し、これがために秀吉彼自身も、不人望にして、不人気なる漢《おのこ》となり、ついに彼の天下を、万民より詛《のろ》わしむるに至った」。これに対し「家康は馬には騎《の》ったが、虎には騎らなかった。家康の長所は、その止まるところを知った点にある。彼は時代とともに動き、時代とともに息《いこ》うた」と。一読して、司馬の家康論が蘇峰のそれの焼き直しであることは瞭然《りょうぜん》である。

右に見たように、徳富蘇峰は基本的に徳川家康を評価している。仮にこの時代に征夷大将軍を公選したとしても、普通選挙法に基づいて選出するのだとしても、大多数は家康に投票したろう、と語っている。けれども、大坂の陣での家康の行動には批判的である。

大正十二年五月に、蘇峰は『近世日本国民史　家康時代中巻　大阪役』を発表している。この本の序文で、蘇峰は関ヶ原の戦いの時の家康と、大坂の陣の時の家康とを比較している。豊臣秀吉の死後、関ヶ原合戦に勝利するまでの過程で家康は権謀術数を駆使した。しかし、家康の一連の行動は「いかにも自然らしく」見える。「関原役における家康の所作は、人巧尽きて天巧至るの妙域に達している観がある」と説く。

これに対し大坂の陣では、家康の強引な手法が目に余るという。「徹上徹下、不自然に始まり、不自然に中し、不自然に終わった。大仏鐘銘を、開戦の理由とする不自然だ。冬陣の講和に、郭を毀《こぼ》ち濠《ほり》を埋《うず》むる不自然だ。夏陣の終わりに秀頼、淀殿を殺すは勿論、秀頼の八才になる幼児まで、百方探索の上、これを殺すに至りては、不自然中の不自然というも、誰かこれを不可とせむ」と蘇峰は非難する。すなわち「関原役は、いかにも悠揚として英雄らしき行動であった。大阪役に至りては、いかにもこせこせとして、なんらのゆとりなく、余裕なく、小人《しょうじん》の行動であった」と。

蘇峰に言わせれば、家康は最初から豊臣家を滅ぼすつもりだった。方広寺鐘銘事件は大坂圧迫のための口実であり、鐘銘問題が起こらなくても、何か別の口実を設けただろう。冬の陣の講和は「和睦のための和睦でなく、戦争のための和睦」であり、大坂城を裸城にして攻めやすくするのが目的だった。そして、大坂城を無力化したところで、大坂方が戦争準備をしていると難癖をつけ、大和郡山《やまとこおりやま》への国替えか籠城《ろうじょう》している牢人の放逐という無理難題を迫って再戦に持ち込んだ、と。「大阪の冬夏の二陣は、家康が大阪を滅ぼすべき、腹黒き巧《たく》みより出来《しゅったい》したるものと、判断する者あるも、それを弁駁《べんばく》するに足る程の十分の資料はない」と言うのである。

要するに蘇峰の主張は、既に徳川の天下は確立しつつあり、わざわざ豊臣家を攻撃する必要はなかったのに、余命いくばくもない家康が焦燥に駆られ、それまでの熟柿《じゅくし》主義を捨てて、卑劣な手段で豊臣家を滅ぼしてしまった、というものだ。「取りたくないものは齢だ」とまで言っている。こうした見方は「若いころから律義者で売ってきたこの男が、まるで人がかわったようにその性格をすてて、狡智にみちた策謀家に一変した」「人生の残りわずかな持ち時間と競争するために、家康は半生もちつづけてきたそのパターンをなげすてなければならなかったのだ」という司馬遼太郎の家康評(「家康について」)に継承されていく。

蘇峰は『近世日本国民史　家康時代下巻』で家康弁護論に反駁している。豊臣秀吉も主家の織田家から天下を奪ったではないかという意見は、苦しい言い訳であると切り捨てる。甲が泥棒し、乙も泥棒したから、丙の泥棒は泥棒ではないなどという屁理屈《へりくつ》は成り立たない、と批判する。

また、三〇〇年の泰平の世を築いた偉大な功績の前ではわずかな瑕瑾《かきん》にすぎないという弁護論に対しては、功は功、罪は罪として分けて考えるべきである、と蘇峰は反論する。さらに、家康擁護論者は家康がいなかったら天下泰平は実現しなかったかのように述べるが、むしろ泰平を望む気運を家康は利用したのであり、「泰平が家康を作った」のだと主張している。

先に触れたように、平和を望む人々は保守的な実力者による安定的な統治を求め、ゆえに豊臣秀頼ではなく徳川家康が天下人になった、と蘇峰は考えていた。家康は「現代のいわゆるデモクラシー」を理解していたわけではないが、政治の根源が民心との契合にあることを熟知していたと言う。

英雄が時代をつくるのではなく、時代が英雄をつくるという議論は、明治以降、国民一人ひとりに自主自立を促す啓蒙思想が広まる中で力を増していった。徳富蘇峰は徳川家康を「時代の産物だ」と評すが、蘇峰の言説もまた、時代の産物と言えよう。

第三節　戦後の徳川家康像

太平洋戦争と大坂の陣

山路愛山のような擁護論も一部あったものの、近代における徳川家康の評価は芳しいものではなかった。第六章で紹介した「真田十勇士もの」などで家康は敵役《かたきやく》として配され、「狸親父」のイメージが増幅されていった。

こんな話がある。真珠湾攻撃の三ヶ月前、昭和十六年（一九四一）九月六日の御前会議で帝国国策遂行要領が検討された。これは、同年八月のアメリカによる対日石油輸出全面禁止を受け、「戦争を辞せざる決意」で米英と外交交渉を行うという方針を盛り込んだもので、しかも交渉の期限を十月上旬と明記していた。対米交渉を打ち切り、開戦するという陸軍の意志が強く反映されていたのだ。

これに対し昭和天皇は、あくまで外交による解決を望み、（海軍）軍令部総長の永野《ながの》修身《おさみ》に対し、アメリカと戦って絶対に勝てるか、と尋ねた。永野は、絶対に勝てるとは断言できないが、外交でアメリカとの戦争を一時的に回避したところで、一年や二年の平和では意味がない、と答えた。この時、永野は大坂の陣をたとえ話として出している。

すなわち、「大坂冬の陣のごとき、平和を得て翌年の夏には手も足も出ぬような、不利なる情勢のもとに再び戦わなければならぬ事態に立ち至らしめることは、皇国百年の大計のため、とるべきにあらずと存ぜられる次第でございます」というのだ。永野から見れば、日米交渉は戦争準備が整っていないアメリカの時間稼ぎにすぎない。一年後、二年後に開戦となったら日本は圧倒的に不利だから、今戦うしかない、というのがその主張だった。

アメリカの真意は対日開戦にあり、と主張する際に、大坂の陣を引き合いに出している点は興味深い。大坂冬の陣における家康の講和持ちかけは、平和のためではなく、再戦のためであり、欺瞞《ぎまん》外交であった、と永野は認識していたのである。徳川家康は豊臣家を騙した、という歴史認識がいかに浸透していたかがうかがわれよう。

山岡荘八による家康像の転換

以上のような「狸親父」イメージを劇的に転換したのは、言うまでもなく山岡荘八《やまおかそうはち》（一一三・一五九頁を参照）の歴史小説『徳川家康』である。同作は、昭和二十五年（一九五〇）三月二十九日から「北海道新聞」夕刊で連載が始まった。その後、他地域の地方紙にも掲載されるようになった。完結が昭和四十二年四月だから、空前の大長期連載である。

山岡荘八は戦時中に従軍作家として活躍したため、戦後、公職追放を受けている。山岡によれば、大戦末期に特攻隊員を見送り「平和の悲願」を強く抱いたことが『徳川家康』の執筆動機だという。特攻隊員への供養のつもりで書いたとも語っている。

あまりに綺麗事《きれいごと》すぎて山岡の脚色を感じるが、戦後の平和主義の理念が『徳川家康』の基盤になっていることは事実である。山岡は「むろん史実の根幹をゆがめてはいないし、読者を倦《う》ませまいとする努力もしんけんに払った。しかしこれは世に言う歴史小説とは少しく違い、作者の空想を奔放に駆使した、いわゆるロマンではむろんない。いわば私の「戦争と平和」であり、今日の私の影であって、描いてゆく過去の人間群像から次代の光を模索してゆく理想小説とも言いたいところである」と語っている。

要するに、徳川家康の実像を追究しようというのではなく、山岡の理想を家康に投影したわけである。したがって、歴史上に実在した徳川家康と、山岡が描いた徳川家康は別物である。ただし、時代劇研究家の春日太一《かすがたいち》氏の御教示によると、山岡自身、執筆を続けているうちに両者の区別がつかなくなったようで、後年は家康に心酔していたという。

山岡自身の解説によれば、織田をソ連に、今川をアメリカに、そして徳川を戦後日本に見立てている。米ソ二大国に挟まれながら平和を求める戦後日本の苦難の歩みを、徳川家康を通じて表現したものが、『徳川家康』なのである。同作では、人質時代の苦労や断腸の思いで信康を処分する様が感動的な筆致で描かれる。

けれども、徳川家康は世間では「狸親父」として嫌われていたので、連載当初は人気が出ずに苦労したらしい。山岡は友人や映画会社などから「映画や演劇にタブー（禁制）があるように、小説にもそれがある。太閤記や忠臣蔵ならばきっとうけるが、頼朝や家康では映画化、劇化はむろんのこと、ラジオも二の足を踏むだろう」といった忠告を受けたそうだ。当時、大映の製作担当専務取締役を務めていた川口松太郎《かわぐちまつたろう》（四七・一五九頁）からも「豊臣秀吉だったら早速にでも映画化してあげられるのに、どうして徳川家康なんて書くのか」という趣旨の手紙を受け取ったらしい。

ところが、昭和三十三年に坂本藤良《さかもとふじよし》『経営学入門』（光文社）が話題をさらったことに端を発する経営学ブームの中で、『徳川家康』が「経営者必読の書」「社長さんの虎の巻」として注目を集めるようになった。家臣を何よりも大切にする家康の生き方が、戦後に広がった家族主義的な企業経営の理想像とみなされたのだ。企業経営者が尊敬する歴史上の人物を挙げつつ経営理念を語るという、現代ではおなじみの記事が量産されるようになったのは、山岡の『徳川家康』がきっかけである。『徳川家康』の読者層は一般サラリーマン、さらにはOLや主婦にまで広がり、大ベストセラーとなった。

ただし、「経営者のバイブル」という受け取られ方は、作者である山岡荘八の意図からは外れていた。あくまで山岡は、平和の尊さを訴えるために『徳川家康』を執筆したのである。このため、家康は天下泰平を希求する徹底した平和主義者として描かれた。同作の家康は、平和の実現のために一切の私欲を断った聖人である。家康の政治方針は「徳川中心主義」である、と断じた徳富蘇峰とは正反対の評価となっている。

第三章・第四章で指摘したように、戦前において、織田信長・豊臣秀吉は大陸進出を構想・実行した英雄として高く評価された。一方、徳川家康に対しては、彼の保守性が後の鎖国につながったとして、批判が寄せられた。こうした家康評は、「かれの家系を維持するためにわれわれ日本人は、三百年、たった一つのその目的のために侏儒《しゅじゅ》にされました」（司馬遼太郎「私の秀吉観」）などと戦後も継承されるが、山岡は逆に、万人の夢であった恒久平和を実現した偉人と賛美したのである。戦後の平和主義が色濃く反映された評価と言えよう。

さて、山岡は方広寺鐘銘事件を次のように叙述する。鐘銘事件の前から大坂城にはキリシタンや牢人たちが出入りし、密《ひそ》かに挙兵計画が進んでいた。これを察知した徳川家康が豊臣秀頼を大坂から移すために鐘銘を問題化した、と。

大坂で不穏な動きがあったことが大坂の陣の原因という説明は、『大坂物語』や『三河物語』などを参照したのだろう。ただ、キリシタン問題を前面に押し出したのは、山岡の創意である。豊臣秀頼を生かすため、豊臣家を存続させるために、あえて方広寺の鐘銘を問題視したというくだりは、山路愛山の影響だろう。作中で家康は「あの城は、天下を治める実力を持つ者の居るべき城であって、器量至らぬ者があっては、野心誘発の呪いを受ける城になる……」と秀頼を危ぶんでいる。

加えて、家康が欺いたと考えられてきた大坂冬の陣の講和に関しても、家康に不義はないとする。二度と徳川に敵対しない証として、淀殿・秀頼の側から二の丸・三の丸の破却を提案したという。家康は秀頼との和議を真剣に考えており、秀頼も移封を受け入れるつもりだったが、牢人衆たちを抑えきれず、無謀な再戦へと突き進んでいく。

家康は秀頼を殺したくないと考えていたが、秀忠や徳川家の重臣たちは家康の真意に気づかず、豊臣家を滅ぼすことしか頭にない。徳川・豊臣両家臣団の相互不信の末に悲劇が訪れるという筋書きも、山路愛山の解釈に類似する。

山岡荘八の『徳川家康』は家康を聖人化しすぎである、という指摘は多い。しかしながら、個々のエピソードや心理描写が全て山岡の独創というわけではなく、江戸時代の史書や中村孝也、山路愛山らの著作に依拠していると見られるものが多い。戦後の平和主義に立脚した家康像ではあるが、「我慢の人」「律儀者」といった伝統的イメージも踏まえているのである。

方広寺鐘銘事件の真実

さて、史実としての方広寺鐘銘事件はどのようなものだったのだろうか。一般的なイメージとしては、長大な銘文の中からわざわざ「家」「康」「豊」「臣」を拾い出してきて、意図的に邪推、曲解したというものだろう。ところが、これらの文字は偶然入ったわけではない。

銘文を考えた東福寺《とうふくじ》の禅僧である文英清韓《ぶんえいせいかん》は弁明書で「国家安康と申し候は、御名乗りの字をかくし題にいれ、縁語をとりて申す也。分けて申す事は昔も今も縁語に引きて申し候事多く御座候」と、「家康」の名を意図的に織り込んだことを告白している。諮問を受けた五山僧たちも「銘の中に大御所様の諱《いみな》書かるるの儀いかがわしく存じ候……（中略）……五山に於いて、その人の儀を書き申し候に、諱相除け、書き申さず候法度《はっと》御座候」など、全員が諱を書くこと、あるいは諱を分割することを批判している。

この五山僧たちの批判については、「第一に家康の意を迎え、第二に清韓長老に対する嫉妬からしても、もとより注文通りの批判を与うべきは、言うまでもない」（徳富蘇峰）など、家康に忖度《そんたく》したと古くから考えられてきた。

けれども、当時の社会において諱は当人と密接不可分という考え方があった。拙著『応仁《おうにん》の乱』でも紹介したように、現実に相手の諱を利用して呪詛する「名字を籠《こ》める」という作法も存在した。目下の者が目上の者を（たとえば「家康様」などと）諱で呼ぶことが禁じられていたのは、このためである。

確かに、家康お抱えの儒学者である林羅山（六三・二五七頁を参照）の見解は、荒唐無稽《むけい》でこじつけ以外の何物でもない。羅山は「右僕射《うぼくや》源朝臣《あそん》（前右大臣の徳川家康を指す）」の語は、源朝臣（家康）を射るという呪詛だと主張した。さすがにこれは強引で、徳富蘇峰が「曲学世に阿《おもね》る」と評したのも無理はない。だが、逆に言えば、五山僧たちは呪詛・調伏《ちょうぶく》の意味があると決めつけて糾弾した羅山とは一線を画しており、諱を分割すべきでないという常識的見解を表明したにすぎないのである。

歴史学者の笠谷和比古《かさやかずひこ》氏は「慶祝の意に出たものであるならば、あらかじめ家康の諱を織り込むことについて何がしか事前に断っておくか、幕府側に草案の披閲を受けておくべき筋合いのものである」と指摘している。徳川方が鐘銘の問題を必要以上に騒ぎ立て政治的に利用したことは否定できないが、豊臣方に落ち度があったことも事実だ。徳川方のこじつけ、難癖とは言えない。

大坂城内堀埋め立ての実相

大坂城内堀埋め立てについても、学界では通説は否定されつつある。細川忠利《ほそかわただとし》・毛利輝元《もうりてるもと》ら関東方として従軍した諸大名は国元宛ての書状で、和睦条件に二の丸・三の丸の破却が入っていると述べている。これに従えば、本丸のみを残して他は全て破却することを、大坂方も同意していたと見るべきだろう。

加えて、『本光国師日記《ほんこうこくしにっき》』（金地院崇伝の日記）や『駿府記』を読む限り、大坂城の堀の埋め立て工事には約一ヶ月を要している。埋め立てが和議の内容に違反していたとしたら、大坂方がその間、手をこまねいていたはずがない。

内堀埋め立てに大坂方が同意するはずがない、と思う読者がいるかもしれない。しかし、それは冬の陣で大坂方が優勢だったという先入観に基づく誤解である。

大坂軍記などで大坂方の奮戦が特筆されたため、冬の陣では大坂方が勝ったように思われがちだが、事実は異なる。確かに真田丸の戦いなどで大坂方は局地的な勝利を得ているが（二〇七頁を参照）、攻城軍の中から寝返りが出なかった以上、戦略的には敗れたと言わざるを得ない。そもそも豊臣家は、豊臣恩顧の大名が味方してくれることに期待して挙兵したのに、誰一人馳《は》せ参じなかったのである。

古来、籠城策は外部から援軍が駆けつけてくれることを前提とした作戦であり、外に味方がいなければジリ貧になるだけである。武器・弾薬が底を尽きつつある中、大坂方は和睦に応じるしかなかった。

それにしても、内堀埋め立ては大坂方にとって致命的であるように思える。苦境に立っていたとはいえ、なぜ大坂方は認めたのだろうか。一つには、和睦を結べば時間稼ぎになる、と判断したからと考えられる。老齢の徳川家康が亡くなれば戦局を打開できる、という希望的観測があったのだろう。いざとなれば、埋められた堀を掘り返せば良いとでも考えていたのかもしれない。

『大坂御陣覚書』（二〇八頁を参照）は、二の丸・三の丸の破却は大坂方の担当と決まっていたのに、関東方が手伝うと言って破却してしまった、と記す。これはありそうな話である。大坂方は、二の丸・三の丸の破却工事を意図的に遅らせるつもりで、和睦に同意したのだろう。ところが、その思惑を見抜いた関東方が破却してしまった。これは厳密には約束違反だが、大坂方にもやましいところがあるので、強く抗議できなかったのではないか。

徳川家康の立場を考えると、戦乱の再発防止のために、大坂城の無力化・牢人の追放・大坂城からの退去（国替え、移封）などを要求するのは当たり前である。逆に言えば、豊臣家がこれらを飲めば、豊臣家をあえて滅ぼす必要はなくなる。その意味で、山路愛山や山岡荘八の解釈が成り立つ余地はある。

けれども、豊臣家が徳川家に屈服する形で終戦した場合、大坂城に集まった牢人衆は処罰されないまでも、恩賞は得られない。それでは何のために戦ったのか分からないので、そもそも彼らは豊臣・徳川の手打ちには反対なのである。数万の牢人衆を統制するのは至難の業であり、彼らの暴発を家康が予期していたとも考えられる。だとすれば、家康はやはり「狸親父」だったということになるかもしれない。

ただ、方広寺鐘銘事件の時点では、豊臣家が徳川家への臣従を誓う形での幕引きもあり得た。このことは歴史学界では共通認識になりつつある。是が非でも豊臣家を滅ぼすと最初から家康が決めていたわけではないとすると、「狸親父」イメージも再考が必要だろう。

終章　大衆的歴史観の変遷

「革命児信長」像は戦前からある

二〇二〇年十一月、歴史小説家の安部龍太郎《あべりゅうたろう》氏が「産経新聞」の取材に答え、自身の戦国時代史観を披瀝《ひれき》している。「20年以上前、織田信長を書こうとしたとき、従来の戦国時代史観は根本的に違っているのではないか、最大の理由は大航海時代に入っていた世界の中の日本の位置づけ、外交、交易、先端技術といった『外国からの視点』が欠けていることではないか、と気付いたのです」というのだ。

安部氏は「戦国大名も信長に代表されるように経済や流通を押さえ、最新鋭の武器である鉄砲や弾薬を獲得した者が勢力を拡大してゆく。戦国時代は高度経済成長を謳歌《おうか》した重商主義の時代でした」と語る。にもかかわらず、歴史学界・歴史教育ではそうした視点が軽視されたと説く。その理由は「鎖国が続いた江戸時代の史観に明治以降もとらわれてしまったから」だろうと推測している。

本書を通読された読者ならば、右の主張が誤解であることに気づくだろう。徳富蘇峰《とくとみそほう》が大正時代に刊行した『近世日本国民史　織田氏時代』は、ヨーロッパ文明が戦国時代に与えた影響を重視している。すなわち、「西欧の文明は、我が日本を見舞うた。しかしてこの文明は、物質的には鉄砲を、精神的には耶蘇教（筆者註：キリスト教）をもたらした。鉄砲と耶蘇教とは、足利末期より徳川初期にかけて、我が帝国に最大感化を与えた二大要素じゃ」というのである。そして蘇峰は、ヨーロッパ文明に多大な関心を示し、海外に目を向けた織田信長の先進性を評価している。

蘇峰は近代日本の富国強兵、海外進出を肯定し、信長をその先達と位置づけた。蘇峰は江戸幕府の鎖国を厳しく批判しており、「鎖国が続いた江戸時代の史観に明治以降もとらわれてしまった」という安部氏の理解は正しくない。「革命児信長」像は戦前から存在するのである。

安部氏のような主張が生まれるのは、戦前の信長論が忘却されてしまったからだろう。蘇峰は、織田信長が本能寺《ほんのうじ》の変で斃《たお》れていなければ、朝鮮・中国・東南アジアにまで進出していただろうと説き、豊臣秀吉の朝鮮出兵は信長の構想を継承したにすぎない、と主張した。大航海時代と信長を結びつける言説は大日本帝国の大陸政策を背景にしていたので、戦後は侵略戦争への反省の中で影をひそめていく。

戦後の歴史学界において、信長は海外進出を志した英雄というより、朝廷や幕府、大寺社といった既存の権威・権力に挑戦する国内改革者として評価されるようになっていった。娯楽作品において信長とヨーロッパとの関係を強調するようになるのは、黒澤明《くろさわあきら》の映画『影武者』や津本陽《つもとよう》の小説『下天は夢か』など一九八〇年代以降であり、安部氏の小説『信長燃ゆ』はこの延長上にある。

以上のように、画期的・斬新《ざんしん》に見える人物像も、実は一〇〇年前に提示されたものの焼き直しにすぎない、ということがしばしばある。戦国武将の人物像は時代と共に大きく変化するので、かつての評価が忘れ去られてしまうのだ。すると、一世紀前に提出済であることを知らない現代の作家・評論家が、自らの新発見であるかのように語る。直近の通説を批判することで、かえって大昔の説に回帰してしまうわけだ。

むろん、戦前の説に似ているから間違っている、とは決めつけられない。戦前の説の方が戦後の説よりも正しい、という可能性もある。だが少なくとも、「大衆的歴史観」の変遷を踏まえずに、自説の独創性を誇っても生産的でないことは確かだろう。なお本書で論じたように、革命児信長像は現在の歴史学界では否定されつつある。

司馬遼太郎によって作られた伝説

一方で、何百年も昔から定着していたようなイメージに見えて、その実、数十年前に成立したものもある。斎藤道三の革新者イメージはその典型だろう。これはほとんど、司馬遼太郎《しばりょうたろう》一人の力によって創作されたと言って良い。

油売りから一国一城の主《あるじ》に上り詰めたとされた道三は、江戸時代からその能力を評価されていたが、革新者として理解されていたわけではない。権謀術数に長《た》けた策士として把握されていたのであり、儒教的価値観に支配された江戸時代には主君を裏切った道三の不忠が非難された。全体として、決して良いイメージを持たれていたわけではない。

近代に入り儒教的価値観が相対化され、立身出世主義や実力主義が尊ばれる中で、道三の再評価も多少は行われた。だが、基本的には老獪《ろうかい》な陰謀家として否定的に評価されたのである。

こうした道三像を劇的に転換したのが、司馬遼太郎の小説『国盗り物語』である。近世以来、斎藤道三には「悪党」という負のイメージがつきまとっていた。だが司馬は、改革者だったからこそ既得権者から「悪党」と呼ばれた、という大胆な読み替えを行った。そして、厳格な身分制度を正当化する役割を負った江戸幕府お抱えの儒学者たちによって、下剋上《げこくじょう》の体現者である道三は不当に貶《おとし》められてきたと非難したのである。『国盗り物語』によって、道三は楽市楽座などの改革を断行する革新者というイメージが浸透した。

特に画期的だったのは、道三を信長の師匠と位置づけた点である。これにより、道三の革新者イメージが確立した。この点は、坂口安吾《さかぐちあんご》の小説『信長』を参考にしたものと考えられる。道三と信長を「親友」とみなした安吾からさらに一歩進めて、道三を信長の「師匠」と捉《とら》えたのである。革命児信長の師匠という設定により、道三の革新者イメージは不動のものになったのである。

司馬遼太郎によって人物像が大きく変化し、また確立した戦国武将は、道三だけではない。明智光秀のイメージも、司馬によって作られた部分が大きい。司馬は、光秀を古典的教養にあふれ既存の権威・秩序を尊重する保守的な常識人として描いた。こうした光秀像は江戸時代から存在するので、必ずしも司馬の独創ではない。だが近代以降、光秀を冷酷な野心家とみなす見解も多く提示されているので、常識人説が主流だったとは言えない。司馬の『国盗り物語』によって、改革派の信長と守旧派の光秀が次第に政治理念の違いから対立し、最終的に本能寺で激突するという図式が定着するのである。

信長と光秀の対立のハイライトとして著名なシーンが、比叡山《ひえいざん》焼き討ちである。ところが、焼き討ちを諫《いさ》める光秀に対して信長が暴力をふるったという逸話は同時代史料どころか江戸時代の史料でも確認できず、司馬の創作の可能性がある。世間の大多数の人間が史実と認識している有名な場面が、実は司馬の創作であるとすると、「大衆的歴史観」の展開過程で司馬がいかに大きな役割を果たしたかが分かる。

石田三成像に関しても同様である。三成を「豊臣の忠臣」として描く歴史小説は戦前から散見され、忠臣三成像は司馬の小説『関ヶ原』によって創始されたわけではない。だが従来の作品は、いささか三成を美化するきらいがあり、現実味に欠けていた。これに対し司馬は、青臭い理想を振りかざし、潔癖な正義感によって他者を断罪する三成の欠点をあえて強調し、かえって三成の人間味を出すことに成功している。老獪な家康とは対照的な生真面目で融通のきかない三成というイメージは司馬によって形成され、世間に浸透していった。

織田信長にしろ、斎藤道三にしろ、明智光秀にしろ、石田三成にしろ、司馬遼太郎の人物造形は極めて明快で、彼らは作中で活《い》き活きと躍動する。あたかも現実の彼らがそのような人物であったかのように、読者は錯覚する。けれども、それはあくまで小説としてのリアリティであり、史実とは異なる。

司馬が多数の歴史エッセイを執筆して己の史論を積極的に世に問うたことも、誤解に拍車をかけた。「司馬史観」の問題としては、専ら明治時代の美化が話題に挙がるが、戦国時代の評価、戦国武将の評価についても検証が必要だろう。

時代に翻弄された英雄像

歴史上の偉人の人物像は、時代によって驚くほど変遷する。その典型は豊臣秀吉であろう。豊臣秀吉は江戸時代から現代に至るまで一貫して庶民のヒーローであるが、その内実は大きく変化している。

秀吉人気の源泉は、貧しい百姓から天下人にまで成り上がったという、日本史上空前のサクセスストーリーにある。江戸幕府が徳川による支配を正当化するために秀吉を攻撃すればするほど、それに反発した庶民は各種『太閤記』で活躍する秀吉に喝采《かっさい》を送った。

幕府による統治を擁護する儒学者は、秀吉の朝鮮出兵を大義なき侵略戦争と批判したが、軍学者や国学者は日本の武威を海外に知らしめた壮挙と称賛した。尊皇攘夷《じょうい》運動が活発化すると、秀吉の勤王・攘夷が強調されるようになった。

明治時代になると、立身出世・攘夷・尊皇という明治政府の政治理念の体現者として秀吉が盛んに顕彰されるようになった。日清《にっしん》戦争、日露《にちろ》戦争、日韓併合と近代日本が軍拡と大陸進出を加速する中で、秀吉人気は最高潮に達した。

世界的な軍縮の流れの中で一時下火になった秀吉人気は、日中戦争を契機に再燃する。明《みん》

（中国）の征服をも企図した秀吉は「大陸進出の英雄」として絶賛され、さらにはナポレオンに匹敵する武人と持ち上げられ、戦意高揚に利用された。

ところが敗戦後は一転して、秀吉の朝鮮出兵は「愚行」として批判され、秀吉を主人公とする歴史小説でも詳細な記述が避けられるようになった。代わって秀吉の経済感覚が特筆されるようになった。その背景には、日本の高度経済成長があった。知略と「人たらし」の魅力を武器に主君信長の期待に応《こた》えて軽快に出世していく秀吉の足跡は、サラリーマン出世街道にたとえられた。

このように、「人たらし」の要素を除けば、秀吉の人物像は、時代ごとに大きく変転している。その時代、その時代の「男と生まれたからにはかくありたい」という理想像が秀吉に投影されたのである。

一般には真田幸村の名で知られる真田信繁についても、同じことが言える。庶民は、徳川家康を翻弄《ほんろう》する幸村の機略縦横を愛したが、知識人は幸村の忠義の心を喧伝《けんでん》し、道徳教育に利用した。戦時中は特にそうである。しかし戦後は一転して、忠義心は後景に退いた。石田三成に関しても、近代においては家康と天下を争った野心家と評価されることがしばしばあったが、戦時中は専ら忠臣として語られた。織田信長も、戦前の勤王家から戦後の「天皇を超えようとした男」へと、評価が一八〇度転換している。

こうした人物像の変化は、必ずしも新史料の発見や、史料解釈の訂正といった研究の進展によってもたらされたものではない。最大の要因は、社会の価値観の変化である。勤王を至上の価値とみなした戦前においては、信長や秀吉は勤王家として位置づけられた。戦後になって革命や社会変革を肯定的に捉える風潮が強まると、信長や秀吉は天皇の権威を利用しただけで、本質的には既存の権威を解体する革新者であると評価されるに至った。「狸親父《たぬきおやじ》」と呼ばれて評判の悪かった徳川家康も、戦後の平和主義の観点からは、天下泰平を実現した聖人と称賛された。

新しい歴史的事実が解明されたからではなく、歴史上の人物を評価する尺度が変わったから、人物像が変わるのである。その時代、時代の理想の英雄像を信長や秀吉、家康らに当てはめているだけだから、彼らのイメージがコロコロ変わることになる。

江戸時代の人物像の複雑さ

時代と共に移り変わる戦国武将の人物像には、それぞれの時代の価値観が反映されている、と述べた。けれども、江戸時代の人物評はなかなか一筋縄ではいかない。

明智光秀は江戸時代の儒教的価値観に照らせば、主君を裏切った逆臣という最低最悪の人物である。だが浄瑠璃《じょうるり》や歌舞伎などでは、暴君信長から理不尽な仕打ちを受けた悲劇の人物として、光秀は一定の同情を得ている。いわゆる怨恨《えんこん》説の流布によって、光秀の謀反を擁護する論調も存在したのである。

江戸時代における石田三成の基本的評価は、神君家康を陥れて天下を奪おうとした佞臣《ねいしん》、君側の奸《かん》というものだが、糾弾一辺倒だったわけではない。軍記類や逸話集では、三成の才気煥発《かんぱつ》や島左近《しまさこん》らの士を厚く遇する度量、死の間際まで豊臣家への忠義を貫く信念などが高く評価されている。儒教的倫理観に基づいて三成を見れば、必ずしも佞臣とは言い切れず、忠臣とみなす余地は残る。結果、三成は神君家康に刃向かった逆賊だが、彼なりに豊臣家のことを思って立ち上がったのだ、という評価に落ち着く。水戸光圀の言行録『西山遺事』の三成評、「石田治部少輔三成は、にくからざるものなり」は蓋《けだ》し名言である。

近代に入ると、明智光秀や石田三成を再評価する気運が生まれた。再評価論者は、光秀や三成は江戸時代に不当に貶められたと主張した。けれども彼らが再評価のために用いた逸話は、ほとんどが江戸時代に作られたものである。このことは、江戸時代から彼らを擁護・評価する声が少なからず存在したという事実を雄弁に物語っている。江戸時代の非難から明治時代の礼賛へと評価が逆転した、というような単純な構図ではないのだ。

織田信長に対する評価も複雑である。能力の高さが評価される一方で、仁徳の乏しさが非難された。豊臣秀吉の朝鮮出兵にしても、愚行と批判する意見と壮挙と称賛する意見が併存している。複数の価値観、複数の評価軸が競合しているので、ひたすら礼賛とか、非難一色とかにはならないのである。「この時代はこういう価値観だから、こういう人物像になった」と安易に単純化するのではなく、その複雑さを理解する必要がある。

特に興味深いのは、徳川家康に対する評価だろう。江戸幕府の創設者である家康は、江戸時代においては批判対象とすることを許されない絶対不可侵の存在であった。幼少期に今川《いまがわ》氏の人質となって苦労した話や、織田信長の強要によって泣く泣く嫡男信康《のぶやす》を殺した話などが喧伝され、「我慢の人」というイメージが形成された。だが一方で、方広寺《ほうこうじ》鐘銘事件や大坂城内堀埋め立てなどの謀略を駆使したことも公然と語られていた。

家康を礼賛する「徳川史観」に立脚する諸書も、家康が豊臣家に対して策謀を用いたことを否定していない。むしろ家康の智謀を称賛している。この事実は「狸親父」イメージを植えつけられている現代の私たちには不思議に思えるが、当時の歴史観においては不自然なことではない。

実は「徳川史観」では、関ヶ原《せきがはら》合戦の勝利によって家康は天下人になったと考えられていた。よって豊臣家は家康の家来筋にすぎず、大坂の陣は家康に対する秀頼《ひでより》の謀反である、という理解になる。謀反人に対してどんな卑怯《ひきょう》な手を用いようと非難される筋合いはない。かえって称賛の対象になる。正攻法、つまり力攻めを避けて謀略を用いることは、味方の損害を減らすための良策だからである。家康が腹黒い狸親父であることを示す逸話は、実は江戸時代に作られ、宣伝されていたのである。

このような「大衆的歴史観」の複雑さは、江戸時代に限ったことではなく、近代から現代にかけても見出《みいだ》すことができる。歴史学界における学術的な評価に比べて「大衆的歴史観」は素朴な見方であるとは、必ずしも言えない。そもそも歴史学界の人物評は、「大衆的歴史観」と決して無縁ではない。一例を挙げれば、戦後歴史学においても、信長の革新性を高く評価する見解が長らく通説的位置を占めていたのである。歴史学者も、知らず知らずのうちに「大衆的歴史観」の影響を受けていないか、常に自省する態度が求められよう。

歴史を教訓にすることの危険性

前掲のインタビューで安部氏は次のように語っている。

僕が歴史小説を書く上で大事にしているスタンスは、読者が楽しみながら面白く読めて、しかも「過去から学ぶ」こと。そのためには、ちゃんと、過去を踏まえていなければなりません。残された史料を集めて、それをどう解釈するかは、人によって違いがあって当然ですが、僕は自分が信じる解釈、歴史観を土台として作品を書く。歴史と対峙《たいじ》した経験は、知識を知恵に変えます。そこから生まれた発想力は未来の問題解決の突破力にもなる。僕はそこまでを作品で提示したいと思うのです。

安部氏に限らず、このように考えている人は少なくないだろう。歴史小説の書き手も読み手も、歴史小説を単に娯楽作品として生産／消費しているのではなく、「歴史を学ぶ」「過去から学ぶ」という意識を持っている。

歴史小説から人生の指針、「未来の問題解決の突破力」を得るという傾向は、山岡荘八《やまおかそうはち》の歴史小説『徳川家康』が経営者のバイブルになってから顕著になった。しかし、その淵源《えんげん》は江戸時代まで遡《さかのぼ》る。勇将・智将・忠臣の逸話集や言行録が多数編まれて、人生訓が語られた。この種の逸話・名言は実のところ真偽不明なものが多いが、史実かどうかの検証はなおざりにされた。

近代に入っても、官学アカデミズムの実証主義に反発する形で、偉人の逸話・美談を重視する意見は民間に根強く残った。歴史を学ぶのは、そこから教訓を得るためであり、特に逸話・美談を道徳教育に活用することが重要だ、というのだ。極論すれば、道徳教育に役立つなら、たとえウソでも美談・名言を積極的に紹介すべきだ、ということになる。

現代の歴史小説は道徳教育を意識してはいないだろうが、人生訓を伝えるという性格を持つ作品は少なくない。そして、それらの歴史小説が「大衆的歴史観」の根幹を成している。ところが、戦国武将の人生訓として人口に膾炙《かいしや》している話は、たいてい江戸時代の軍記類・逸話集に載る逸話・美談・名言である。本書で縷々《るる》指摘したように、これらの大半は真偽が疑わしいものである。後代の創作かもしれない話に依拠して人生訓を語る「大衆的歴史観」は危ういと言わざるを得ない。

著者には「歴史から教訓を学ぶ」ことを否定する意図はない。だが大前提として、その「歴史」が歴史的事実かどうかの検討は不可欠である。仮に創作だったとしても、美談や名言によって勇気づけられることもあるのだから、そんなに目くじらを立てなくても良いではないか、という意見はあろう。だがフィクションでも良いという理屈なら、『SLAM DUNK』や『ONE PIECE』のような純然たるフィクションから人生訓を学んだ方がよほど健全だと思う。

歴史小説から人生の指針を得ようという人は、そこに書かれていることが概《おおむ》ね事実であると思っているのだから、歴史小説家には一定の責任が求められる。事実に基づいているが、あくまでフィクションである、と公言するか、史実か否かを徹底的に検証するか、の二つに一つである。真偽が定かではない逸話を史実のように語り、そこから教訓や日本社会論を導き出す司馬遼太郎のような態度には、やはり問題がある。

加えて、本書で見たように、英雄・偉人の人物像は各々の時代の価値観に大きく左右される。歴史から教訓を導き出すのではなく、持論を正当化するために歴史を利用する、ということが往々にして行われる。日中戦争を正当化するために秀吉の朝鮮出兵を偉業と礼賛する、といった語りはその代表例である。問題意識が先行し、先入観に基づいて歴史を評価してしまうのである。

専門的なトレーニングを受けた歴史学者であっても、その時代、その社会の価値観から自由ではない。どんな人であれ、客観中立公正に歴史を評価することは不可能である。大事なことは、自身の先入観や偏りを自覚することである。本書を通じて、時代の価値観が歴史観、歴史認識をいかに規定するかという問題に関心を持っていただけたのなら、著者としてこれに勝る喜びはない。

あとがき

角川新書で『陰謀の日本中世史』を刊行して以降、陰謀論関係の取材や寄稿依頼が増えた。行きがかり上、井沢元彦《いざわもとひこ》氏の『逆説の日本史』(小学館)や百田尚樹《ひゃくたなおき》氏の『日本国紀』(幻冬舎)などの「俗流歴史本」の批判も行うようになった。

歴史学者が「俗流歴史本」のファクトチェックを行い、勉強不足、事実誤認、解釈の誤りを指摘することはたやすい。だが、「俗流歴史本」は突然発生したものではなく、その歴史観には淵源がある。そこまで遡行《そこう》して考察しなければ、「俗流歴史本」批判は薄っぺらな揚げ足取りに終わってしまう恐れがある。井沢氏や百田氏を批判しつつ、私はそのような危惧《きぐ》を抱いていた。

たとえば、井沢元彦氏は「隣国との領土争いに終始する他の戦国大名と異なり、織田信長だけは最初から天下統一をはっきりと見据えていた(だから信長は天才だ)」といった主張をあちこちで展開している。けれども、歴史教科書にはもちろんそんなことは書いていないし、そのように説く歴史学者もほとんどいない。

だからと言って、「これこれこういう史料から、信長が最初から天下統一を目指していたという説は成り立たない」と〝論破〟しただけでは、あまり意味がないように思うのである。それよりも、井沢説の元ネタは司馬遼太郎《しばりょうたろう》であり、さらに起源を遡《さかのぼ》れば徳富蘇峰《とくとみそほう》であり、信長天才論の背景には帝国日本におけるナショナリズムの高揚が存在した、といった検討こそが求められよう。こうした「大衆的歴史観」の歴史的変遷という長い射程の中で、現下の「俗流歴史本」を捉《とら》えようという問題意識が、本書執筆の前提にある。

また、国際日本文化研究センター（日文研）で「大衆文化研究プロジェクト（正式名称：大衆文化の通時的・国際的研究による新しい日本像の創出）」に従事したことも、本書の執筆に大きな影響を与えた。本プロジェクトは、「日本文化全体を構造的・総合的に捉え直すため、大衆文化の通時的・国際的考察に取り組み、新しい日本像と文化観の創出に貢献する」ことを目的としたものであった。ここで対象とする大衆文化とは、「ポピュラー・カルチャー、マスカルチャー、サブカルチャーなどを広く指し、権威的文化（ハイカルチャーやカノン（聖典）的文化など）の対概念として設定」したものである。講談や歌舞伎、近代小説、映画などは大衆文化そのものであり、大衆文化の中で織田信長や豊臣秀吉、徳川家康がどう描かれてきたかということに私の関心が向いたのは、自然の成り行きだったと言って良い。

特に、フレデリック・クレインス、井上章一《いのうえしょういち》、郭南燕《かくなんえん》の三氏と共著で発表した『明智光秀と細川ガラシャ』（筑摩書房）の基礎となった、二〇一八年十一月の日文研シンポジウム「細川ガラシャの美しさ―いつ、誰が彼女を美しくえがきだしたのか―」（クレインス氏、井上氏、郭氏、小田豊《おだゆたか》氏が登壇）には大きな刺激を受けた。同シンポジウムでは、細川ガラシャの人物像が江戸時代から現在に至るまでの過程で大きく変遷したことが明らかにされた。この手法を明智光秀ら戦国武将に応用したら面白いのではないか、と考えたのである。『明智光秀と細川ガラシャ』では「明智光秀と本能寺の変」という章を担当し、光秀の虚像と実像についても軽く触れた。本書における光秀論は、同論考を発展させたものである。

本書も『陰謀の日本中世史』と同様に、岸山征寛《きしやまゆきひろ》氏に編集していただいた。一時は刊行も危ぶまれた本書を無事に世に出すことができたのは、ひとえに氏の奔走によるものである。記して謝したい。

二〇二二年二月十一日

呉座　勇一

主要参考文献

※増補版・文庫版といった形で何度かリニューアルされている本については、基本的に最新の書誌を掲載している。論文も初出時ではなく最新の収録媒体を提示している。

全体に関わるもの

安積覚ほか『桃源遺事　一名西山遺事』茨城県国民精神文化講習所、一九三五年
井上泰至『近世刊行軍書論　教訓・娯楽・考証』笠間書院、二〇一四年
磯貝正義・服部治則校注『甲陽軍鑑』上・中・下、人物往来社、一九六五・六六年
春日太一『時代劇入門』角川新書、二〇二〇年
神郡周校注『信長記』上・下、現代思潮社、一九八一年
黒板勝美・國史大系編修会編『新訂増補國史大系第38巻　徳川實紀』第一篇、吉川弘文館、一九六四年
近藤瓶城編『改定史籍集覧　第十冊』近藤出版部、一九〇一年
坂本多加雄『山路愛山』吉川弘文館、一九八八年
司馬遼太郎『司馬遼太郎全集』文藝春秋、一九七三～八四年、九八～二〇〇〇年

鈴木眞哉『戦国武将 人気のウラ事情』ＰＨＰ新書、二〇〇八年
縄田一男『傑作・力作徹底案内《ガイド》 時代小説の読みどころ 増補版』角川文庫、二〇〇二年
橋本章『戦国武将英雄譚の誕生』岩田書院、二〇一六年
松島榮一編『明治文學全集77 明治史論集（一）』筑摩書房、一九六五年
村岡典嗣校訂『読史余論』岩波文庫、一九五七年
山鹿素行『新編 武家事紀』新人物往来社、一九六九年
山岡荘八『山岡荘八全集』講談社、一九八一～八四年
米原謙『徳富蘇峰 日本ナショナリズムの軌跡』中公新書、二〇〇三年

第一章

小和田哲男『明智光秀と本能寺の変』ＰＨＰ文庫、二〇一四年
同右『明智光秀・秀満 ときハ今あめが下しる五月哉』ミネルヴァ書房、二〇一九年
金子拓編『『信長記』と信長・秀吉の時代』勉誠出版、二〇一二年
同右『信長家臣明智光秀』平凡社新書、二〇一九年
桑田忠親『明智光秀』講談社文庫、一九八三年
小島毅『朱子学と陽明学』ちくま学芸文庫、二〇一三年
渋谷慈鎧編『校訂増補 天台座主記』第一書房、一九九九年

橘俊道校註「遊行三十一祖　京畿御修行記」『大谷学報』五二―一、一九七二年
原田真澄「太閤記物人形浄瑠璃作品に表われた謀叛人―『絵本太功記』の光秀を中心に―」
『演劇学論集・日本演劇学会紀要』五五、二〇一二年
二木謙一校注『明智軍記』新人物往来社、一九九五年
中山義秀著『日本文学全集57　中山義秀集』集英社、一九七三年
塙保己一編『続群書類従　第二十輯下　合戦部』続群書類従完成会、一九八三年
村上直次郎訳・柳谷武夫編『イエズス会・日本年報』上・下、雄松堂書店、一九七三年

第二章

神沢杜口著『日本随筆大成　翁草』吉川弘文館、一九七八年
木下聡『斎藤氏四代』ミネルヴァ書房、二〇二〇年
黒川真道編『美濃国諸旧記・濃陽諸士伝記』国史研究会、一九一五年
桑田忠親『斎藤道三』新人物往来社、一九七三年
坂口安吾著『坂口安吾全集』一三巻、筑摩書房、一九九九年
直木三十五全集刊行会編纂協力『直木三十五全集第三巻　斎藤道三殺生伝・檜山変化暦・由比
根元大殺記』示人社、一九九一年
長澤伸樹『楽市楽座はあったのか』平凡社、二〇一九年

塙保己一編『群書類従　第二十一輯　合戦部三』続群書類従完成会、一九六〇年
塙保己一編『続群書類従　第二十一輯下　合戦部』続群書類従完成会、一九五八年
横山住雄『斎藤道三と義龍・龍興　戦国美濃の下克上』戎光祥出版、二〇一五年

第三章

朝尾直弘『朝尾直弘著作集3　将軍権力の創出』岩波書店、二〇〇四年
池上裕子『織田信長』吉川弘文館、二〇一二年
今谷明『信長と天皇　中世的権威に挑む覇王』講談社学術文庫、二〇〇二年
大野晋ほか編集校訂『本居宣長全集　第八巻』筑摩書房、一九七二年
奥野高広『信長と秀吉』至文堂、一九五五年
金子拓『織田信長　〈天下人〉の実像』講談社現代新書、二〇一四年
同右『織田信長　不器用すぎた天下人』河出書房新社、二〇一七年
川戸貴史『戦国大名の経済学』講談社現代新書、二〇二〇年
神田千里『織田信長』ちくま新書、二〇一四年
久野雅司『足利義昭と織田信長』戎光祥出版、二〇一七年
塩浦林也『鷲尾雨工の生涯』恒文社、一九九二年
柴裕之「足利義昭政権と武田信玄　元亀争乱の展開再考」『日本歴史』八一七、二〇一六年

柴裕之『織田信長　戦国時代の「正義」を貫く』平凡社、二〇二〇年
平井上総『兵農分離はあったのか』平凡社、二〇一七年
藤本正行『信長の戦争　「信長公記」に見る戦国軍事学』講談社学術文庫、二〇〇三年
堀新・井上泰至編『信長徹底解読　ここまでわかった本当の姿』文学通信、二〇二〇年
真木保臣先生顕彰会編『真木和泉守遺文』伯爵有馬家修史所、一九一三年
山口県教育会編『吉田松陰全集　第六巻』大和書房、一九七三年

第四章

池内昭一編『竹中半兵衛のすべて』新人物往来社、一九九六年
井上泰至・金時徳『秀吉の対外戦争　変容する語りとイメージ』笠間書院、二〇一一年
内田匠「近代日本における豊臣秀吉観の変遷」『政治学研究』五九、二〇一八年
大野晋ほか編集『本居宣長全集』第八巻、筑摩書房、一九七二年
小和田哲男『豊臣秀吉』中公新書、一九八五年
海音寺潮五郎『海音寺潮五郎全集』第六巻・第七巻、朝日新聞社、一九六九年
金時徳『異国征伐戦記の世界　韓半島・琉球列島・蝦夷地』笠間書院、二〇一〇年
桑田忠親『太閤記の研究』徳間書店、一九六五年
桑田忠親校訂『太閤記』上・下、岩波文庫、一九四三・四四年

佐伯真一『「武国」日本　自国意識とその罠』平凡社新書、二〇一八年
津田三郎『秀吉英雄伝説の謎―日吉丸から豊太閤へ』中公文庫、一九九七年
塙保己一編『群書類従　第二十輯　合戦部』続群書類従完成会、一九六九年
藤田達生『秀吉神話をくつがえす』講談社現代新書、二〇〇七年
堀新・井上泰至編『秀吉の虚像と実像』笠間書院、二〇一六年
真木保臣先生顕彰会編『真木和泉守遺文』伯爵有馬家修史所、一九一三年
矢田挿雲『日本国民文学全集　太閤記』第一巻〜第七巻、河出書房、一九五六〜五七年
山口県教育会編『吉田松陰全集』第六巻、大和書房、一九七三年
山路愛山『豊臣秀吉』上・下、岩波文庫、一九九六年
吉川英治『吉川英治全集　新書太閤記』(一)〜(五)、講談社、一九八〇年
六反田豊ほか「文禄・慶長の役」『日韓歴史共同研究報告書　第二分科篇』二〇〇五年
渡邊大門『秀吉の出自と出世伝説』洋泉社歴史新書y、二〇一三年

第五章

跡部信『豊臣政権の権力構造と天皇』戎光祥出版、二〇一六年
阿部正武編『内閣文庫所蔵史籍叢刊　武徳大成記』(一)・(二)、汲古書院、一九八九年
石岡久夫編『日本兵法全集』7、人物往来社、一九六八年

井上泰至編『関ヶ原はいかに語られたか　いくさをめぐる記憶と言説』勉誠出版、二〇一七年
井上泰至・湯浅佳子編『関ヶ原合戦を読む　慶長軍記　翻刻・解説』勉誠出版、二〇一八年
益軒会編『益軒全集』巻之五、益軒全集刊行部、一九一一年
太田浩司『近江が生んだ知将　石田三成』サンライズ出版、二〇〇九年
大西泰正編著『前田利家・利長』戎光祥出版、二〇一六年
笠谷和比古『関ケ原合戦　家康の戦略と幕藩体制』講談社学術文庫、二〇〇八年
同右『関ケ原合戦と近世の国制』思文閣出版、二〇〇〇年
参謀本部編『日本戦史　関原役』村田書店、一九七七年
白峰旬『新解釈　関ヶ原合戦の真実　脚色された天下分け目の戦い』宮帯出版社、二〇一四年
谷徹也編『石田三成』戎光祥出版、二〇一八年
直木三十五全集刊行会編纂協力『直木三十五全集　第14巻』示人社、一九九一年
中野等『石田三成伝』吉川弘文館、二〇一七年
中村幸彦・中野三敏校訂『甲子夜話』3、東洋文庫、一九七七年
日本史史料研究会監修・白峰旬編著『関ヶ原大乱、本当の勝者』朝日新書、二〇二〇年
藤田恒春『豊臣秀次』吉川弘文館、二〇一五年
堀越祐一「五大老・五奉行は、実際に機能していたのか」日本史史料研究会編『秀吉研究の最前線』洋泉社、二〇一五年

光成準治『関ヶ原前夜　西軍大名たちの戦い』NHKブックス、二〇〇九年
矢部健太郎『関ヶ原合戦と石田三成』吉川弘文館、二〇一三年
同右『関白秀次の切腹』KADOKAWA、二〇一六年

第六章

足立巻一『立川文庫の英雄たち』中公文庫、一九八七年
大阪市史編纂所編『大坂御陣覚書』大阪市史料調査会、二〇一一年
小和田哲男「『武徳編年集成』の史的考察」秋沢繁ほか編『戦国大名論集12　徳川氏の研究』吉川弘文館、一九八三年
小林計一郎校注『真田史料集』新人物往来社、一九八五年
高橋修『【異説】もうひとつの川中島合戦　紀州本「川中島合戦図屛風」の発見』洋泉社新書y、二〇〇七年
高橋圭一『大坂城の男たち』岩波書店、二〇一一年
同右「幸村見参」『文学』第十六巻第四号、二〇一五年
寺田寅彦『科学と文学』角川ソフィア文庫、二〇二〇年
久堀裕朗「浄瑠璃『近江源氏先陣館』『近江源氏太平頭鍪飾』の構想」『文学』第十六巻第四号、岩波書店、二〇一五年

平山優『真田信繁　幸村と呼ばれた男の真実』角川選書、二〇一五年
吉丸雄哉・山田雄司・尾西康充編著『忍者文芸研究読本』笠間書院、二〇一四年
吉丸雄哉・山田雄司編『忍者の誕生』勉誠出版、二〇一七年
渡辺守邦・渡辺憲司校注『仮名草子集』岩波書店、一九九一年

第七章

大石泰史編著『今川義元』戎光祥出版、二〇一九年
笠谷和比古『関ヶ原合戦と大坂の陣』吉川弘文館、二〇〇七年
同右『徳川家康』ミネルヴァ書房、二〇一六年
加藤陽子『それでも、日本人は「戦争」を選んだ』新潮文庫、二〇一六年
齋木一馬・岡山泰四・相良亨校注『日本思想大系26　三河物語・葉隠』岩波書店、一九七四年
史籍研究会編『内閣文庫所蔵史籍叢刊　朝野旧聞裒藁』第十六巻、汲古書院、一九八三年
柴裕之『徳川家康　境界の領主から天下人へ』平凡社、二〇一七年
司馬遼太郎『司馬遼太郎が考えたこと　1』新潮文庫、二〇〇五年
新行紀一「山岡荘八「徳川家康」をめぐって」『歴史評論』三一七、一九七六年
榛葉英治『新版　史疑　徳川家康』雄山閣、二〇〇八年
中村孝也『新装版　徳川家康公傳』吉川弘文館、二〇一九年

日本史史料研究会監修・大石泰史編『今川氏研究の最前線』洋泉社歴史新書y、二〇一七年
日本史史料研究会監修・平野明夫編『家康研究の最前線』洋泉社歴史新書y、二〇一六年
藤實久美子「徳川実紀の編纂について」『史料館研究紀要』三二、二〇〇一年
本多隆成「松平信康事件について」『静岡県地域史研究』七、二〇一七年
同右『定本　徳川家康』吉川弘文館、二〇一〇年
三鬼清一郎『大御所　徳川家康　幕藩体制はいかに確立したか』中公新書、二〇一九年
山路愛山『徳川家康』上・下、岩波文庫、一九八八年
渡邊大門編『家康伝説の嘘』柏書房、二〇一五年

その他、ジャパンナレッジ東洋文庫、国立国会図書館デジタルコレクション、国立公文書館デジタルアーカイブ、新日本古典籍総合データベース、読売新聞記事データベース「ヨミダス歴史館」、朝日新聞記事データベース「聞蔵Ⅱ」、青空文庫を利用した。

本書は、弊社サイト「カドブン」にて二〇二〇年一一月から二一年三月まで連載した原稿（第一章から第五章まで）を加筆修正し、新たに六章以降を書き下ろしたものです。

呉座勇一（ござ・ゆういち）
1980年、東京都生まれ。東京大学文学部卒業。同大学大学院人文社会系研究科博士課程修了。博士（文学）。専攻は日本中世史。現在、信州大学特任助教。2014年、『戦争の日本中世史』（新潮選書）で第12回角川財団学芸賞受賞。『応仁の乱』（中公新書）は48万部突破のベストセラーとなった。『陰謀の日本中世史』（角川新書）で新書大賞2019第3位受賞。他著書に『頼朝と義時』（講談社現代新書）、『日本中世への招待』（朝日新書）、『一揆の原理』（ちくま学芸文庫）、『日本中世の領主一揆』（思文閣出版）がある。

戦国《せんごく》武将《ぶしよう》、虚像《きよぞう》と実像《じつぞう》

呉座《ござ》勇一《ゆういち》

2022年 5月 10日　初版発行

発行者　青柳昌行
発　行　株式会社KADOKAWA
〒102-8177　東京都千代田区富士見 2-13-3
電話　0570-002-301（ナビダイヤル）
装丁者　緒方修一（ラーフイン・ワークショップ）
ロゴデザイン　good design company
オビデザイン　Zapp!　白金正之
印刷所　株式会社暁印刷
製本所　本間製本株式会社

角川新書

ISBN978-4-04-082400-0 C0221